Danielle Steel
PARİS'TE BEŞ GÜN

Paris'te Beş Gün
Five Days in Paris

© 1995, **Danielle Steel**
Kesim Telif Hakları Ajansı aracılığıyla Türkiye'de yayın hakkı:
© 2005, **İnkılâp Kitabevi**
Yayın Sanayi ve Ticaret A.Ş.

Bu kitabın her türlü yayın hakları Fikir ve Sanat Eserleri Yasası gereğince İnkılâp Kitabevi Yayın Sanayi ve Ticaret A.Ş.'ye aittir.

Yayınevi Editörü **Hasan Öztoprak**

Düzelti **Çetin Boğa**
Dizgi **Form Ajans**

Baskı
İNKILÂP KİTABEVİ
ANKA OFSET TESİSLERİ
100. Yıl Matbaacılar Sitesi 4. Cad.
No: 38 Bağcılar-İstanbul

ISBN 975-10-1038-1
05 06 07 08 09   10 9 8 7 6 5 4 3

İNKILÂP
Ankara Caddesi, No: 95
Sirkeci 34410 İSTANBUL
Tel: (0212) 514 06 10-11 (Pbx)
Fax: (0212) 514 06 12
posta@inkilap.com
www.inkilap.com

DANIELLE STEEL
Paris'te Beş Gün

ROMAN

Çeviren:
Nazan Tuncer

3. BASKI

Birinci Bölüm

Peter Haskell'in bindiği uçak Charles de Gaulle Havaalanı'na inerken Paris mevsim normallerinin dışında bir gün yaşıyordu. Uçak ağır ağır piste indi ve durdu. Beş dakika sonra Peter, elinde evrak çantası ile hızlı adımlarla alanda yürüyordu. Gümrük kuyruğuna vardığında havanın sıcak olmasına ve kalabalığa rağmen, yüzünde mutlu bir gülümseme vardı. Peter Haskell Paris'i seviyordu.

Yılda dört veya beş kere Avrupa'ya seyahat ederdi. Yönettiği ilaç imparatorluğunun Almanya, İsviçre ve Fransa'da araştırma merkezleri; İngiltere'de büyük laboratuvarları ve fabrikaları vardı. Peter için Paris'e gelmek her zaman ilginçti çünkü burada araştırma ekibiyle fikir alışverişi yapar, en güçlü yanı olan pazarlama konusunda yeni alanlar keşfederdi. Ama bu seferki seyahat çok farklıydı, bir araştırma seyahatinden ya da yeni bir ilacın piyasaya çıkmasından öteydi. "Bebeğinin" doğumuna gelmişti. Vicotec. Peter'in rüyasıydı. Vicotec, kanserli hastaların yaşamlarını ve görünüşlerini değiştirecekti. Bütün dünyada kemoterapi tedavisinin etkilerini değiştirecekti. Vicotec, Peter'in insanlığa önemli bir hizmeti olacaktı. Dört yıldır, ailesinin dışında, hayatını buna adamıştı. Ve bu projenin Wilson-Donovan'a milyonlar kazandıracağı gerçeği de inkâr edilemezdi. Dahası, yaptıkları hesaplara göre proje ilk beş yılda bir milyon doların üzerinde kâr bırakacaktı. Ama Peter için önemli olan bu değildi. Onun için önemli olan insan yaşamıydı; kanserin pençesine düşmüş ve ciddi şekilde kararmış olan yaşamlar. Bu kararmış yaşamlara Vicotec ışık tutacaktı. İlk başlarda iyimser bir hayal gibi görünmüştü ama artık zafere ulaşmaya sadece birkaç adım kalmıştı ve olacakları düşündüğünde, Peter heyecanla titriyordu.

O güne kadar alınan sonuçlar mükemmeldi. Almanya ve İsviçre'de yaptığı toplantılar çok parlak geçmişti. Bu ülkelerdeki laboratuvarlarda yapılan testler, Amerika'da yapılanlardan çok daha titiz bir çalışmanın ürünüydü. Artık emindiler. Vicotec güvenliydi. ABD Gıda ve İlan İdaresi (FDA)' nin onayını alır almaz, Birinci Faz İnsan Denemeleri'ne başlayabileceklerdi ve bu da gönüllü ve çok iyi bilgilendirilmiş deneklere küçük dozlarda ilaç verilerek ne derece başarılı olduklarını görmek demekti.

Wilson-Donovan, aylar önce, daha Ocak ayında, FDA' ya pazar öncesi onay başvurusunu yapmıştı bile, bu olumlu gelişmelere dayanarak, Vicotec'in insanlar üzerinde bir an önce kullanılması için harekete geçmiş ve "acil inceleme" talep etmişlerdi. Wilson-Donovan ilacın güvenli olduğunu ispat ettikten sonra, FDA piyasaya erken sürülmesi için onay verecekti. FDA yönetmeliklerine göre "acil inceleme" işlemi, klinik açıdan anlamlı yararı veya devrim yaratan bir gelişme potansiyeli taşıyan tedavilere verilmekteydi. FDA' dan onay alır almaz, tedavinin muhtemel tehlikelerini kabul ettiklerine dair muvafakatname imzalayacak olan yüz kişilik bir grup üzerinde uygulamaya başlayacaklardı. Bu insanlar o kadar umutsuzdular ki, bu tedavi onların tek kurtuluşuydu ve hepsi bunu bilerek kabul ediyorlardı. Böyle bir deney

için anlaşma imzalayan tüm insanlar kendilerine sunulan her türlü yardıma minnettardılar.
Wilson-Donovan hastalar üzerinde klinik deneylere mümkün olduğu kadar çabuk başlamak istiyordu. Onun için, FDA'nın Eylül ayında yapılacak olan resmi toplantısından önce, Vicotec'in güvenli olduğunu kanıtlamak çok önemliydi, böylece "acil inceleme" talepleri büyük bir olasılıkla olumlu karşılanacaktı. Peter, Paris'teki laboratuvar şefi Paul-Louis Suchard'ın vereceği test sonuçlarının, Cenevre'de aldığı iyi haberleri pekiştireceğinden emindi.
"İş mi, tatil mi Monsieur?" Gümrük memuru, fotoğrafına şöyle bir bir göz attıktan sonra, Peter'in yüzüne bakmaya gerek görmeden pasaportunu damgaladı. Peter mavi gözlü ve siyah saçlıydı. Kırk dört yaşındaydı ve yaşını göstermiyordu. Son derece düzgün hatlı ve uzun boyluydu. Pek çok kişiye göre yakışıklı sayılabilirdi.
"İş gezisi," dedi gururla. Vicotec. Zafer. Kanser ve kemoterapinin acılarıyla boğuşan bütün insanların kurtuluşu.
Memur, pasaportunu geri verdi, Peter çantasını aldı ve bir taksi bulmak için dışarı çıktı. Nefis bir Haziran günüydü, Cenevre'deki işleri umduğundan daha çabuk bitirmiş, Paris'e bir gün erken gelmişti. Paris'e hayrandı, burada kendini oyalayacak bir şey bulması zor değildi. Hiçbir şey yapmasa bile Seine kıyısında dolaşmak yeterdi. Henüz Suchard'ı arayacak zaman bulamamıştı. Günlerden pazar olmasına rağmen, kararlaştırdıkları günden önce buluşmayı kabul edebilirdi. Suchard tam bir Fransızdı, son derece ciddi ve hatta biraz da katı olmasına rağmen, Peter yine de otelden telefon edip, randevularını erkene almayı önerecekti.
Suchard'la bütün iş görüşmelerini İngilizce yürütüyordu, fakat yıllardır Paris'e gide gele Peter Fransızca'yı öğrenmişti. Peter Haskell, Midwest'ten ayrıldığından beri daha pek çok şey öğrenmişti. Charles de Gaulle'deki gümrük me-

murunun fark ettiği gibi, önemli ve seçkin bir insandı. Serinkanlı, kibar ve güçlüydü, etrafına güven duygusu veriyordu. Daha kırk dört yaşında dünyanın en büyük ilaç firmasının başına geçmişti. Bilim adamı değildi, şirketin yönetim kurulu başkanı Frank Donovan gibi pazarlamacıydı. On sekiz yıl önce, bir tesadüf eseri Frank'ın kızıyla evlenmişti. Peter'in açısından bu hesaplanmış veya "akıllıca yapılmış" bir hareket değildi. Onun gözünde bu bir kazaydı, hatta Kate'yi tanıdıktan sonra altı yıl direnmeye çalıştığı kaderin oyunuydu.

Peter, Katie Donovan ile evlenmeyi istememişti. Michigan Üniversite'sinde okurlarken kendisi yirmi, Kate ise on dokuz yaşındaydı. Tanıştıklarında onun kim olduğunu bilmiyordu bile. İlk başlarda Peter için Katie bir toplantıda karşılaştığı ikinci sınıf öğrencisi sevimli bir sarışındı. İki kere çıktıktan sonra onun için deli olmaya başladı. Bir arkadaşı, sevimli Katie ile çıktığı için çok akıllı olduğunu söylediği zaman beş aydan beri çıkıyorlardı. Sonra arkadaşı ne demek istediğini açıkladı. Katie, ülkenin en büyük ilaç firması, Wilson-Donovan servetinin tek mirasçısıydı. Bunu öğrenince Peter çok sinirlendi ve yirmi yaşında bir delikanlı toyluğu ve heyecanıyla, bunu daha önce söylemediği için Katie'ye kızdı.

"Bunu *nasıl* yaparsın? Neden bana söylemedin?" diye parladı.

"Neyi sana söylemedim? Babamın kim olduğunu sana söylemem mi gerekirdi? Bu kadar üzerinde duracağını tahmin etmedim." Katie kırılmıştı, fakat daha çok Peter'in onu bırakmasından korkmuştu. Peter'in ne kadar gururlu ve ailesinin ne kadar fakir olduğunu biliyordu. Babası hayat boyunca işçi olarak çalıştığı süt çiftliğini, ancak o yıl satın alabilmişti. Üstelik çiftlik ipotekliydi ve Peter sürekli işlerin kötü gitmesinden ve babasına yardım etmek için Wisconsin'e dönmek zorunda kalmaktan korkuyordu.

"Üzerinde duracağımı çok iyi biliyordun. Şimdi ne yapmam gerekiyor?" Onun dünyasında yarışamayacağını, oraya ait olmadığını ve Katie'nin de Wisconsin'de bir çiftlikte yaşayamayacağını herkesten iyi biliyordu. Katie iyi bir yaşam sürmeye ve kendisi farkında olmasa bile lükse alışkındı. İşin kötüsü, Peter de kendi dünyasına ait olmadığını hissediyordu. Ne kadar "onlardan biri" olmaya gayret ettiyse de, her zaman farklı bir şeyler hissetmişti. Kendini büyük şehirlere ait görüyordu. Çocukluğunda çiftlikte yaşamaktan nefret ederdi ve Chicago ya da New York'a gidip iş dünyasının bir parçası olmayı hayal ederdi. İnekleri sağmaktan saman balyalarını istiflemekten ve ahırdaki gübreleri temizlemekten nefret ederdi. Yıllarca okuldan sonra çiftlikte babasına yardım etmişti ve şimdi babası o çiftliğin sahibiydi. Peter bunun ne demek olduğunu biliyordu. Sonunda, okulu bitirdikten sonra bir gün eve dönüp onlara yardım etmek zorunda kalacaktı. Bundan çok korkuyordu ve hiçbir kurtuluş yolu düşünemiyordu. İnsanların sorumluluklarından kaçmamaları gerektiğine inanırdı. Annesinin söylediğine göre her zaman iyi bir çocuk olmuştu. İstediklerini elde etmek için çok çalışması gerektiğini biliyordu.

Katie'nin kim olduğunu öğrendikten sonra onunla olan ilişkisini sürdürmek Peter'e yanlış gibi geldi. Duyguları ne kadar samimi olursa olsun, bu ona işin kolayına gitmek, zirveye ulaşmak için kısa yolu seçmek gibi geliyordu. Katie ne kadar sevimli olursa olsun, hatta ona ne kadar âşık olduğunu düşünse bile, bu ilişkiyi sürdüremeyecekti. Ondan faydalanmayı düşünemeyecek kadar dürüst bir insan olduğu için, kim olduğunu öğrendikten iki hafta sonra ayrıldılar. Katie' nin söyledikleri hiç fayda etmedi. Katie adeta çıldırmıştı, Peter de göründüğünden çok daha fazla üzülmüştü. Üniversitede ilk yılıydı ve Haziranda babasına yardım etmek için Wisconsin'e döndü. Yaz sonunda okula bir yıl ara vermeye karar verdi, işlerin oturması için babasına yardım edecekti. Zor bir kış geçirmişlerdi ve Peter okulda öğrendiği birtakım yeni bilgileri uygulayarak bunu atlatabileceklerini düşünüyordu.

Askere gönüllü yazıldı ve Vietnam'a gönderildi. Da Nang yakınlarında bir yıl kaldı ve sonra ikinci bir dönem için başvuruda bulundu. Bu sefer, onu Saigon'daki İstihbarat Bürosu'na verdiler. Kafası oldukça karışıktı. Vietnam'dan ayrıldığı zaman yirmi iki yaşındaydı ve hâlâ sorularına yanıt bulabilmiş değildi. Hayatının geri kalan bölümünde ne yapacağını bilmiyordu, babasının çiftliğine dönmek istemiyordu ama kendini zorunlu hissediyordu. Vietnam'dayken annesi ölmüştü ve bunun babası için ne kadar zor olduğunu biliyordu.

Üniversiteyi bitirmesi için bir yılı daha vardı ama Michigan Üniversitesi'ne geri dönmek istemiyordu. Nedense orası için fazla büyüdüğünü düşünüyordu. Vietnam'da kafası çok karışmıştı. Kendisine verdiği acılar yüzünden nefret etmek istediği ülkeyi sevmiş, oradan ayrılacağı zaman üzülmüştü. Amerikalı askeri personelden birkaç kızla ve çok güzel Vietnamlı bir kızla ufak tefek gönül maceraları olmuştu. Fakat her şey o kadar karışıktı ki ve içinde bulundukları ortam ilişkileri elde olmadan öylesine etkiliyordu ki, kimse yarınını düşünecek durumda değildi. Katie Donovan'dan Noel tebriği aldığı halde onu aramadı. Da Nang'da ilk zamanlar onu çok düşünmüştü ama yazmamak kolayına gelmişti. Ne yazacaktı ki zaten? 'Kusura bakma sen çok zenginsin, bense fakirim... Connecticut'ta sana iyi bir yaşam dilerim, ben hayatım boyunca çiftlikte gübre küreyeceğim... Görüşmek dileği ile...'

Eve döndüğünde, Wisconsin'de herkes Peter'in oraya uymadığını bir kere daha anladı, babası bile artık Chicago'da bir iş bulması için zorlamaya başlamıştı. Bir pazarlama şirketinde kolaylıkla iş buldu. Geceleri okula devam ederek diplomasını aldı. Michigan'dan bir arkadaşının verdiği partide Katie'ye rastladığında işe yeni başlamıştı. Katie, Chicago'ya naklini yaptırmıştı ve Northwestern'den mezun olmak üzereydi. Onu ilk gördüğü anda Peter'in nefesi kesildi. Çok güzelleşmişti. Görüşmeyeli üç yıl oluyordu ve üç yıldır ondan uzak kalmaya gayret etmesine rağmen, onu gördüğü anda içinin titrediğini fark edince kendisi de şaşırdı.

"Burada ne yapıyorsun?" diye sordu sinirli bir şekilde, sanki Katie sadece okul anılarında kalmak zorundaymış gibi. Okuldan ayrıldıktan sonra, hele askerdeyken, onu aylarca aklından çıkaramamış fakat artık çoktan geçmişe gömmüştü ve orada kalmasını istiyordu. Ama birdenbire karşısında görünce anıları canlandı.

"Okulu bitirmek üzereyim," dedi. Peter'e bakarken nefesi kesiliyordu. Boyu daha uzamış ve zayıflamıştı, Gözleri hatırladığından daha koyu mavi ve saçları daha siyahtı sanki. Anılarındaki halinden çok daha sert ve çok daha heyecan vericiydi. Onu hiç unutmamıştı. Kim olduğunu öğrendikten sonra, alıştığı hayatı veremeyeceği için, onu terk eden tek erkek o olmuştu. "Vietnam'a gittiğini duydum," dedi. Peter başını sallayarak doğruladı. "Çok feci olmalı." Yanlış bir hareket yapmaktan ve onu tekrar elinden kaçırmaktan korkuyordu. Ne kadar gururlu olduğunu, yanına bile yaklaşmayacağını biliyordu. Peter de Katie'yi inceliyordu. Neler yaptığını, ondan ne istediğini merak ediyordu. Kötü yetişme tarzına ve Peter'i korkutmasına rağmen, son derece masum bir hali vardı, oldukça zararsız görünüyordu. Katie, asla geri dönmek istemediği geçmişi ile arzu ettiği geleceği arasında bir zincir oluşturuyordu ve dürüstlüğünü tehdit ediyordu. Bununla nasıl başa çıkabileceğini bilmiyordu. Son görüşmelerinden bu yana hayatı daha iyi tanımıştı, bir zamanlar onu korkutan şeyleri artık güçlükle hatırlıyordu. Katie onu artık eskisi gibi korkutmuyordu üstelik çok gençliği ve saflığı inanılmaz derecede çekiciydi.

O gece saatlerce konuştular, sonra Katie'yi evine bıraktı. Ertesi gün yapmaması gerektiğini bile bile onu aradı. İlk başlarda her şey çok kolay görünmüştü, ikisi de inanmamakla birlikte sadece arkadaş olarak görüşebileceklerini sanmışlardı. Tek bildiği şey Katie'nin yanında olmasını istediğiydi. Çok akıllı ve neşeliydi, Peter'in kendini hiçbir yere yakıştıramamasını, hayatta neler yapmak istediğini, kısaca tüm çılgın duygularını anlayabiliyordu. Peter günün birinde dünyayı değiştirmek, küçük de olsa bazı şeyler yapmak istiyordu. Onu anlayan tek insan Katie'ydi. O zamandan beri binlerce şey hayal etmişti Peter. Ve şimdi, yirmi yıl sonra, Vicotec onu bütün hayallerine ulaştırmak üzereydi.

Peter Haskell bir taksiye işaret etti, şoför çantasını bagaja yerleştirdi ve gitmek istediği yeri söyleyince başı ile anladığını işaret etti. Peter Haskell'in hatırı sayılır bir insan olduğu her halinden belli oluyordu. Ama gözlerine bakınca onun müşfik, güçlü, dürüst, sıcak kalpli ve şakacı bir karaktere sahip olduğu anlaşılıyordu. Peter Haskell'de çok güzel dikilmiş takım elbisesi, kolalı beyaz gömleği ve Hermés kravatı ve pahalı evrak çantasından öte bir şeyler vardı.

"Sıcak değil mi?" diye sordu Peter şehire doğru giderlerken. Şoför başını sallayarak onayladı. Peter çok düzgün Fransızca konuşuyordu ama aksanından Amerikalı olduğu anlaşılıyordu. Anlayabilmesi için şoför ağır ağır konuşmaya gayret ederek Fransızca cevap verdi.

"Bir haftadan beri böyle. Amerika'dan mı geldiniz?" İnsanlar genellikle Peter'den etkilenirler ve kendilerini ona doğru çeken bir şeyler hissederlerdi. Şoför de onun Fransızca konuşmasından etkilenmişti.

"Cenevre'den geldim," dedi Peter sonra ikisi de sustular. Peter, Katie'yi düşünerek gülümsemeye başladı. Her seferinde birlikte seyahat etmek isterdi ama Katie hiç katılmazdı. İlk zamanlar çocukları bahane etti, sonraları kendi dünyasında sayısız işlere gömüldü. Yıllardır bir veya iki kere Peter'le iş seyahatine çıkmıştı. Bir seferinde Londra'ya, bir diğerinde İsviçre'ye gitmişlerdi ama Paris'e hiç birlikte gelmemişlerdi.

Paris'in Peter için ayrı bir yeri vardı, hayallerinin doruk noktasıydı sanki. Bazı şeyleri kolay elde etmiş gibi görünmesine rağmen, bulunduğu yere gelebilmek için yıllarca çok çalışmıştı. Bunun pek kolay olmadığını ondan başka kimse bilemezdi. Hayatta hiçbir şey karşılıksız elde edilmiyordu. Bazı şeylere sahip olabilmek için çok çalışmak gerekiyordu.

Katie ile tekrar karşılaştıktan sonra iki yıl çıktılar. Katie, Peter'e yakın olabilmek için okuldan mezun olduktan sonra Chicago'da kaldı ve bir sanat galerisinde iş buldu. Peter için deli oluyordu ama o evlilik konusunda son derece katıydı. Günün birinde ayrılmaları gerektiğini söylüyor, Katie'nin New York'a dönüp kendine başka birini bulması için ısrar ediyordu. Ama ondan bir türlü kopamıyor, ayrılma teklifinin Katie'den gelmesini bekliyordu. Giderek birbirlerine iyice bağlandılar ve Katie, Peter'in kendisini sevdiğini çok iyi biliyordu. Sonunda Katie'nin babası devreye girdi. Akıllı bir adamdı. Peter'e kızı ile olan ilişkisinden hiç bahsetmedi, onunla sadece iş konuştu. Peter'e ulaşmak için tek yolun bu olduğunu hissetmişti. Frank Donovan, Peter'in ve kızının New York'a dönmelerini istiyordu ve Katie'nin onu elde edebilmesi için ne mümkünse yaptı.

Frank Donovan da Peter gibi pazarlamacıydı, hem de iyi bir pazarlamacı. Peter'le mesleği, gelecekle ilgili planları hakkında konuştu, Peter'den hoşlanmıştı ve ona Wilson-Donovan'da iş teklif etti. Ama Katie'den hiç bahsetmedi. Hatta bu iş teklifinin Katie ile ilgisi olmadığı konusunda ısrar etti. Wilson-Donovan'da çalışırsa meslek hayatında harikalar yaratacağına ve hiç kimsenin bu işin Katie ile ilgisi olduğunu düşünmeyeceğine Peter'i ikna etti. Frank'a göre Katie ile olan ilişkileri tamamen ayrı bir konuydu. Bu iş teklifi yabana atılacak bir teklif değildi, Peter bunu biliyordu. Bütün korkularına rağmen New York'ta büyük bir şirkete girmek hayatta en çok istediği şeydi, Katie de öyle.

Konuyu günlerce düşündü, tarttı. Babası bile, telefonda öğrendiği zaman, bunun kaçırılmayacak bir fırsat olduğunu söyledi. Hafta sonunda konuyu daha rahat görüşmek için Wisconsin'e gitti. Babası onun için dünyanın en güzel şeylerini istiyordu ve Donovan'ın teklifi kabul etmesi için elinden geldiği kadar oğlunu cesaretlendirmeye çalıştı. O, Peter'de henüz kendisinin bile fark edemediği bazı yetenekler seziyordu. Çok az insanın sahip olabileceği liderlik vasfına sahipti, güçlüydü ve gözü pekti. Peter ne iş yaparsa yapsın en iyisini yapacağını babası biliyordu. Ve Wilson-Donovan'daki işin onun için sadece bir başlangıç olduğunu hissediyordu. Peter küçükken karısı ile şakalaşır, günün birinde oğullarının Amerika Cumhurbaşkanı, hiç değilse Eyalet Valisi olacağını söyler, gülüşürlerdi. Karısı bazen bunlara inanırdı. Çünkü Peter söz konusu olduğu zaman bu tür şeylere inanmak zor değildi.

Kız karedeşi Muriel de aynı şeyleri söylerdi. Onun gözünde ağabeyi, daha Vietnam veya Chicago'da, hatta üniversiteye gitmeden çok önce bir kahramandı. Onun farklı bir yanı vardı. Bunu herkes biliyordu. Muriel de, aynı babasının söylediklerini söyledi; New York'a git ve hayatını kurtar dedi. Hatta Katie ile evlenip evlenmeyeceğini bile sordu ve Peter ısrarla öyle bir şey düşünmediğini söyledi, Muriel üzülmüştü. Peter'in yanında taşıdığı fotoğrafları görmüştü ve Katie'nin çok hoş bir kız olduğunu düşünüyordu.

Babası pek çok kere Katie'yi davet etmişti ama Peter ona gelecek için ümit vermek istemediği için getirmemişti.

Belki hemen ortama alışacak, Muriel'den inek sağmasını öğrenecekti, peki sonra ne olacaktı? Ona verebilecekleri bu kadardı ve Peter'in çocukluğu boyunca yaşadığı zor şartlara Katie'yi de itmeye niyeti yoktu. Bu zorlu yaşamın annesini öldürdüğüne inanıyordu. Annesi kansere yakalanmış, tedaviyi karşılayacak yeterli paraları olmadığı için ölmüştü. Babasının sigortası bile yoktu. Annesi zor hayat şartlarına dayanamamış, fakirlikten ve yorgunluktan ölmüştü. Katie'nin kendini kurtaracak kadar çok parası olmasına rağmen, Peter onu bu hayata uygun görmeyecek kadar çok seviyordu, hatta bu yaşam tarzını yakından tanımasına bile razı değildi. Kız kardeşi, daha yirmi iki yaşında olmasına rağmen şimdiden yıpranmıştı. Peter Vietnam'dayken, liseden mezun olur olmaz okul arkadaşlarından biriyle evlenmiş ve üç çocuk sahibi olmuştu. Yirmi bir yaşına geldiğinde çoktan yorulmuş ve hayattan bıkmıştı. Peter onun için çok daha iyi şeyler arzu ediyordu ama onun bunlara asla sahip olamayacağını biliyordu. Çiftlikten hiç dışarı çıkmamıştı. Üniversiteye de gitmemişti. Artık tuzağa düşmüştü. Babası çiftliği elden çıkarmaz ya da ölmezlerse, kız kardeşiyle kocasının, hayatları boyunca burada çalışacaklarını biliyordu. Onlar için başka seçenek yoktu. Peter'in böyle düşünmesine karşın, Muriel hayatından şikâyetçi değildi. Peter'in durumuna seviniyordu. Peter için denizler yarılmıştı ve bu yolda ilerlemek için yapacağı bir tek şey vardı. Frank Donovan'ın önerisini kabul etmek.

"Kabul et Peter," diye çiftliğe geldiği gün kulağına fısıldadı. "New York'a git. Babam da gitmeni istiyor," dedi açıkyüreklilikle. "Bizi düşünme." Sanki hepsi hayatını kurtarmasını istiyorlardı. Bu girdabın içinde boğulmadan hürriyetine doğru yüzmeliydi. Ailesi New York'a gitmesini istiyordu.

Hafta sonunda çiftlikten ayrılırken boğazına kaya büyüklüğünde bir yumruk tıkanmıştı sanki. Babası ile Muriel, arabası gözden kayboluncaya kadar arkasından bakıp el salladılar. Bu anının Peter için çok önemli olduğunu üçü de biliyor gibiydiler. Bu üniversiteye veya Vietnam'a gitmeye benzemiyordu. Peter, çiftlikle bütün bağlarının koptuğunu hissediyordu.

Chicago'ya döndüğü geceyi evinde yalnız geçirdi. Katie'yi aramadı. Ertesi sabah babasına telefon etti. Teklifini kabul ettiğini söyledi, telefonu tutan eli titriyordu.

İki hafta sonra Wilson-Donovan'da işe başladı. New York'a gittikten sonra, her sabah uyandığında, kendini Kentucky Derbisi'ni kazanmış gibi hissediyordu.

Katie, bir sanat galerisinde resepsiyonist olarak çalışmaktaydı, Peter'in işi kabul ettiği gün o da işini bıraktı ve New York'a babasının yanına döndü. Frank Donovan mutluydu artık. Planları işe yaramıştı. Küçük kızı eve dönmüştü. Üstelik bu pazarlık ona son derece parlak bir de pazarlamacı kazandırmıştı. Üçü için de iyi olmuştu.

Ondan sonraki birkaç ay, Peter gönül meselelerinden uzak kaldı ve kendini tamamıyla işine verdi. Bu hali ilk zamanlar Katie'yi çok kızdırdı, ama babasına yakındığı zaman Frank akıllı bir şekilde sabırlı olmasını söyledi. Bir süre sonra Peter rahatladı, ofiste yarım kalan projeleri daha az dert etmeye başladı. Mükemmel olmaya gayret ediyor, Frank'ın güvenine layık olmaya ve orada bulunmaktan ne kadar mutlu olduğunu göstermeye çalışıyordu.

Bir daha Wisconsin'e gitmedi, zamanı olmuyordu. Artık hayatında eğlenceye de yer ayırmaya başlamıştı, Katie de mutluydu. Partilere, tiyatrolara gitmeye başladılar, Katie onu kendi arkadaşlarıyla tanıştırdı. Peter onlardan çok hoşlandı ve hayretle Katie'nin hayatına ne kadar çabuk uyum sağladığını fark etti.

Bir zamanlar Katie konusunda korktuğu şeyler artık onu tasalandırmıyordu. İşi iyi gidiyordu, işyerinde hiç kimse konumundan ve ani gelişinden rahatsız olmamıştı. Hatta herkes onu hemen kabullenmiş ve sevmişti. Bir yıl içinde Katie ile nişanlandılar, buna Peter'den başka kimse şaşırmadı. Onu uzun zamandan beri tanıyordu, onun dünyasında rahattı ve kendini oraya ait hissediyordu. Frank Donovan bunun böyle olacağını zaten biliyordu. Katie mutluydu. Peter'in kendisine uygun olduğundan bir an bile tereddüt etmemişti. Bunu başından beri biliyordu ve Peter'in karısı olmak istediğinden emindi.

Telefonla haberi verdiğinde kız kardeşi Muriel çok sevindi fakat babası birleşmelerine karşı gelince Peter çok şaşırdı. Wilson-Donovan'daki işin çok iyi bir imkân olduğunu kabul etmekle birlikte evlenmelerine karşıydı. Peter'in hayatı boyunca pişmanlık duymasından korkuyordu.

"Onunla evlenirsen, içgüveyisi olacaksın oğlum. Bu yaptığın doğru değil, uygun değil. Sana her baktıklarında senin kim oluğunu değil, nereden geldiğini düşünecekler." Peter bunlara inanmadı. O, Katie'nin dünyasına aitti. Bu onun da dünyasıydı. Kendi dünyası artık ona yabancı geliyordu. Sanki Wisconsin'de yanlışlıkla dünyaya gelmişti, sanki bu onun değil de başka birinin hayatıydı, sanki Wisconsin'de hiç yaşamamıştı. Vietnam'da geçirdiği günler bile, Wisconsin'deki çiftlikte geçirdiği günlerden daha çok gerçek geliyordu. Burada yirmi yıldan fazla yaşadığına inanamıyordu. İş dünyasına atılalı bir yıldan az olmasına rağmen artık kendini bir New York'lu gibi hissediyordu. Ailesi onun için çok kıymetliydi, her zaman öyle olacaktı. Fakat ömrünü bir süt çiftliğinde geçirme fikri ona bir kâbus gibi geliyordu. Kendisi için doğru olanı yaptığına babasını inandırmaya çalıştı ama başaramadı. Baba Haskell fikrinden caymadı. Sonunda düğüne gitmeye razı olmuştu ama galiba Peter'in kendisini razı etmek için yaptığı tartışmadan kurtulmak için öyle söylemişti.

Babası düğüne gelmeyince Peter çok üzüldü. Bir hafta önce bir traktör kazası geçirmiş, kolu kırılmıştı, Muriel ise dördüncü çocuğunu doğurmak üzereydi. Kocası uçağa binmesine izin vermemişti. Haberi ilk duyduğunda Peter çıldıracak gibi oldu fakat sonra yeni hayatında alıştığı diğer şeyler gibi buna da alıştı.

Balaylarını Avrupa'da geçirdiler fakat aylar sonra bile Wisconsin'e gidecek zaman bulamadılar. Katie ve Frank sürekli Peter için planlar yapıyorlardı. Verdikleri tüm sözlere ve iyi niyetlerine rağmen Wisconsin'e gidecek zaman bulamadılar. Peter, Noel'de babasını ziyaret edeceğine söz verdi ve bu sefer onu hiçbir şey durduramayacaktı. Planından Katie'ye bahsetmedi bile. Ona sürpriz yapmak istiyordu. Çiftliğe gitmek için tek yolun bu olduğuna inanmaya başlamıştı.

Fakat babası Şükran Günü'nden önce kalp krizi geçirip ölünce, Peter yıkıldı. Kendini suçlu hissetti, üzüldü ve yapmak isteyip de yapamadığı şeyler için pişmanlık duydu.

Katie'yi cenazeye götürdü. Tören çok üzücüydü, bardaktan boşanırcasına yağan yağmurun altında Peter taş gibiydi, yıkılmıştı ve perişandı, Muriel ondan uzakta duruyor, kocasının ve çocuklarının yanında hıçkıra hıçkıra ağlıyordu. Belirgin bir köylü ve kentli tezatı oluşturmuşlardı.

Peter onlardan ne kadar farklı olduğunu bir kere daha anladı, çiftlikten ayrıldığından beri pek çok yol almış, artık ortak bir yanları kalmamıştı. Katie aralarında kendini rahatsız hisediyordu ve bunu Peter'e söylemekten çekinmedi. Muriel ise son derece soğuk davranıyordu. Peter sebebini sorduğunda, Muriel beceriksizce Katie'nin oralara ait olmadığını mırıldandı. Peter'in karısı olmasına rağmen babasını hiç tanımamıştı. Pahalı siyah mantosu ve kürk şapkası içinde, orada bulunmaktan ne denli rahatsız olduğunu açık açık belli ediyordu. Muriel'in bu sözleri Peter'i çok şaşırttı, önce tartıştılar, sonra iki kardeş ağladılar. Fakat vasiyetnamenin okunması aralarındaki gerginliği büsbütün arttırdı. Babası çiftliği Muriel'le Jack'a bırakmıştı ve Katie avukatın sözlerini duyduğu anda son derece sinirlendi.

"Bunu sana nasıl yapar?" diye söylendi odalarına çekildiklerinde. Odanın ince duvarları yer yer çatlamış ve badanası dökülmüştü. Frank'ın onlara aldığı Greenwich'deki evle aralarında dağlar kadar fark vardı. "Seni mirasından nasıl mahrum eder?" Katie sinirlendi ve Peter ona açıklamaya çalıştı. Durumu karısından çok daha iyi anlıyordu.

"Bu onların sahip olduğu tek şey, Katie. Bu Allahın belası yer onların tek varlığı. Benim bir mesleğim, bir işim ve seninle bir yaşamım var. Çiftliğe ihtiyacım yok. Çiftliği hiçbir zaman istemedim zaten. Bunu babam da biliyordu." Peter bunu haksızlık ya da hakaret olarak algılamıyordu. Çiftliği Muriel'in almasını istiyordu. Burası onun her şeyiydi.

"Çiftliği satabilir ve parayı paylaşabilirdiniz. Onlar da daha iyi bir yere taşınırlardı," dedi Katie ama bu sözlerinden Peter'i anlamadığı belli oluyordu.

"Bunu kabul etmezlerdi, Katie, belki babam da bundan korkuyordu. Çiftliği satmamızı istemedi. Burayı satın almak için hayatı boyunca uğraşmıştı." Katie bunun bir felaket olduğunu düşündüğünü Peter'e söylemedi ama duyguları gözlerinden belli oluyordu. Çiftliğin Peter'in anlattığından da kötü olduğunu düşünüyordu ve bir daha buraya gelmemeye kesin kararlıydı. Hiç değilse kendisi bir daha hiç gelmeyecekti ve babası mirasından mahrum edildiği için Peter'in de geleceğini hiç sanmıyordu. Ona göre Wisconsin artık geçmişe gömülüyordu.

Ayrılırlarken bile Muriel'in sinirleri yatışmamıştı ve Peter sadece babasıyla değil, kardeşiyle de vedalaştığını hissediyordu. Pek belli etmiyordu ama Katie'nin istediği de buydu. Sanki Peter'in sadece kendisine ait olmasını, tüm sevgisini kendisine vermesini istiyor gibiydi. Muriel'i ve onun Peter'in yaşamındaki ve anılarındaki yerini kıskanıyordu ve çiftlikten pay alamamasını bu bağın kopması için çok geçerli bir sebep olarak görüyordu.

"Yıllar önce burayı terk etmekte haklıymışsın," dedi arabayla dönerlerken. Peter'in ağladığını görmezden geldi. Tek istediği mümkün olduğu kadar çabuk New York'a dönmekti. "Peter, sen buraya ait değilsin," dedi kesin bir tavırla. Peter ona karşı koymak, yanıldığını söylemek, ailesini savunmak istedi ama o da Katie'nin haklı olduğunu biliyor ve suçluluk duyuyordu. Buralara ait değildi. Hiçbir zaman da olmamıştı.

Chicago'da uçağa binerken bütün bunlar geride kaldığı için rahatlamıştı. Yine kaçmıştı. Günün birinde babası çiftliği ona bırakacak ve işletmesini isteyecek diye ödü kopmuştu. Ama babası ondan daha akıllı çıkmış, Peter'i iyi tanımıştı. Artık çiftlikle bir bağı kalmamıştı. Çiftlik onun değildi ve korktuğu gibi onu yutamayacaktı. Sonunda özgürdü. Bundan sonra çiftlik Muriel ile Jack'ın sorunuydu.

Uçak pistten havalanıp, Kennedy havaalanına doğru yollanınca çiftlikten ve onunla ilgili sorunlardan kurtulduğunu biliyordu. Sadece çiftlikle birlikte kız kardeşini kaybetmekten korkuyordu.

Yol boyunca ve eve döndükten sonraki haftalar fazla konuşmadı, sessizce babasının yasını tuttu. Katie ile de artık bu konuyu konuşmuyordu çünkü onun dinlemek istemediğini hissediyordu. Birkaç kere Muriel'e telefon etti fakat ya çocuklarla meşgul olduğunu, ya da Jack'a yardım ettiğini bahane ediyor, konuşacak vakiti olmadığını söylüyordu, konuşacak vakti olduğu zaman ise Katie'yi çekiştiriyordu. Karısını eleştirmesi yüzünden aralarında derin uçurumlar açıldı, bir süre sonra artık aramaz oldu. Peter kendini tamamen işine verdi, ofisindeki olaylarla avunuyordu. Burada, kendisini yuvasında hissediyordu. Nedense New York'taki yaşam onun gerçek yaşam biçimiydi. O, buraya, Wilson-Donovan'a aitti. Arkadaşlarının arasında ve sosyal yaşamda Katie'nin ona sağladığı yerden hoşnuttu. Sanki burada doğmuştu, sanki daha önce başka bir yaşamı olmamıştı. New York'taki arkadaşlarına göre Peter onlardan biriydi. Çiftlikte büyüdüğünü söylediği zaman gülüyorlardı. Çoğunlukla ona inanmıyorlardı. Daha çok Boston'lu ya da New York'luya benzetiyorlardı. İyi huyluydu ve Donovan'ların kendisinden bekledikleri gibi çevreye çok çabuk uyum sağlamıştı. Frank, Greenwich'de veya Connecticut'ta oturmaları için ısrar ediyordu. "Bebeğinin" yakınında olmasını istiyordu üstelik o buna alışkındı ve bu hayatı seviyordu. Wilson-Donovan'ın merkezi New York'taydı ama Donovan'lar hep Greenwich'de ve New York'a bir saatlik mesafede olan Connecticut'ta oturmuşlardı. Gidiş-geliş kolaydı, Peter bu yolu her gün Frank'la birlikte trenle gidip geliyordu. Greenwich'de yaşamaktan memnundu, evini seviyordu ve Katie ile evli olmayı seviyordu. Çoğu zaman çok iyi geçiniyorlardı, tek anlaşamadıkları nokta hâlâ Peter'in miras meselesi ve çiftliğin satılma konusuydu. Fakat uzun zamandır birbirlerinin farklı düşüncelerine saygı duyarak bu konuda tartışmaya son vermişlerdi.

Peter'i rahatsız eden ikinci konu ilk evlerini onlara Frank'ın satın almak istemesiydi. Karşı çıkmayı denemiş ama Katie'yi kızdırmaktan çekinmişti. Katie babasına engel olmaması için yalvarmıştı. Peter direnmiş, fakat sonunda Katie kazanmıştı. Bir aile kurmaları için bir an önce büyük bir eve taşınmak istediğini söyledi ve tabii onun alışkın olduğu tarzda ve babasının istediği gibi bir ev almak henüz Peter'in harcı değildi. Bunlar Peter'in hep korktuğu konulardı. Fakat Donovan'lar işe nazikçe el koydular. Babası muhteşem Tudor'u onlara "düğün hediyesi" olarak aldığını söyledi. Peter'e göre ise burası bir malikâneydi. Üç ya da dört çocuğu barındıracak büyüklükteydi, çok güzel bir terası, yemek odası, oturma odası, beş tane yatak odası ve nefis bir mutfağı vardı. Peter'in babasının Wisconsin'deki evinden dağlar kadar farklıydı. Peter utanarak bu evi çok beğendiğini kabul ediyordu.

Katie'nin babası aşçı ve hizmetçi tutmak istedi fakat Peter burada ağırlığını koydu ve gerekirse yemekleri kendisinin pişirebileceğini fakat Frank'ın böyle bir şey yapmasına izin veremeyeceğini uygun bir dille söyledi. Sonuç olarak, kısa bir süre için de olsa, Katie yemek yapmasını öğrendi. Fakat Noel'e doğru sabahları mide bulantısı çekmeye başladığı için iş yapamaz oldu. Yemek ve temizlik işleri Peter'in üzerine kaldı. Ama o buna aldırmıyordu, bir bebekleri olacağı için heyecanlıydı. Bu bebek onun için gizemli değiş tokuştu, bir şekilde babasından boşalan yeri dolduracaktı. Peter belli etmiyordu ama hâlâ babasına üzülüyordu.

Bu mutlu ve verimli on sekiz yılın başlangıcı oldu. Dört yılda üç erkek çocukları dünyaya geldi ve ondan sonra Katie'nin yaşamını hayır cemiyetleri, okul aile birliği toplantıları doldurmaya başladı. Bu tür şeylerden hoşlanıyordu. Çocuklar da beysbol, futbol, yüzme gibi binlerce spor dalında faaliyet gösteriyorlardı. Son zamanlarda Katie Greenwich okul idare meclisi başkanığına aday oldu. Kendini tamamıyla cemiyet işlerine vermişti, çevrebilimle yakından ilgileniyordu. Peter'in ilglenmesi gereken, fakat ilgisini çekmeyen daha bunun gibi daha pek çok konuyla ilgileniyordu. Peter, Katie'nin dünya meseleleri ile her ikisi namına ilgilendiğini söylüyordu. İşi başından aştığı için bu tür şeylere zaman ayıramıyordu.

Ama Katie onun işi ile de ilgileniyordu. Annesini üç yaşındayken kaybetmişti. Çocukluğu boyunca babasının en yakın arkadaşı olmuştu. Büyüdüğü zaman babasının işi ile ilgili her türlü bilgiye sahipti. Bu durum Peter ile evlendikten sonra da değişmedi. Şirketle ilgili bazı konularda Peter'den önce haberi olurdu. Hatta bazen ona yeni bir haber verdiği zaman Katie'nin bunu zaten bildiğini fark ederek şaşırırdı. Yıllar geçtikçe bu durum sorun olmaya başladı, fakat Peter, Frank'ın yaşamlarında bir yeri olduğunu kabulleniyordu. Katie'nin babasına olan bağlılığı Peter'in tahmin ettiğinden kuvvetliydi. Frank adil bir adamdı, fikirlerini kabul ettirmek konusunda ne kadar ileri gitmesi gerektiğini her zaman iyi bilirdi. En azından çocukların hangi ilkokula gideceği konusuna Frank karışıncaya kadar Peter öyle olduğunu sanmıştı. O zaman Peter direndi ve ortaokul zamanı gelinceye kadar tavrını değiştirmedi. Fakat Katie' nin babası da fikirlerinden kolay kolay caymıyordu ve Katie de babasının tarafını tutup onun fikirlerini diplomatik bir şekilde yansıtmaya çalıştığı zaman Peter kızıyordu.

Fakat bütün bu diplomatik tavırların yanı sıra, Katie' nin babasıyla olan bağları yıllar geçtikçe güçlendi ve onun fikirlerini daha fazla savunmaya başladı. Peter'in tek şikâyeti buydu, oysa çok mutlu bir evlilikleri vardı. Hayatta şükretmesi gereken o kadar çok şey elde etmişti ki, Frank'ın arzularına karşı gelmeye hakkı olmadığını düşünüyordu. Yaşamını düşündüğü zaman, sahip olduğu güzelliklerin, acılara ve sıkıntılara oranla ağır bastığını görüyordu.

Yaşamının en büyük acısını, kız kardeşi yirmi dokuz yaşındayken, aynı annesi gibi kanserden öldüğü zaman yaşadı. Yalnız Muriel çok daha gençti ve aynı annesi gibi yetereli tedavi sağlanamadığı için kansere yenik düşmüştü. Muriel ve kocası durumu Peter'e bildirmeyecek kadar gururluydular. Jack telefon edip haber verdiği zaman Mureil artık ölüm döşeğindeydi. Peter, Wisconsin'e kardeşini görmeye giderken, daha önce haber vermedikleri için kırgındı. Gittiğinden iki gün sonra Muriel öldü. Bir yıl geçmeden Jack çiftliği sattı, başka bir kadınla evlendi ve Montana'ya göç etti. Peter yıllarca onun nerede olduğunu ve kız kardeşinin çocuklarına ne olduğunu bilemedi. Muriel'in ölümünden yıllar sonra,

Jack aradığı zaman Katie köprünün altından artık çok sular geçtiğini, hiç ilgilenmemesini söyledi. Peter, Jack'a istediği parayı gönderdi fakat kız kardeşinin çocuklarını görmek için Montana'ya hiç gitmedi. Gitseydi bile çocukların onu tanımayacaklarını biliyordu. Artık yeni anneleri, yeni aileleri vardı ve Jack'ın kendisini sadece paraya ihtiyacı olduğu için aradığını biliyordu. Ne Jack eski karısının kardeşini seviyordu ne de Peter onu. Yine de Peter, yeğenlerini özlüyordu. Fakat işleri yoğun olduğu için Montana'ya gidecek zaman bulamıyordu, zaten onlar başka bir dünyaya aitti. Bir bakıma Katie'nin söylediklerini yapmak kolayına geliyordu, aklına geldiği zaman suçluluk hissediyordu ama işi oluruna bırakmak belki de en iyisiydi.

Peter'in artık kendi hayatı, kendi ailesi, koruması gereken kendi çocukları vardı. Onlar için savaş vermesi gerekiyordu. Nitekim, dört yıl önce, büyük oğulları Mike liseye gideceği zaman gerçek bir savaş yaşamıştı. O güne kadar bütün Donovan'lar Andover'de okumuştu ve Frank Mike'ın da oraya gitmesini istiyordu. Katie de aynı fikirdeydi. Ama Peter öyle düşünmüyordu. Mike'ı yatılı göndermek istemiyor, üniversiteye başlayıncaya kadar evde kalmasını istiyordu. Ama Frank savaşı kolay kazandı. Karar hakkı Mike'a verildi. Annesi ile büyükbabası Andover'e gitmediği takdirde iyi bir üniversiteye, hatta bir meslek okuluna bile gidemeyeceği, dolayısıyla iyi bir iş sahibi olamayacağı ve iyi dostluklar kuramayacağı konusunda baskı yaptılar. Bütün bunlar Peter'e saçma geliyordu. Kendisi Michigan Üniversitesi'ne gitmişti. Son yılını Chicago'da gece okulunda okumuştu, hayatında meslek okuluna gitmemiş ve Wisconsin'de büyürken Andover'i duymamıştı bile. "Ama başarılı oldum," dedi gülümseyerek. Ülkenin en büyük şirketlerinden birini yönetiyordu. Fakat Mike'ın verdiği cevaba hiç hazırlıklı değildi.

"Hayır baba, sen başarılı bir evlilik yaptın. Bu farklı bir

şey." Alabileceği en kötü cevabı almıştı, ne denli kırıldığı gözlerinden okunmuş olmalı ki, çocuk hemen lafı değiştirip öyle demek istemediğini, yirmi yıl önce durumun farklı olduğunu açıklamaya çalıştı. Ama ikisi de öyle olmadığını biliyorlardı. Sonunda Mike Andover'e gitti ve sonbaharda aynı büyükbabası gibi Princeton'a gidecekti. Paul da Andover'e gitti, sadece en küçükleri Patrick, yatılı okula gitmek istemedi. Kardeşlerinden farklı bir şey yapmak istediğini, belki Exeter'e gideceğini söylüyordu. Bunu düşünmek için daha bir yılı vardı ama o da California'da bir yatılı okuldan bahsediyordu. Peter onu caydırmak istiyordu ama yapamayacağını biliyordu. Liseyi yatılı okumak bir Donovan geleneğiydi ve tartışılmazdı. Katie bile, babasına bu kadar bağlı olduğu halde liseyi Miss Porters'de yatılı okumuştu. Peter çocuklarının evde olmalarını tercih ediyordu ama bu duruma da katlanıyordu. Yılda birkaç ay onlardan ayrı kalıyordu ama çocuklar çok iyi eğitim alıyorlardı. Bundan hiç şüphesi yoktu. Frank, çocukların okulda tüm hayatlarını etkileyecek önemli dostluklar kuracaklarını söylüyordu. Bu konuda tartışmak zordu, Peter de tartışmadı. Fakat her yıl çocuklar yatılı okula gittikleri zaman yalnızlık hissediyordu. Katie ile çocukları sahip olduğu yegâne varlıklardı. Aslında, Muriel'i, annesiyle babasını hâlâ özlüyordu ama bunu Katie'ye itiraf etmek istemiyordu.

Yıllar geçtikçe Peter'in yaşamı etkileyici bir şekilde sürdü gitti. Önemli bir insandı artık. Mesleğinde son derece parlak bir ilerleme kaydetmişti. Bir süre sonra, yeterli parası olduğunda, Greenwich'de daha büyük bir eve taşındılar. Bu sefer evi Frank'ın alması söz konusu değildi. Peter'in Greenwich'de aldığı ev üç hektarlık bir arazi üzerine oturmuş, muhteşem bir evdi. Orada yaşamanın Katie için ne denli önemli olduğunu biliyordu. Hayatı boyunca Greenwich'de yaşamıştı. Bütün arkadaşları, çocukların gidebileceği en iyi okullar, ilgilendiği hayır kurumları ve babası oradaydı. Babasına yakın oturmayı seviyordu. Hâlâ onun ev işleriyle ilgileniyordu ve genellikle hafta sonlarında aile ve iş sorunlarını tartışmak veya tenis oynamak için Peter'le birlikte Frank'ın evine gidiyorlardı. Fakat Katie, babasını görmeye daha da sık gidiyordu.

Yazın da Frank'a yakın olmak için Martha's Vineyard'a gidiyorlardı. Frank'ın görkemli malikânesine karşın, Haskell'lerin sade bir evleri vardı. Buranın çocuklar için çok iyi bir yer olduğunu konusunda Peter, Katie'ye hak veriyordu ve burayı gerçekten seviyordu. Yeterli parası olur olmaz, Katie'yi babasının arazisindeki küçük evden çıkmaya ikna etti ve yolun aşağısında çok sevimli bir ev aldılar. Peter, çocuklar arkadaşlarını rahatlıkla davet edebilsinler diye onlara ayrı bir bölüm yaptırdı. Onlar da sürekli arkadaş davet ettiler. Yıllarca, özelikle Vineyard'da, Peter ile Katie'nin çevreleri hep çocuklarla sarılıydı. Her zaman evde en az yarım düzine misafir çocuk olurdu.

Rahat ve mutlu bir yaşam sürüyorlardı. Gerek nerede ve nasıl yaşayacakları konusunda ve gerekse çocukların gidecekleri okullar konusunda Peter ödün vermek zorunda kalmıştı ama prensiplerinden ve dürüstlüğünden ödün vermemişti. İş konusunda Frank ona tam yetki vermişti. Peter şirketi olumlu etkileyecek fikirler ortaya atarak Frank'ın hayal edemeyeceği kadar bir büyüme ve gelişme sağlamıştı. Önerileri her zaman yararlı olmuştu, kararlarında gözü pek ve emindi. Frank onu şirkete almakla en doğru şeyi yaptığını, hele otuz yedi yaşındayken Wilson-Donovan'ın genel müdürlüğüne getirmekle çok isabetli bir karar verdiğini biliyordu. Başından beri şirketi en doğru şekilde yönetmişti. Şirketin başına geçeli yedi yıl olmuştu, bunun dört yılı Vicotec'i geliştirme çalışmalarıyla geçmişti. Çok masraflı olmasına ve aşırıya kaçmasına karşın Vicotec de Peter'in son derece parlak fikirlerinden biriydi. Başından beri Peter'in gözbebeğiydi ve bilimsel alanda geliştirmeleri sürdürmek de onun kararı olmuştu. Frank'ı da buna razı etmişti. Uzun vadeli ve çok büyük bir yatırımdı ama ikisi de buna değer olduğuna karar vermişlerdi. Vicotec'in Peter için ayrıca bir önemi vardı. İnsanlığa yardım etmek. Bu hayatı boyunca en büyük rüyası olmuştu. Peter, annesiyle Muriel'in anısına, Vicotec'in mümkün olan en kısa zamanda piyasaya çıkmasını istiyordu. Onlara da böyle bir ürün verilmiş olsaydı, belki hayatları kurtulacak, hiç değilse biraz uzayacaktı. Şimdi onların durumunda olan başka insanları kurtarmak istiyordu. Çiftliklerde ve kırsal bölgelerde hatta şehirlerde yaşayan fakir ve muhtaç insanlara ulaşmak istiyordu.

Takside giderken bunları ve bütün hafta boyunca Avrupa'da yaptığı toplantıları düşündü. Vicotec'in kaydettiği gelişme son derece memnuniyet vericiydi. Araba hızla Paris'e doğru ilerlerken yine her zamanki gibi mahzundu. Katie onunla gelmemişti.

Peter için Paris mükemmel bir şehirdi. Her zaman nefesini kesmeyi başarmıştı. Paris'e ilk defa on beş yıl önce iş için gelmişti ve daha ilk gördüğü anda hayran olmuştu. İlk geldiğinde Fransızların milli bayramıydı. Champs-Elysées'den, Arc de Triomphe'ye gidişini, kemerin altında gururla dalgalanan bayrağı hâlâ hatırlıyordu. Arabayı durdurmuş, dışarı çıkıp seyretmiş, ağladığını fark edince de utanmıştı.

Paris'i bu kadar çok sevdiği için Katie onu bundan önceki yaşamında Fransız olduğunu söyleyerek kızdırırdı. Sebebini hiçbir zaman keşfedememişti ama Paris onun için çok şey ifade ediyordu. İnanılmaz bir çekiciliği ve güzelliği vardı. Orada hiç kötü anısı yoktu. Ama bu seferki gelişin farklı olacağını biliyordu. Paul-Louis Suchard'ın fazla bilgi vermemesine rağmen, ertesi gün yapacakları toplantının bir kutlama olacağından emindi.

Taksi yoğun öğlen trafiğine daldı. Peter pencereden bakarken Invalides ve Opéra gibi pek çok tanıdık tabela okudu. Place Vendôme'yi görür görmez kendini yuvasına dönmüş gibi hissetti. Alanın ortasında, bir kaidenin üzerinde Napoleon'un heykeli duruyordu, insan hayallerini biraz zorlasa, armalı at arabalarının içinde beyaz peruklu, saten giysili Fransız asilzadelerini görecekti neredeyse. Taksi Ritz Otel'in önünde durduğunda Peter hâlâ bu tuhaf tezata gülüyordu. Kapıcı koşarak arabanın kapısını açtı. Peter'i hemen tanıdı ve Peter taksinin parasını öderken, valizini alması için komiye işaret etti.

Ritz'in alçakgönüllü bir görünümü vardı, cephede sadece bir tek tente neresi olduğunu belli ediyordu. Çevresindeki dükkan kalabalığının arasında fazla göze çarpmıyordu. Chaumet ve Boucheron gösterişli vitrinleriyle hemen yanındaydılar ve en seçkin mücevherci, Joel A Rosenthal'in ilk harfleriyle simgelenen JAR biraz ileride sıkışmıştı. Fakat Place Vendôme'nin en önemli binası Ritz Otel'di ve Peter her zaman dünyada bunun gibi bir yer olmadığını söylerdi. Lüksü ve ihtişamı simgeliyordu, kendine özgü üslubuyla misafirlerine sınırsız Konfor sunuyordu. İş seyahatlerinde Ritz'de kaldığı zaman suçluluk duyuyordu, fakat yılardan beri burayı o kadar sevmiş ve benimsemişti ki başka bir yerde kalmayı düşünemez olmuştu. Yaşamındaki tek lüks buydu. Peter otelin kibarlığına, şıklığına ve kumaş kaplı duvarlarına ve nefis antika şömineleri ile odaların zarif dekoruna hayrandı. Döner kapıdan geçip içeri adımını atar atmaz için için yine her zamanki heyecanı hissetti.

Ritz onu hiç hayal kırıklığına uğratmamıştı. Saçları yapılı, makyajı mükemmel ve bir öncekinden çok daha çekici görünen güzel bir sevgili gibi, her seferinde onu kolları açık beklemişti.

Paris'i sevdiği gibi Ritz'i de çok seviyordu. Döner kapıdan geçip lobiye ayağını basar basmaz üniformalı görevli tarafından karşılandı ve adımlarını hızlandırarak kaydını yaptırmak için resepsiyona doğru yürüdü. İmza atmak için bankoda beklemek bile zevkliydi. Burda durup insanları seyretmeye bayılırdı. Sol tarafında orta yaşın biraz üzerinde Güney Amerikalı bir adamla, kırmızı elbiseli, son derece çarpıcı bir genç kadın duruyorlardı.. Alçak sesle İspanyolca konuşuyorlardı. Kadının saçı ve tırnakları özenle yapılmıştı ve sol elinde kocaman bir pırlanta yüzük vardı. Peter'in kendisine baktığını görünce gülümsedi. Peter çekici bir adamdı, yanında duran kadının, çiftlikte büyümüş olduğunu anlaması mümkün değildi. Varlıklı, güçlü, seçkin çevrelerde bulunan ve büyük şirketleri yöneten bir işadamı olduğu her halinden belli oluyordu. Güç ve ihtişamına rağmen insanı duygulandıran yumuşak ve genç bir görünümü vardı ve oldukça yakışıklıydı. İnsan ona biraz daha dikkatli bakacak olsa, gözlerindeki büyüleyici pırıltıları fark edebilirdi. Tüm güçlü görünümüne rağmen yumuşak, zarif ve sevecen bir hali vardı. Ama kırmızı elbiseli kadın bunları fark edemedi. O sadece Hermés kravatını, temiz ve bakımlı ellerini, evrak çantasını, İngiliz ayakkabılarını, güzel dikilmiş kostümünü fark edebildi ve kendini zorlayarak gözlerini yanındaki adama çevirdi.

Peter'in diğer tarafında koyu renk giysilerinin içinde üç tane Japon duruyordu. Hepsi sigara içiyor ve aralarında alçak sesle konuşuyorlardı. Az ileride daha genç bir adam onları bekliyordu ve resepsiyondaki memurla Japonca konuşuyorlardı. Peter sırasının gelmesini beklerken keyifle çevresini keyretti. Birden kapıda bir telaş oldu. Koyu tenli ve iriyarı dört adam döner kapıdan içeri girip çevreyi kontrol ettiler, kendilerine benzeyen iki adam daha onları izledi. Arkalarından, sanki çiklet makinesinden fırlamış gibi, üç tane birbirinden güzel kadın, parlak renkli Dior giysileriyle döner kapıdan geçtiler. Kadınlar birbirlerine benzemiyorlardı ama hepsi aynı giysiyi giymişlerdi, sadece renkleri farklıydı. Peter, yanında duran kırmızı elbiseli kadın gibi bu kadınların da mükemmel olduklarını ve saçlarının bir kuaförün elinden çıkmış olduğunu fark etti. Hepsinin boyunlarını ve kulaklarını iri pırlantalar süslüyordu ve grup olarak çevrede oldukça ilgi uyandırdılar. Altı koruma bir anda kadınları çevreledi ve o sırada döner kapıdan yaşlıca fakat yakışıklı bir Arap içeri girdi.

Peter birilerinin, "Kral Khaled galiba..." diye fısıldadıklarını duydu, "Ya da belki kardeşidir... Kadınların üçü de onun karısıymış... Otelde bir ay kalacaklarmış. Dördüncü katı tümüyle kapatmışlar..." Adam küçük bir Arap ülkesinin kralıydı, lobiye doğru yürürlerken Peter sekiz tane koruma sayabildi ve peşlerinde bir o kadar da aynı tarz giyinmiş insan vardı. Lobiden geçerlerken bütün gözler üzerlerine çevrilmişti, o kadar ki, telaşla restoranlardan birine giren Catherine Deneuve'yi kimse fark etmedi ve herkes Clint Eastwood'un Paris yakınlarında bir film çekmeye geldiğini ve otelde kaldığını unutmuştu bile. Ritz için bu tür yüzler ve tanınmış isimler olağandı. Peter 'Günün birinde bütün bunlara aldırmayacak kadar bıkar mıyım acaba?' diye düşündü. Fakat orada olmak, bütün bunları görmek o kadar eğlnceliydi ki, otelin gedikli müşterileri gibi bıkkın görünemedi ve gözlerini Arap kral ve hareminden ayıramadı. Kadınlar alçak sesle aralarında konuşuyor ve gülüşüyorlardı, korumalar onları yakından takip ediyorlar, kimsenin yanlarına yanaşmasına izin vermiyorlardı. Kral, yanındaki adamla konuşarak yürürken, korumalar çevresinde etten bir duvar oluşturmuşlardı. O sırada Peter arkasından birinin seslendiğini duydu ve şaşırdı.

"İyi günler Mr. Haskell. Hoş geldiniz. Sizi tekrar aramızda görmek ne büyük şeref."

"Ben de geldiğim için çok mutluyum." Peter döndü ve otele kaydını yapmak için bekleyen resepsiyon memuruna gülümsedi. Üçüncü katta bir oda verebiliyorlardı. Peter, Ritz'deki odaların hiçbirinin kötü olabileceğini düşünmüyordu. Hangi odayı verirlerse versinler onun için fark etmiyordu. "Otel oldukça dolu görünüyor," dedi. Arap kralını, haremini ve küçük bir ordu oluşturan korumalarını kastederek. "Her zamanki gibi... *Comme d'habitude...* " Genç resepsiyon memuru gülümseyerek Peter'in doldurduğu formu aldı. "Şimdi size odanızı göstersinler." Pasaportu kontrol etmiş ve komilerden birine anahtarı vermişti. Çocuk merdivenlerin başında durmuş odasına çıkarmak için Peter'i bekliyordu.

İçki içerek ve yemek yiyerek iş görüşmesi yapan veya entrikalar çeviren şık giyimli insanlarla dolu olan restoran ve barın önünden geçerlerken Peter, köşedeki bir masada arkadaşıyla yemek yiyen Catherine Deneuve'yi gördü. Hâlâ güzel ve çekiciydi. Bu otelin her şeyini seviyordu. Buradaki insanlar ve yüzler her zaman ilginçti. Arka taraftaki asansöre gitmek için büyük holde yürürken pahalı vitrinleri olan butik ve mücevherci dükkânlarının önünden geçtiler. Vitrinde güzel bir altın bilezik gördü ve bir daha önünden geçerken Katie'ye almak için kafasının bir kenarına not etti. Seyahatlerinden dönerken ona hep hediye götürüdü. Eskiden, Katie hamile olduğu zaman, ya da çocuklar bebekken veya yalnız bırakılmayacak kadar küçükken onunla gelemediği zaman bu hediyeler bir teselli armağanı olmuştu. Ama artık Katie onunla seyahate gitmeyi kendisi istemiyordu, Peter bunu biliyordu. Arkadaşlarını ve dernek çalışmalarını tercih ediyordu. Atık evde sadece küçük oğulları vardı, iki büyük çocuk yatılı okula gitmişlerdi. Katie istese Peter'le gidebilirdi ama her seferinde bir mazeret yaratıyordu ve Peter de artık bu konuda baskı yapmaktan vazgeçmişti. Katie onunla gitmek istemiyordu. Ama Peter hâlâ ona ve çocuklara her gittiği seyahatten hediyeler taşıyordu. Bu onların küçüklüklerinden kalma alışkanlıklarıydı.

Asansöre ulaştıklarında Arap kralı ve avenesi görünürde yoktu. Yukarıda kendilerine ayrılan bir düzine kadar odaya çekilmiş olmalıydılar. Otelin devamlı müşterileriydiler. Karıları her yıl Mayıs ve Haziran aylarını Paris'te geçirirlerdi, bazen de Temmuz'daki defilelere kadar kaldıkları olurdu. Kışın ise yeni kreasyonlarını görmek için tekrar gelirlerdi.

Asansörü beklerken Peter komiye, düzgün Fransızcasıyla "Bu yıl hava çok sıcak," dedi. Dışarıda hava güneşli ve sıcaktı. İnsanın içinden amaçsızca bir ağacın altına uzanıp gökyüzünü ve bulutları seyretmek geliyordu. İş yapılacak bir gün değildi. Ama ne olursa olsun Peter Paul-Louis Suchard'a telefon etmekte kararlıydı ve toplantılarını daha önceye almayı teklif edecekti.

"Bütün hafta boyunca çok sıcaktı," dedi komi. Herkesin keyfi yerindeydi, odalarda klima olduğu için kimse sıcaktan yakınmıyordu. Bir Amerikalı kadın, elinde üç tane süs köpeği ile yanlarından geçti. Köpekler tüylerin ve fiyonkların arasında kaybolmuşlardı, Peter'le komi birbirlerine bakıp gülümsediler.

Birden bulundukları yerde bir elektriklenme oldu, Peter köpekli kadına bakarken arka tarafta bir telaş hissetti. İlk önce Arap kralı ile korumalarının aşağı indiklerini sandı, belki de bir film yıldızı olabilirdi, ama havadaki tansiyon hissedilir bir biçimde yükselmişti. Neler olduğunu görmek için dönüp arkasına baktı, koyu renk elbiseli ve kulaklık takmış bir grup adamın, bir hizaya dizilmiş vaziyette kendilerine doğru gelmekte olduğunu gördü. Dört kişiydiler ve arkalarında gelenin kim olduğunu görmek olanaksızdı. Adamların ellerindeki telsizlerden ve kulaklıklarından koruma görevlisi oldukları belli oluyordu. Hava biraz daha soğuk olsa büyük bir olasılıkla hepsi yağmurluk giymiş olacaktı.

Hepsi aynı hizada Peter ile kominin beklemekte olduğu yere doğru yürüdüler ve arkalarından gelmekte olan adamlara yol vermek için kenara çekildiler. Arkadan gelen adamlar açık renk takım elbise giymişlerdi, Amerikalıya benziyorlardı, sadece içlerinden bir tanesi daha uzun boylu ve daha sarışındı. Bir film yıldızını andırıyordu ve çevresindeki insanları büyüleyen bir hali vardı. Herkes ağzının içine bakıyordu, sonra yanında yürüyen ve onu ilgi ve ciddiyetle dinleyen üç adam, birden söylediklerine gülmeye başladılar.

Gördükleri Peter'i çok ilgilendirmişti, gözünü adamdan ayıramıyordu, onu bir yerden tanıyordu ama çıkartamıyordu. Sonra birden hatırladı. Adam Virginia Senatörü Anderson Thatcher'di. Politika dünyasında adından sık bahsedilirdi. Kırk sekiz yaşındaydı ve adı birden fazla skandala karışmıştı fakat hepsi tam vaktinde örtbas edilmişti. Bazı acı olaylar yaşamıştı. Altı yıl önce erkek kardeşi Tom, başkanlığa adaylığını koymuş ve seçimlere kısa bir zaman kala öldürülmüştü. Kazanma şansı en kuvvetli olan adaydı, katillerin kim olduğu uzun zaman tartışıldı, hatta konuyla ilgili iki tane de film çevrildi. Sonunda katili buldular. Kimsesiz bir deliydi. Anderson Thatcher, samimi arkadaşları ona "Andy" derlerdi, yıllarca hazırlandıktan sonra politikaya soyundu ve gelecek seçimlerde en kuvvetli başkan adaydı. Henüz adaylığını ilan etmemişti ama politik çevrelerce biliniyordu. Geçen birkaç yıl içinde, nedense Peter onu yakından takip etmişti. Hakkında duyduğu tatsız dedikoduların yanı sıra, gelecek seçimlerde listedeki en ilginç aday olacağını düşünüyordu. Ve şimdi, çevresinde korumaları ve kurmay heyeti olduğu halde onu bu kadar yakından ilk defa görüyordu. Senatörün karizmatik yapısı Peter'i büyülemişti.

Senatör ikinci felaketi iki yaşındaki oğlunu kanserden kaybedince yaşadı. Peter bu konuda daha az şey biliyordu, ama çocuk öldüğü zaman *Time* Dergisi'nde çıkan yürek parçalayıcı fotoğrafları hatırlıyordu. Özellikle karısının bir fotoğrafını çok iyi hatırlıyordu, mezarlıktan çıkarken çekilmişti, yıkılmış ve yalnızdı. Thatcher ise az ileride annesinin koluna girmiş yürüyordu. Genç annenin yüzünde gördüğü ıstırap Peter'i iliklerine kadar titretmişti. Bütün bunlar sayesinde insanların sempatisini kazanmışlardı ama şimdi onu avenesiyle, derin bir konuşmaya dalmış görmek Peter'e çok ilginç geldi.

Asansör gelmemekte ısrar edince, adamların bir kısmı kenara çekildiler, ancak o zaman Peter arkalarında bir kişi daha olduğunu fark edebildi. Dergideki fotoğrafta gördüğü kadını bir anda orada, karşısında buldu. Gözlerini yere indirmişti, ufak tefekti, inceliği inanılır gibi değidi sanki her an kırılacakmış gibi bir hali vardı. Uçacak gibi görünüyordu. Peter'in hayatında gördüğü en narin ve en iri gözlü kadındı. İnsanı büyüleyen bir hali vardı. Gök mavisi renkte Chanel bir keten tayyör giyiyordu, son derece zarif bir şekilde, kendi halinde erkeklerin arkasından yürüyordu. Grubun arkasında durmuş, asansörün gelmesini beklerken kimsenin, hatta korumaların bile onunla ilgilendiği yoktu. Peter'in kendisine baktığını fark edince birden o da Peter'e baktı. Peter bu kadar kederli bakan bir çift göz görmemişti fakat kadının acınacak bir hali yoktu. Çantasını açıp güneş gözlüğünü çıkartırken, Peter ellerinin de çok ince ve zarif olduğunu farketti. Kimse onunla konuşmuyor hatta ilgilenmiyordu. Nihayet asansör geldi. Adamlar ona yol vermek ihtiyacı hissetmeden asansöre doluştular, sessizce arkalarından girdi. İnsanı şaşırtan saygın bir ifadesi vardı, kendi dünyasında yaşamasına rağmen, her haliyle bir hanımefendiydi. O da gruptaki insanlarla pek fazla ilgilenmiyordu.

Peter büyülenmiş bir şekilde kadına bakarken artık kim olduğunu kesin olarak biliyordu. Yıllardır gazetelerede, daha mutlu olduğu günlerde, yeni evlediği zaman, hatta daha önceleri babasıyla çekilmiş binlerce fotoğrafını görmüştü. O, Anderson Thatcher'in karısı, Olivia Douglas Thatcher'di. Thatcher gibi politikacı bir aileden geliyordu. Babası Massachusetts'in en saygın valisiydi, erkek kardeşi ise Temsilciler Meclisi Üyesiydi. Peter onun otuz dört yaşında olduğunu hatırlıyordu ve her zaman basın mensuplarını büyülemiş, onlara pek fazla yüz vermediği halde her zaman basının ilgi odağı olmuştu. Peter, Anderson Thatcher'le yapılan röportajları okumuştu ama Olivia Thatcher ile ilgili bir şey hatırlamıyordu. Elinden geldiği kadar geri planda kalmayı başarmıştı. Peşlerinden asansöre girerken Peter büyülenmiş gibiydi. Olivia'nın sırtı Peter'e dönüktü, hiç gayret sarf etmeden kollarını uzatsa onu kucaklayabilecekti. Olivia'nın kuzguni siyah saçlarına bakarken bunu düşünmek bile Peter'in nefesinin kesilmesine neden oldu. O da, sanki Peter'in kendisini düşündüğünü hissetmiş gibi döndü ve baktı, tekrar göz göze geldiler. Peter bir an zamanın durduğunu zannetti. O gözlerdeki hüzün Peter'i yine çok etkilemişti, tek kelime konuşmamışlardı ama o hüzünlü gözler sanki bir şeyler anlatmak ister gibiydi. Peter'in hayatında gördüğü en etkileyici gözlerdi, bir an bütün bunların hayal olduğunu düşündü, belki de ona öyle gelmişti. Olivia hızla başını önüne çevirdi ve asansörden ininceye kadar bir daha arkasına bakmadı. Peter etkilenmişti.

Valizleri odasına daha önce çıkarılmıştı ve oda çoktan *kontrol* edilmişti, her şey düzenliydi ve Peter odadan içeri adımını atarken kendini yine cennete giriyormuş gibi hissetti. Duvarlar şeftali rengi kumaşla kaplıydı, mobilyaların hepsi antikaydı, şömine kayısı rengi mermerden yapılmıştı ve perdelerle yatak örtüsü aynı renkte satendi. Banyo mermerdi ve lüksün tadını çıkarmak için her türlü konfora sahipti. Rüyaları gerçek olmuş gibiydi, rahat saten koltuğa gömüldü ve bakımlı bahçeyi seyretmeye başladı. Her şey mükemmeldi.

Komiye bahşiş verip gönderdikten sonra odada dolaştı, sonra balkona çıkıp parmaklıklara yaslandı ve aşağıdaki çiçekleri seyrederken Olivia Thatcher'i düşündü. Yüzünde ve gözlerinde insanın unutamayacağı bir şey vardı, Peter aynı şeyi fotoğraflarını gördüğü zaman da düşünmüştü, fakat Olivia'nın gözlerine baktığı zaman bunu daha güçlü bir şekilde hissetmişti. Bakışları hüzünlü fakat etkileyiciydi. Sanki Peter'e ya da ona bakan herhangi birine bir şeyler söylemek istiyor gibiydi. Kendi çapında kocasından çok daha güçlü ve çok daha ilgi çekici bir tipti. Ve Peter, Olivia'nın politika ile uğraşacak türde biri olmadığını düşünüyordu. Bildiği kadarıyla da hiç uğraşmamıştı, kocası başkanlığa aday olmasına rağmen şimdi de uğraşmıyordu.

Peter, Olivia'nın görünüşünün altında neler gizlediğini merak ediyordu, yoksa Peter bütün bunları yaratıyor muydu? Belki hüzünlü falan değil sadece içine kapanık bir insandı. Kimse onunla konuşmuyordu. Peki o zaman neden Peter'e öyle bakmıştı? Aklından neler geçmişti?

Elini yüzünü yıkarken kafası hâlâ Olivia ile meşguldü. Sonra Suchard'a telefon etti. Onu görmek için daha fazla sabredemeyecekti. Ama günlerden pazardı. Suchard, hesapta olmayan bu toplantıdan memnun olmadı. Fakat mecburen bir saat sonra Peter'le buluşmayı kabul etti. Peter sabırsız bir şekilde odada dolaşıyordu, Katie'ye telefon etti, fakat her zamanki gibi evde bulamadı. Amerika'da saat sabahın dokuzuydu, bir arkadaşına gitmiş olabileceğini düşündü. Saat dokuzdan sonra Katie'yi evde bulmak imkânsızdı ve akşam beş buçuktan önce de dönmezdi. Her zaman bir şeylerle meşguldü. Son zamanlarda kendini tamamıyla okul idare meclisi çalışmalarına vermişti ve evde sadece bir çocuk kalmış olmasına rağmen sürekli geç geliyordu.

Peter odasından çıkarken, Suchard'ı göreceği için heyecanlıydı. Uzun zamandır beklediği an gelmişti. Vicotec için yeşil ışık yanacaktı artık. Aslında bunun tamamen bir formalite gereği olduğunu biliyordu ama FDA'dan "acil inceleme" talep etmeleri, yollarında ilerlemeleri için gerekliydi. Suchard, birçok araştırma ekibinin ve bölümünün başındaydı ve son derece bilgili ve güvenilir bir adamdı. Vicotec'in piyasaya sürülmesi için onun vereceği onay çok önemliydi.

Bu sefer asansör daha çabuk geldi. Yine aynı koyu renk takım elbiseyi giyiyordu ama gömleğini değiştirmiş, manşetleri ve yakası kolalı mavi bir gömlek giymişti. Tam o sırada ince yapılı bir kadının köşeden döndüğünü fark etti. Kadın keten siyah pantolon, siyah tişört giymiş koyu renk güneş gözlüğü takmıştı. Saçlarını arkadan toplamıştı, ayağında düz ayakkabılar vardı, döner dönmez başını kaldırıp Peter'e baktı. Güneş gözlüklerime rağmen Peter, Olivia Thatcher'i tanımıştı.

Yıllarca gazetelerde hakkında yazılan yazıları okumuştu, şimdi ise bir gün içinde ikinci kez karşısına çıkıyordu. Bu sefer daha farklı görünüyordu. Chanel kostümlü halinden daha ince ve daha gençti. Peter onun da kendisini tanıdığından emindi, ama ikisi de tek bir kelime konuşmadılar. Peter elinden geldiği kadar bakmamaya gayret ediyordu. Fakat halinde Peter'i çok fazla etkileyen bir şey vardı ve bunun ne olduğunu çözemiyordu. Gözleri çok etkileyiciydi ama başka şeyler de vardı. Belki de hareketleri, tavırları ve hakkında okudukları ona etkiliyordu. Çok gururlu, kendinden emin, sessiz ve çekingen görünüyordu. Ona bakarken aklına gelen binlerce aptalca soruyu sormak geliyordu içinden. Aynı gazeteciler gibi. 'Neden kendinizden bu kadar emin görünüyorsunuz? Neden herkesten farklısınız?.. Ama çok da üzgün görünüyorsunuz. Gerçekten üzgün müsünüz, Mrs. Thatcher? Oğlunuz öldüğünde neler hissettiniz? Hâlâ kızgın mısınız?' Bunlar herkesin ona sorduğu fakat hiçbir zaman yanıtlamadığı sorulardı. Ama burada ona bakarken, Peter bütün bu soruların yanıtlarını bilmek istiyordu. Ona sarılmak, göğsüne bastırmak, neler hissettiğini bilmek, neden gözlerine öyle baktığını sormak istiyordu. Yoksa bütün bunları sadece uyduruyor muydu? Kim olduğunu öğrenmek istiyordu ama bunu asla öğrenemeyeceğini biliyordu. Kaderleri iki yabancı olarak çizilmişti, birbirleriyle tek bir kelime bile konuşamayacaklardı.

Ona bu kadar yakın olmak nefesini kesmeye yetmişti. Parfümünün kokusunu duyabiliyor, saçlarının parlaklığını, teninin düzgünlüğünü görebiliyordu. Gözlerini üzerinden ayırması mümkün değildi. Neyse ki zemin kata ulaştılar ve otomatik kapılar açıldı. Asansörün önünde koruma bekliyordu, tek kelime konuşmadı, dışarı çıktı ve lobide yürümeye başladı, koruma peşindeydi. 'Çok tuhaf bir yaşantısı var' diye düşündü Peter arkasından bakarken. Mıknatıs gibi Peter'i kendine çekiyordu. Fakat Peter önemli işi olduğunu ve çocukça fantezilerle uğraşmanın zamanı olmadığını hatırladı. Ama onda sihirli bir şeyler olduğundan emindi artık, o bir efsaneydi. Esrarengizdi. İnsanın tanımak isteyeceği, fakat asla tanıyamacağı türden bir insandı. Peter dışarı çıktı, hava pırıl pırıldı, kapıcı bir taksiye işaret ederken, 'Acaba onu yakından tanıyan bir kimse var mıdır?' diye düşünüyordu. Taksi hareket edince, Olivia'nın köşeyi dönüp Place Vendôme'den uzaklaştığını gördü. Hızlı adımlarla Paix caddesinde yürüyordu, başı önünde, gözlükleri gözündeydi, koruma da arkasındaydı. Peter nereye gittiğini merak etmekten kendini alamadı. Sonra gözlerini ve düşüncelerini ondan koparmaya gayret ederek bakışlarını önünde uzanmakta olan caddeye çevirdi.

İkinci Bölüm

Suchard'la toplantı tahmin ettiği gibi kısa ve öz oldu, fakat Peter, Paul-Louis Suchard'ın yeni ürün hakkında söylediklerine hiç hazırlıklı değildi. Böyle bir sonucu beklemiyordu. Suchard'a göre yaptığı testlerden bir tanesinde Vicotec'in çok tehlikeli olduğu, hatta yanlış ve bilinçsizce kullanıldığı takdirde öldürücü olabileceği saptanmıştı. Bu şartlar altında üretime başlanması daha birkaç yıl sürecekti. İlaç henüz Peter'in heyecanla beklediği, insanlar üzerinde deneme safhası için henüz hazır değildi.

Suchard'ın anlattıklarını hiç sesini çıkarmadan dinledi. Duyduklarına inanamıyordu ve anlamakta güçlük çekiyordu. Kimyevi maddeler hakkında yeterince bilgi sahibi olmuştu artık ve Suchard'a mantıklı ve teknik sorular sordu. Suchard bir kısmına yanıt verdi ama Vicotec'in tehlikeli olduğu ve vazgeçilmesi gerektiği konusunda kararlıydı. Eğer birkaç yıl daha ürünü geliştirme riskini göze alabilirlerse, üzerinde çalışılabilir ve sorunlar çözülebilirdi, fakat hem yararlı hem de güvenli bir üretimi garanti edemiyordu. Ama ürün bu haliyle öldürücü yan etkiye sahipti. Peter suratına bir yumruk yemiş gibi oldu.

"Yanılmış olamaz mısın Paul-Louis?" diye sordu ümitsizce, hatanın "bebeğinde" değil, sistemde olmasını istiyordu.

"Yanılmadığımdan eminim," diye yanıtladı Paul-Louis aksanlı İngilizcesiyle. Söylemek istediği şey açıkça anlaşılıyordu ve Peter dehşet içinde kalmıştı. Paul-Louis'in her zamanki titiz tavrıydı bu. Hataları hep o fark ederdi. Bir bakıma felaket müjdecisi sayılabilirdi. Ama işi buydu. "Henüz bitiremediğimiz bir test kaldı, sonucu hafifletebilir ama tamamen değiştirmez." FDA onayı için biraz daha süre gerektiğini ve birtakım ek testler yapılacağını anlattı. Ama süre derken aylardan ya da haftalardan değil, yıllardan bahsediyordu.

"Bu testler ne zaman biter?" diye sordu Peter. Kendini hasta hissediyordu. Duyduklarına inanmak istemiyordu. Hayatının en kötü günüydü, Vietnam'da yaşadıklarından bile kötüydü. Bütün bunlar tamamen değilse bile büyük ölçüde dört yıl geri gitmek demekti.

"Birkaç gün sürer ama bana kalırsa bu testler usulen yapılacak. Vicotec'in neler yapabileceğini ve neler yapamayacağını biliyoruz artık. Yetersiz yanlarını ve sorunlarını öğrendik."

"Kurtarabilir miyiz?" Peter endişeliydi.

"Bence kurtarabiliriz... Ama ekibimdeki çocuklardan bazıları aynı fikirde değil. Tehlikeyi yok edemeyeceğimizi düşünüyorlar, çok nazik bir ilaç ve deneyimsiz ellerde çok tehlikeli olabilir. Henüz senin istediklerini yapacak durumda değil. En azından şimdilik. Belki de hiçbir zaman." Tıbbi bakımın ulaşamadığı kırsal bölgelerde yaşayan hastalar için, herkes tarafından kolayca uygulanacak bir kemoterapi sistemini oluşturmaya çalışıyorlardı. Fakat Paul-Louis'in söylediklerine bakılırsa bu mümkün olmayacaktı. Peter'in yüzünden ne kadar üzgün olduğu belli oluyordu. Sanki ailesini ya da en yakın dostunu kaybetmiş gibiydi ve işin ciddiyetini ancak kavrayabiliyordu. Büyük bir hayal kırıklığına uğramıştı ve Paul-Louis'in anlattıklarıyla adeta yıkılmıştı. "Çok üzgünüm," dedi Paul-Louis Suchard. "Zaman içinde bu savaşı kazanacağından eminim. Ama sabırlı olmalısın." Sonuca ulaştıklarını sandığı bir anda hedeften böylesine uzaklaştıklarını fark edince Peter'in gözleri doldu. Duymak istedikleri bunlar değildi. Usulen yaptığı bu toplantı bir kâbusa dönüşmüştü.

"Test sonuçları ne zaman belli olur Paul-Louis?" Eksik bilgiyle New York'a dönmeye ve olanları Frank'a anlatmaya korkuyordu.

"Bir iki gün sürer, belki de dört gün. Kesin bir şey söyleyemem. Fakat hafta sonuna kadar kesin sonucu alırsın."

"Sonuçlar olumlu çıkarsa durum değişebilir mi?" Yalvarıyor hatta baskı yapıyordu. Suchard'ın ne kadar titiz olduğunu biliyordu, belki de bu sefer fazlasıyla hassas davranmıştı. Onun sonuçlarının, diğer laboratuvar sonuçlarıyla böylesine taban tabana zıt olması anlaşılır gibi değildi. Daha önce hiç yanılmadığı için, ona inanmamak elde değildi. Söylediklerini kulak arkası edemezdi.

"Durum biraz değişebilir belki ama tümüyle değil. Eğer bu sonuçlar çok iyi çıkarsa sadece bir yıllık bir araştırma yeterli olabilir."

"Altı ay yetmez mi? Bütün laboratuvarlar bunun üzerinde çalışırsa ve bütün araştırma olanaklarımızı bu proje üzerinde yoğunlaştırırsak olmaz mı?" Sağlayacakları kazanç bütün bunlara değerdi. Zaten Frank Donovan da sadece kazançla ilgilenirdi, teslerle değil.

"Belki. Yapmak istediğin buysa oldukça zor bir karar."

"Kararı Mr. Donovan verecek, tabii. Konuyu onunla görüşmem gerek." Frank'a anlatmak istediği çok şey vardı ama bunları telefonda konuşmak istemiyordu. Şanslarının çok az olduğunu biliyordu ama test sonuçlarını beklemek istiyordu. Suchard'ın son bulgularını aldıktan sonra Frank'la konuşacaktı. "Test sonuçları alınıncaya kadar bekleyeceğim Paul-Louis. O zamana kadar da bu konunun sadece ikimizin arasında kalmasını istiyorum."

"Merak etme." Test sonuçlanır sonuçlanmaz tekrar buluşmaya karar verdiler. Paul-Louis onu otelden arayacaktı.

Toplantı hüzünlü bir şekilde sona erdi, taksi ile Ritz'e dönerken Peter bitkindi, Place Vandôme'den birkaç blok önce indi ve yolun geri kalan kısımını yürüdü. Çok mutsuzdu. Bu kadar çalışmanın ve inancın sonu nasıl böyle acı olabiliyordu? Vicotec nasıl öldürücü olabilirlerdi? Neden bunu daha önce fark etmemişlerdi? Böyle mi olması gerekiyordu? İnsanlara yardım etmek isterken ölüm saçmaya başlamıştı. Bunun şakası bile acıydı ve otele girerken kokteyle gelen şık giyimli insan kalabalığı bile onu neşelendirmedi. Lobiden aceleleyle geçti ve her zaman dikkatini çeken Arapları, Fransızları, Japonları, film yıldızlarını fark etmedi bile. Merdivenlerden odasına çıkarken ne yapacağını düşünüyordu. Kayınpederini araması gerektiğini biliyordu ama bütün bilgileri almadan aramak istemiyordu. Katie ile konuşmak istiyordu ama ona anlatacaklarının ertesi sabahtan önce kayınpederinin kulağına gideceğinden emindi. İlişkilerinin en zayıf tarafı buydu. Katie anlatılanları kendisine saklayamıyordu ve bunu yapmak da istemiyordu, karı koca aralarında konuştukları her şeyi babasına anlatıyordu. Bu çocukluğundan beri edindiği bir alışkanlıktı ve Peter yıllardır tüm uğraşlarına rağmen onu bundan vazgeçirememişti. Sonunda pes etti ve kayınpederinin duymasını istemediği hiçbir şeyi karısıyla paylaşmadı. Hele bu sefer kesinlikle paylaşmayacaktı. Henüz erkendi. Paul-Louis'den haber alıncaya kadar bekleyecekti, gerekeni ondan sonra yapacaktı.

Peter o akşam pencereleri açıp odasında oturdu ve olanları düşündü. İnanması çok güçtü. Saat onda balkona çıktı, yenilgiyi hazmetmeye çalışıyordu. Tek düşünebildiği şey yıkılan umutlardı, sonuca bu kadar yaklaşmışken Paul-Louis'in söyledikleri bütün umutları yıkmış ve yaşamlarını değiştirmişti. Hâlâ biraz umut vardı ama büyük bir ihtimalle ilacın piyasaya erken sürülmesi mümkün olmayacaktı. Tabii Eylül ayında FDA onayı almak anlamsızdı. Bu durumda insanlar üzerinde deney yapmalarına izin verilmezdi. Birden bir sürü sorun çıkmıştı. Kafasını toplayamıyordu ve saat on birde Katie'ye telefon etmeye karar verdi. Sorunlarını onunla paylaşabilse çok rahatlayacaktı ama mümkün değildi. Belki sesini duysa neşesi yerine gelirdi.

Telefonu çevirdi fakat kimse cevap vermedi. Saat akşam üzeri beşti ve Patrick de henüz eve gelmemişti. Katie bir arkadaşına yemeğe gitmiş olmalıydı. Ahizeyi yerine koyarken birden sıkıntı bastı. Dört yıllık çalışma bir gün içinde tüm umutlarıyla birlikte yok olmuştu. Ve dertleşecek, içini dökecek hiç kimsesi yoktu.

Bir süre daha balkonda durdu, yürüyüşe çıkmayı düşünüyordu. Birden Paris'te dolaşmak çok cazip geldi. Ama cimnastik yaparak içindeki huzursuzluğu atmanın daha iyi geleceğini tahmin etti. Masanın üzerindeki kartı aldı ve koşarak iki kat aşağıdaki kapalı yüzme havuzuna gitti. Neyseki gecenin o saatinde bile hâlâ açıktı. Belki lazım olabilir diye düşünerek gelirken yanında mayosunu getirmişti. Ritz'in havuzunda yüzmeyi seviyordu hem bu sefer yüzmeye çok vakti olacaktı. Suchard'ın test sonuçlarını beklerken pek çok şey yapacak zamanı olacağa benziyordu. Ama hiç havasında değildi.

Havuz görevlisi onu görünce şaşırdı. Neredeyse gece yarısı olduğu için el ayak çekilmişti. Havuz bomboş ve sessizdi. Kitap okuyan havuz görevlisi Peter'e soyunma kabininin anahtarını uzattı. Bir dakika sonra Peter antiseptik küçük havuzdan geçmiş, büyük havuza doğru yürüyordu. Havuza bakınca geldiğine memnun oldu. Buna gerçekten ihtiyacı vardı. Bütün olanlardan sonra iyi bir yüzme kafasını dağıtmasına yardımcı olacaktı.

Havuzun derin tarafından düzgün bir stille atladı, ince ve uzun vücudu suların üzerinde balık gibi kaydı. Bir süre dipten yüzdü sonra su yüzüne çıktı ve uzun kulaçlarla havuzu bir baştan bir başa yüzmeye başladı. Tam karşı uca vardığında onu gördü. Sessiz sessiz dipten yüzüyordu, arada sıra suyun üzerine çıkıyor, sonra tekrar dalıyordu. O kadar ufak tefek ve çevikti ki, koskoca havuzun içinde adeta kaybolmuştu. Siyah sade bir mayo giymişti, kahverengi saçları ıslanınca siyah gibi görünüyordu ve iri kahverengi gözleri Peter'i görünce şaşırmıştı. Onu hemen tanımıştı ama hiç belli etmedi. Tekrar dibe daldı ve Peter'in bakışları altında dipten yüzmeye başladı. Onu öyle seyretmek çok tuhaftı, hem çok yakın, hem de çok uzaktı. Asansörde karşılaştıklarında da öyleydi, şimdi de öyle. İnsanı çıldırtacak kadar yakın ama sanki başka bir gezegendeymiş gibi de uzaktı.

Bir süre sessizce havuzun ayrı taraflarında yüzdüler, içlerindeki sıkıntıyı atmak istercesine ikisi de hızlı kulaçlar atarak birkaç kere birbirlerinin yanından geçtiler. Sonra sanki kurulmuş gibi ikisi de havuzun ayrı köşelerinde durup dinlendiler. Nefes nefese kalmışlardı. Peter ne yapacağını bilemiyordu, gözlerini ondan ayıramıyordu. Gülümsedi, o da gülümsedi. Yine konuşmasına, bir şeyler sormasına fırsat vermeden suya atladı ve hızla yüzerek uzaklaştı. Bu karşılaşmayı Peter planlamamıştı ama onun böyle düşünmediğinden emindi, insanların ona köşeye sıkıştırmasına, sormaya hiç hakları olmayan sorular sormalarına alışkındı. Yanında koruma olmaması tuhaftı, belki de aşağı indiğini kimse görmemişti. Kimsenin ona aldırdığı yok gibiydi. Senatörün yanında gördüğü zaman da kimse onunla ilgilenmemiş, konuşma-

mıştı. O da aynı şimdi olduğu gibi, kendi dünyasında olmaktan mutlu görünüyordu.
Havuzun tam karşı tarafında suyun üzerine çıktı. Bu sefer Peter hiç düşünmeden ağır ağır ona doğru yüzmeye başladı. Birden konuşsa, ne istediğini sorsa ne cevap vereceğini bilmiyordu. Ama onun böyle bir şey yapacağını sanmıyordu. O sadece uzaktan seyredilecek, insanı büyüleyen bir kadındı, bir melek, bir efsaneydi. Gerçek bir insan değildi. Sanki, Peter'in aklından geçenleri doğrulamak istercesine, birden zarif bir hareketle havuzdan dışarı sıçradı ve bornozuna sarındı. Peter tekrar başını kaldırıp baktığında gitmişti. Haklıydı Peter, o alelade bir kadın değildi, o bir efsaneydi.
Peter de az sonra odasına gitti ve tekrar Katie'yi aramayı düşüdü. Connecticut'ta saat akşamın yedisiydi. Arkadaşlarıyla buluşmadıysa, Katie herhalde eve gelmiş, Patrick'le yemek yiyor olmalıydı.
İşin garibi, Peter'in içinden Katie ile konuşmak gelmiyordu. Onunla konuşmak, yalan yere işlerin iyi gittiğini söylemek zor geliyordu. Suchard'la konuştuklarını da anlatamazdı. Babasına söylemeyeceğine inanmıyordu ama karısıyla dertleşememek Peter'i tuhaf bir şekilde rahatsız ediyordu. Paris'te, Ritz Otel'de yatağının üzerine uzanmış, bunları düşünürken kendini yapayalnız hisetti. Burası huzur bulduğu bir yerdi, insan kendini ancak cennette böyle hissedebilirdi. Hiç değilse bedenen kendini rahat hissediyordu, yüzmek çok iyi gelmişti. Olivia Thatcher'e rastlamak onu büyülemişti. Çok güzel bir kadındı ama Peter'e gerçek değilmiş gibi geliyordu. Nedense halinden çok yalnız olduğunu hissediyordu. Neden böyle düşündüğünü bilmiyordu Peter, belki onun hakkında okuduklarından etkileniyordu, belki de o kocaman kahverengi gözlerdeki gizem böyle düşünmesine sebep oluyordu. Bütün bunları ona uzaktan bakarak anlamak mümkün değildi, onu gördüğü zaman, ender bulunan bir ke-

lebekmiş gibi içinden ona dokunmak geliyordu. Ama bütün kelebekler gibi ona dokunduğu zaman kanatlarının kopacağını da biliyordu.

Rüyasında bir sürü kelebek gördü, bir kadın tropik ormanda, ağaçların arasından onu seyrediyordu. Kaybolduğunu sanıyordu, korkudan bağırmak üzereyken yine o kadın görünüyor ve onu kurtarıyordu. Bu kadının kim olduğunu tam olarak göremiyordu ama Olivia Thatcher olduğunu sanıyordu.

Sabah uyandığında hâlâ onu düşünüyordu. Çok tuhaf bir duyguydu, Gördükleri bir rüya değil hayaldi sanki. Bütün gece rüyasında ona bu kadar yakın olmak, onu tanıyormuş gibi hissetmesine neden oldu.

Telefon çaldı. Arayan Frank'tı. Paris'te sabahın on biri olmasına rağmen Connecticut'ta sabahın dördüydü. Suchard'la görüşmesinin nasıl geçtiğini merak ediyordu.

"Onunla dün buluştuğumu nereden biliyorsun?" diye sordu Peter. Ayılmaya ve kafasını toplamaya çalışıyordu. Kayınpederi her sabah dörtte uyanırdı. Saat altı buçuk ya da en geç yedide ofiste olurdu. Birkaç aydır emekli olduğunu söylemesine rağmen, bu alışkanlığından bir gün bile vazgeçmemiş, bir kere bile aksatmamıştı.

"Cenevre'den öğlen ayrıldığını biliyorum. Zaman kaybetmek istemeyeceğini tahmin ettim. Haberler iyi mi?" Frank'ın sesi neşeliydi, Peter birden, Paul-Louis Suchard'ın ondan hiçbir şeyi saklamadığını hatırladı.

"Testleri henüz bitirememişler," dedi. İçinden Frank'ın, Suchard'ı aramamış olmasına dua ediyordu. "Test sonuçları alınıncaya kadar birkaç gün burada kalacağım."

Frank güldü, sesi nedense Peter'in sinirlerini bozuyordu. Ne söyleyecekti ki ona? "Bebeğini bir an bile yalnız bırakmak istemiyorsun değil mi evlat?" Ama anlamıştı. Vicotec için gerek parasal, gerekse zaman olarak çok fazla yatırım yapmışlardı. Bu durumda Peter'in hayalleri de ürünle birlikte yok oluyordu. 'Neyse ki Suchard çok kesin konuşmadı' diye düşünerek yatağın içide oturdu. Sadece ciddi sorunlar olduğunu söylemişti. Sorunların çözümlenmesi gerekiyordu ve hâlâ hayallerinin gerçekleşmesi için umut vardı. "Birkaç gün Paris'te keyfine bak. Biz şirketi idare ederiz. Ofiste fazla önemli bir şey yok zaten. Bu gece Katie'yi 21'e yemeğe götüreceğim. Onun beklemekten şikâyeti yoksa ben sensiz de idare edebilirim."

"Teşekkürler Frank. Burada kalıp test sonuçlarını beklemek ve Suchard'la görüşmek istiyorum." Frank'a az da olsa ipucu vermemek haksızlık gibi geliyordu. "Ufak tefek bir iki sorun varmış."

"Önemli bir şey değildir umarım." Frank bir an bile şüphelenmemişti. Almanya ve İsviçre'den aldıkları sonuçlar çok iyi olduğu için meraklanmıyordu. Paul-Louis Suchard, Vicotec'in ölümcül risk taşıdığını söyleyinceye kadar Peter de öyle düşünüyordu. Şimdi sadece bütün bunların yanlış olduğunun ispatlanması, haftalardır çözümlenemeyen sorunların asgariye inmesi için dua ediyordu. "Beklerken nasıl vakit geçireceksin?" Frank'ın sesi keyifli geliyordu. Damadını çok severdi, hep dost olmuşlardı. Peter mantıklı ve akıllı bir adamdı ve Katie'ye çok iyi kocalık yapıyordu. Onun her istediğini yapmasına izin veriyor, hoşlandığı ve alışkın olduğu yaşamı sürdürmesine engel olmuyordu. Onun istediği yerde oturmayı, çocukların Andoveré ya da Princeton'a gitmelerini kabul etmişti. Her yıl bir aylığına Martha's Vineyard'a gelirdi ve en önemlisi Frank ile Katie'nin yıllardır alışkın olduğu ilişkilerine saygı duyuyordu. Ayrıca Wilson-Donovan için çok parlak bir yöneticiydi. İyi bir babaydı. Bazen, yatılı okul ve bazı aile sorunları gibi, hiç üzerine vazife olmayan konularda inatlaşıyordu ama Peter'in, Frank'ın hoşlanmadığı pek az huyu vardı.

Pazarlama konusundaki harika fikirleri dillere destandı. Wilson-Donovan onun sayesinde ilaç endüstrisinde en başarılı şirket olmuştu. Şirketi bir aile şirketi olmaktan kurtarıp dev bir kuruluş haline getiren Frank'tı ama uluslararası bir imparatorluk olmasını sağlayan Peter'di. *New York Times* sürekli onun hakkında yazıyor, *Wall Street Journal* ondan ilaç dünyasının harika çocuğu diye bahsediyordu. Hatta Vicotec'le ilgili bir ropörtaj yapmak istemişlerdi ama Peter henüz hazır olmadıklarını söyleyerek kabul etmemişti. Amerikan Kongresi Araştırma Komitesi'ne davet edilmişlerdi, ilaç fiyatları ile ilgili ahlaki ve ekonomik konularda bilgi vermesini istemişlerdi. Fakat Peter henüz kabul ettiğini bildirmemişti.

"Yanımda iş getirmiştim," dedi, balkona vuran güneşe bakarak. İçinden çalışmak gelmiyordu. "Bilgisayarda bazı şeyler hazırlayıp ofise göndereceğim. Biraz yürüyüşe çıkmayı tasarlıyorum," dedi. Önünde bir bütün gün vardı.

"Şampanya içmeyi unutma," dedi Frank keyifle. "Suchard'la kutlarsınız. Buraya geldiğinde de birlikte kutlarız. Bugün *Times*'a telefon edeyim mi?" Peter asabi bir şekilde başını salladı ve oturduğu yerden fırladı. Çıplaktı.

"Bence biraz bekle. Son testlerin sonuçlarını beklemek gerek, başka türlü güven sağlayamayız," dedi ciddi bir ifadeyle. Bir yandan da açık pencereden kendisini gören olur mu diye düşünüyordu. Saçları darmadağın olmuştu, yatak çarşafını beline sardı. Otelin verdiği sabahlık uzanamayacağı kadar uzakta duruyordu.

"Sinirlenmene gerek yok," dedi Frank. "Test sonuçları iyi çıkacak. Haber alır almaz beni ara." Artık telefonu kapatmak için sabırsızlanıyordu, ofise geç kalmıştı.

"Ararım. Aradığın için teşekkürler, Frank. Katie'ye sevgilerimi ilet, belki ben aramadan önce görürsün. Dün sabahtan akşama kadar dışarıdaydı, bir türlü görüşemedim. Şimdi de telefon için çok erken," dedi açıklama ihtiyacı hissederek.

"Çok meşgul," dedi babası gururla. Katie onun gözünde hâlâ liseli bir genç kızdı. Yirmi dört yıl önce ilk tanıştıklarından beri hiç değişmemişti. Ufak tefek ve sarışındı, arkadaşları hâlâ "genç" göründüğünü söylüyorlardı ve atletik yapılıydı. Saçlarını hep kısa keserdi, gözleri Peter gibi maviydi ve istediklerini elde edemediği zamanlar dışında, bakışları cin gibiydi. İyi bir anne, iyi bir eşti ve babasına çok düşkündü. Bunu ikisi de biliyorlardı. "Sevgilerini ona iletirim," dedi Frank ve telefonu kapattı. Peter, belinde yatak çarşafı sarılı olduğu halde yatağın üzerine oturmuş pencereden dışarı bakıyordu. Her şey berbat olursa Frank'a ne söylecekti? Harcadıkları milyonları ve kazanamayacakları milyarları nasıl kurtaracaklardı? Belki sorunların çözümlenmesi için daha da harcamaları gerekecekti. Frank'ın daha fazla yatırım yapmayı kabul edeceğini hiç tahmin etmiyordu. Acaba Vicotec'i daha fazla destekleyecek miydi, yoksa projeden vazgeçmelerini mi isteyecekti? Yönetim Kurulu Başkanı olarak son karar onundu fakat Peter elinden geldiği kadar mücadele edecekti. Kazanmak için savaşmaktan kaçınmazdı. Frank ise kolay yoldan kazanca gitmekten hoşlanırdı. Zaten onu dört yıllık geliştirme safhasına razı etmek çok zor olmuştu, bir iki yılı daha kabul etmesi, masraflar açısından çok zor olacaktı.

Oda servisine kahvaltı için kurabiye ve kahve ısmarladı, sonra telefonun başına oturdu. Suchard'ın aramasını beklemesi gerektiğini biliyordu ama bekleyemeyecekti. Paul-Louis'e telefon etti fakat Dr. Suchard'ın laboratuvarda meşgul olduğunu ve rahatsız edilmek istemediğini söylediler. Önemli bir toplantısı vardı. Peter özür dileyerek telefonu kapattı. Suchard'ın telefon etmesini beklemek sonsuza kadar süreceğe benziyordu. Görüşmelerinin üzerinden henüz yirmi dört saat bile geçmemişti ama Peter meraktan yerinde duramıyordu.

Kahvaltı gelmeden önce giyindi, bir an havuza girmeyi düşündü ama mesai saatinde uygun olmayacaktı. Bilgisayarını çıkardı, bir yandan kurabiyesini yiyip kahvesini içerek çalışmaya başladı. Fakat dikkatini veremiyordu ve öğlene doğru çalışmaktan vazgeçti, duş yaptı ve giyindi.

Ne yapacağına karar vermesi uzun sürdü. Tam bir Paris'li gibi uçarı bir şeyler yapmak istiyordu. Seine kıyısında ya da Bac caddesi boyunca Septiéme'de yürüyüş yapabilirdi. Latin Quarter'de oturup bir şeyler içerek, gelip geçenleri seyredebilirdi. Vicotec'i düşünmek istemiyordu. Odasından çıkıp şehir kalabalığına karışmak istiyordu.

Koyu renk bir takım elbise ve beyaz gömlek giydi. İş randevusu yoktu ama yanında başka elbise getirmemişti. Place Vandôme'ye çıktı ve bir taksiye işaret etti. Şoföre kendisini Bois Boulogne'ye götürmesini söyledi. Burayı ne kadar sevdiğini unutmuştu. Sıcak güneşin altında saatlerce bir bankta oturdu, dondurma yedi, çocukları seyretti. Laboratuvarda Vicotec'le boğuşmaktan, Greenwich'den, Connecticut'tan uzak, Paris güneşinde, düşünceleriyle baş başa oturdu. Senatör Thatcher'in esrarengiz karısı bile çok uzaklarda kalmıştı.

Üçüncü Bölüm

Peter, akşam üzeri Bois de Boulogne'den ayrıldıktan sonra taksiyle Louvre'a gitti. Çok güzel düzenlenmiş bir müzeydi, avludaki heykeller o kadar güzeldi ki, uzun süre onları seyretti, büyülenmişti, kendini için için onlara yakın hissetti. Louvre'un tam önüne yerleştirilen ve Paris'lilerle yabancılar arasında tartışmalara yol açan camdan piramite bile aldırmadı. Biraz yürüdükten sonra tekrar bir taksiye bindi ve otele döndü. Dışarıda oldukça uzun kalmıştı, kendini toparlamıştı ve nedense daha umutluydu. Testler iyi sonuç vermese bile, bir şekilde çıkış yolunu bulabileceklerine inanıyordu. Birkaç sorun çıktı diye böyle büyük bir projeden vazgeçecek değillerdi. FDA onayı alamamak dünyanın sonu demek değildi, yıllardan beri kaç kez bu tür olaylarla karşılaşmıştı ve eğer proje dört yerine beş ya da altı yıl sürecekse sürsündü.

Ritz'e girerken iyice rahatlamış ve huzursuzluğunu yenmişti. Saat oldukça ilerlemiş olmasına rağmen adına bırakılmış mesaj yoktu. Bir gazete aldı, sonra da kuyumcuya girdi ve çok önceden Katie'ye almayı aklına koyduğu altın bileziği aldı. Som altından, ucunda büyücek bir altın kalp sallanan zarif bir zincirdi. Katie kalpleri çok severdi, bu bileziği beğeneceğini biliyordu. Babası ona pırlanta kolye ve yüzük gibi çok pahalı hediyeler alırdı, Peter onunla boy ölçüşemeyeceğini bildiği için genellikle Katie'ye beğeneceği, kullanacağı ve özel anlamı olan hediyeler seçmeye özen gösterirdi.

Yukarı çıktığında boş odaya bir göz gezdirdi ve birden huzursuz oldu. Yine Suchard'a telefon etmek için dayanılmaz bir istek duyuyordu ama bu sefer karşı koydu. Onun yerine Katie'ye telefon etti fakat karşısına sadece telesekreter çıktı. Connecticut'ta öğlen vaktiydi, 'Yemeğe çıkmıştır' diye düşündü. Çocuklar da kim bilir neredeydiler?

Mike ile Paul tatil için eve dönmüş olmalıydılar, Patrick zaten yatılı gitmediği için evdeydi ve bir haftaya kalmaz Katie, Vineyard'a taşınırdı. Peter, her zaman olduğu gibi şehirde kalacak, onlara hafta sonlarında katılacaktı. Her yıl Ağustos ayında dört hafta izne çıkar ve ailesinin yanına giderdi. Frank, Temmuz ve Ağustos'ta izin kullanırdı. Katie o yıl Dört Temmuz'da muhteşem bir barbekü partisi yapmayı planlıyordu.

"Telefonunuza cevap veremediğim için özür dilerim," dedi telesekreter. Peter makinelere konuşmaktan nefret ederdi. "Saat farkı işleri zorlaştırıyor... Hoşça kal... Oh... Ben Peter." Sırıtarak telefonu kapattı, aptalca konuşmuştu. Makineye not bırakacağı zaman hep böyle olurdu. "Endüstri kralı telesekretere not bırakmasını beceremiyor," diye kendi kendisiyle alay etti. Şeftali rengi kanepeye uzanıp etrafına bakındı, akşam yemeği için plan yapmaya çalıştı. Ya otelin yanındaki küçük meyhaneye gidecek ya da otelin restoranında yiyecekti. Veya yemeğe odasına getirtir, bir yandan CNN'i seyrederken bir yandan da bilgisayarda çalışırdı. Sonuncu seçeneği tercih etti. Bu en kolayıydı çünkü.

Ceketini ve kravatını çıkardı, gömleğinin kollarını sıvadı. Sadece sabah değil, günün sonunda bile tertemiz kalabilen ender insanlardandı. Çocuklar onun bu haliyle alay eder, doğduğu zaman da boynunda kravat olduğunu söyleyerek kızdırırlardı. Onlar böyle söyleyince Peter Wisconsin'de geçen gençliğini anımsar, gülerdi. Wisconsin artık çok gerilerde kalmıştı. Annesini, babasını ve kız kardeşini kaybettikten sonra oraya gitmenin anlamı kalmamıştı. Arada sırada Muriel'in Montana'daki çocuklarını düşünüyordu, fakat onlarla bağlantı kurmak için artık çok geç olduğunu biliyordu. Büyümüş olmalıydılar ve Peter'i hiç tanımıyorlardı. Katie haklıydı. Artık çok geç olmuştu.

Haberlerde ilginç bir şey yoktu, gece boyunca kendini çalışmaya verdi. Akşam yemeği çok güzeldi, garsonun odasında yemesine üzülmesine aldırmadı. Güzel hazırlanmış yemek servisinin yanına bilgisayarını açtı ve çalıştı.

"Vous devriez sortir, monsieur," dedi garson. "Dışarı çıkmalısınız." Çok güzel bir geceydi, Paris mehtapta harika görünüyordu, fakat Peter ilgilenmemek için kendisini zorladı.

Mükâfat olarak gece havuza girmeye karar vermişti. İşi bittiğinde saat on bir olmuştu. Tam havuza gitmeyi düşünürken bir düdük sesi duydu. Radyodan veya televizyondan geldiğini sandı, 'Belki de bilgisayar arızalanmıştır' diye düşündü. Fakat tam arkasından bir zil sesi duyuldu. Ne olduğunu anlamak için kapıyı açıp koridora çıktı, zil sesi kuvvetlenmişti. Diğer konuklar da odalarının kapılarını açmış bakıyorlardı. Bir kısmı korkmuş ve telaşlanmıştı.

"Feu?" "Yangın mı?" diye sordu telaşla önünden geçen komiye, çocuk durakladı ve kararsız bir şekilde Peter'e baktı.

"C'est peut-étre une incendie, monsieur," yani olabilir dedi. Kimse birşey bilmiyordu ama alarm veriliyordu, insanlar akın akın koridora doluşmaya başladılar. Sonra birden otelin bütün elemanları harekete geçti. Komiler, başgarson,

garsonlar, kat hizmetçileri, *gouvernante*, kat sorumlusu, hepsi sakin fakat hızlı bir şekilde katlara dağılıp, insanları mümkün olduğu kadar çabuk dışarı çıkarmak için kapılara vurarak, ziller çalarak dolaşmaya başladılar. "Hayır madam lütfen, üzerinizi değiştirmenize gerek yok." Kat sorumlusu elbiseleri dağıtıyor, komiler kadınların küçük çantalarını ve köpeklerini taşımalarına yardım ediyorlardı. Henüz bir açıklama yapılmamıştı ama herkes oteli bir an önce boşaltmak için uyarılmıştı. Kaybedilecek zaman yoktu.

Peter duraksadı, bir an bilgisayarını almayı düşündü ama hemen vazgeçti. İçinde şirket sırları yoktu, sadece notları ve birkaç yazışma vardı. Bırakmak daha iyi olacaktı. Ceketini bile giymedi, sadece cüzdanını ve pasaportunu pantolonunun arka cebine yerleştirdi, oda anahtarını aldı, Gucci ve Dior giyinmiş Japon kadınların, ikinci kattan kendilerini kurtarmaya çalışan kalabalık bir Amerikalı ailenin, olağanüstü mücevherler takmış Arap kadınların, en önde merdivenlerden aşağı inmeye çalışan bir grup Almanın ve bir sürü süs köpeğinin arasına karıştı.

Durumları o kadar komikti ki, Peter gülümseyerek merdivenlerden aşağı inerken *Titanic* macerasını düşündü. Galiba Ritz batıyordu.

Yol boyunca otel personeli eşyalarını taşımalarına yardım ediyor, güler yüzle özür diliyor, müşterileri rahatlatmaya çalışıyorlardı. Fakat hâlâ kimse neler olduğunu söylememişti. Yangın mıydı, yanlış alarm mı verilmişti yoksa başka bir tehlike mi vardı? Fakat şık vitrinlerin önünden geçip lobiye, oradan da caddeye çıktıklarında Peter, kabaca Amerika'daki SWAT birliklerine eşit olan CRS vurucu timlerinin tam teçhizat olay yerine geldiklerini ve Kral Khalad ve ekibini hükümet arabalarına bindirerek uzaklaştırmaya çalıştıklarını görünce bir bomba ihbarı olasılığını aklına getirdi. Otelden çıkan insanların arasında arkadaşlarıyla birlikte otelde kalan iki tane çok meşhur Fransız film yıldızı, genç kızlarla gelmiş yaşlı zenginler, henüz çekimden gelen ve üzerinde sadece blucin ve tişört bulunan Clint Eastwood da vardı. Otelin bütün odaları boşaltıldığında saat gece yarısını geçmişti. Bunun bu kadar sakin, panik yaratmadan, çabuk ve güvenli bir şekilde yapılması hayret vericiydi. Otel personeli müşterileri ustalıkla Place Vendôme'ye çıkarmayı başarmıştı. Güvenli bir mesafede herkes masaların etrafına oturmuş pasta yiyor ve kahve içiyordu. İhtiyacı olanlar için daha kuvvetli içki de vardı. Havada en küçük bir tehlike kokusu yoktu, saat bu kadar geç olmasa eğlenceli bile olabiliridi.

Peter, yanında duran Clint Eastwood'a döndü, "Bu gece havuza girmek hayal oldu," dedi. Yan yana durmuş, duman çıkıyor mu diye otele bakıyorlardı. Ama görünürde bir şey yoktu. On dakika önce CRS bomba imha timleri otele girmişlerdi. Herhalde bir bomba ihbarı yapılmış olmalıydı.

"Ben de erken yatmak istiyordum," dedi aktör kederli bir yüzle. "Yarın sabah dörtte kalkacağım. Bomba arıyorlarsa bu iş uzun sürer." Sete dönüp uyumayı düşünüyordu ama diğerlerinin böyle bir arzusu yoktu. Herkes caddenin ortasında durmuş, arkadaşlarına, köpeklerine veya içi mücevher dolu deri çantlarına sarılmış, hayretle oteli seyrediyorlardı.

O sırada bir CRS grubu daha geldi, Peter otelden uzaklaşmaları için verilen komuta uyarak arkasını döndüğünde onu gördü. Anderson Thatcher de oradaydı. Her zamanki gibi etrafı korumaları ve dalkavukları tarafından sarılmıştı, olanlar onu hiç ilgilendirmiyor gibi bir hali vardı. Etrafını saranlarla hararetli konuşmasını sürdürüyordu. Çevresini saran erkeklerin arasında buldok köpeği gibi bir tane de kadın vardı. Sinirli bir şekilde sigara içiyordu ve Thatcher kadının anlattıklarını dikkatle dinliyordu. Peter, Olivia'nın grubun gerisinde durduğunu fark etti, kimse onunla konuşmuyordu. Her zamanki gibi büyülenmiş bir şekilde onu seyrederken kimsenin onunla ilgilenmediğini fark etti. Kenarda durmuş, otelin dağıttığı kahveyi yudumluyordu, korumaların bile ona aldırdığı yoktu. Beyaz bir tişörtle blucin giymişti. Topuksuz mokasenleri ile küçük bir çocuğu andırıyordu ve kocası ile grubu ağır ağır yürürlerken, Peter'i büyüleyen gözleri etrafı kolluyordu. Thatcher, adamlarından biriyle birlikte CRS ekibinden birkaç kişiye sorular sordu, adamlar sadece başlarını salladılar. Alarmın nedenini hâlâ bulamamışlardı. Portatif sandalyeler getirildi, garsonlar otel müşterilerine sandalye ve şarap dağıtmaya başladılar. Bütün rahatsızlığa rağmen herkes hayatından memnun görünüyordu. Place Vendôme'deki durum yavaş yavaş bir parti havasına bürünmeye başlamıştı. Fakat Peter bütün bunlarla ilgilenmiyor, merakla Olivia Thatcher'i izliyordu.

Grubun dışında kalmasına, korumaların onunla ilgilenmemesine rağmen Olivia kendini olayların akışına kaptırmıştı. Otelden çıktıklarından beri Senatör ona arkasını dönmüş ve bir kelime bile konuşmamıştı. Ekibi ile birlikte sandalyelere oturunca Olivia, Place Vendôme'yi dolduran kalabalığın arasına karıştı ve bir fincan daha kahve almak için arkalara doğru ilerledi. Sakin bir hali vardı, kocasının ve ekibinin kendisi ile ilgilenmemesine aldırmıyordu. Peter, büyülenmiş gibi onu seyrediyor, gözlerini ondan ayıramıyordu.

Olivia, yaşlı bir Amerikalı kadına oturacak bir yer buldu, küçük bir köpeği okşadı, sonra da elindeki fincanı masalardan birinin üzerine bıraktı. Garson kahvesini tazelemek istedi, başını sallayarak teşekkür etti. Yeryüzüne yeni inmiş bir melek gibi zarif ve pırıl pırıldı. Onun gerçek bir insan olduğuna Peter inanamıyordu. Sakin, kibar, mükemmel, gizemli bir hali vardı ve insanlar ona yaklaştıkları zaman korkuyordu. Biri ona baktığı zaman tedirgin olduğu her halinden belli oluyordu ama o gece olduğu gibi kimse onunla ilgilenmediği zaman mutlu görünüyordu. Sade ve gösterişsiz giyinmişti, o kadar alçakgönüllü bir hali vardı ki, yüzlerce kere fotoğrafı gazetelerde çıkmış olmasına rağmen kalabalığın içindeki Amerikalılar bile onu tanıyamamışlardı. Oysa çocuğunun hasta olduğu dönemlerde yıllarca paparazzilerin ilgi odağı olmuştu.

Peter bir ara Olivia'nın yavaş yavaş arkalara doğru çekildiğini, kalabalığın arasına karıştığını fark etti, gözlerden uzaklaşıyordu. Bunu maksatlı mı yoksa farkında olmadan mı yaptığını anlamaya çalıştı. Kocasından ve ekibinden oldukça uzaklaşmıştı, oturdukları yerden ona görmelerine imkân yoktu, ancak ayağa kalkıp aramaları gerekecekti. Gece yarısına doğru, akşam yemeğinden, Chez Castel gibi gece kulüplerinden veya tiyatrolardan dönen müşteriler kalabalığı iyice artırmışlardı. Neler olup bittiğini görmek için gelen insanlar da aralarına karıştılar. Kalabalığın arasında fısıldaşmalar başlamıştı, çoğunluk, olanlar yüzünden Kral Khaled'i suçluyordu. Otelde çok önemli bir İngiliz bakan da kaldığı için olayı IRA'ya yükleyenler de vardı. Sonuç olarak bir bomba ihbarı yapılmıştı ve CRS bombayı etkisiz hale getirinceye kadar otele girmek yasaklanmıştı.

Saat gece yarısını çoktan geçmişti, Eastwood çoktan sete dönmüş, karavanlardan birinde uykuya dalmış olmalıydı. Sabaha kadar Place Vendôme'de bekleyerek zamanını harcamak istememişti. Peter etrafına bakınınca, Olivia Thatcher'in yavaş yavaş kalabalığın arasından sıyrılıp soğukkanlı bir şekilde meydanın diğer köşesine doğru yürüdüğünü fark etti. Kalabalığa arkasını dönmüş, hızlı adımlarla uzaklaşıyordu. Peter nereye gittiğini merak etmekten kendini alamadı. Arkasında bir koruma olup olmadığına baktı, çünkü uzaklaştığını fark etmiş olsalar mutlaka peşine takılırlardı. Fakat peşinde kimse yoktu, bir kere bile arkasına bakmadan adımlarını hızlandırdı. Peter gözlerini ondan ayıramıyordu, hiç düşünmeden kalabalığın arasından sıyrıldı ve onu takip etmeye başladı. Otelin önündeki kalabalık eğlenceye öylesine dalmıştı ki, kimse onların uzaklaştığını fark etmemişti. Peter sadece bir adamın bir süre arkasından geldiğini, fakat kalabalıktan yükselen heyecanlı bağrışmaları duyunca o tarafa doğru seyirttiğini fark edemedi. İki tane tanınmış manken, CRS'nin kızgın bakışlarına aldırmadan müzik setini sonuna kadar açmışlar, dans etmeye başlamışlardı. CNN ekibi çoktan gelmiş, Senatör Thatcher'le ülke içindeki ve dışındaki teröristler hakkında söyleşi yapıyorlardı. Senatör düşüncelerini dobra dobra söylüyor, altı yıl önce kardeşinin başına gelen olaylardan sonra bu tür saçmalıklara sıcak bakmadığını anlatıyordu. Senatörün kısa konuşmasını çevresindekiler heyecanla alkışladılar ve CNN ekibi başkalarıyla görüşmek üzere uzaklaştı. İşin ilginç tarafı kimsenin senatörün karısını sormamasıydı, onun her ikisi namına konuştuğunu düşünmüşler ve telaşla dans eden iki mankenle konuşmak için kalabalığın içine dalmışlardı. Mankenler bu olayın çok eğlenceli olduğunu ve Ritz'de bu tür eğlencelerin sık sık tekrarlanması gerektiğini düşündüklerini söylediler. Üç günlüğüne, *Harper's Bazaar* için çekim yapmaya gelmişlerdi ve Paris'i çok beğenmişlerdi. Sonra Place Vendôme'deki olayı alaya alan bir şarkı söylemeye başladılar. Bomba hâlâ bulunamamıştı ama kalabalık son derece neşeliydi, adeta bir bayram havası esiyordu.

Senatörün karısının peşinden Place Vendôme'nin köşesini dönerken Peter bütün bunlardan uzaktı. Olivia'nın nereye gittiğini bilir gibi bir hali vardı, bir an bile duraksamamıştı. Hiç durmadan yürümesine devam etti. Oldukça hızlı yürüyordu, ona yetişmek için Peter'in adımlarını hızlandırması gerekti. Aralarında belirli bir mesafe bırakmaya dikkat ediyordu, ama dursa ve neden peşinden geldiğini sorsa ne cevap vereceğini bilemiyordu. Çünkü neden peşinden gittiğini kendisi de bilmiyordu. Sadece orada olması gerektiğini biliyordu, o kadar. Place Vendôme'den beri büyülenmiş gibi onu takip ediyordu, kendi kendine gecenin o saatinde onu yalnız bırakmaması gerektiğini söylüyor fakat bunu düşünenin neden başkası değil de kendisi olduğunu bilmiyordu.

Olivia, Place de la Concorde'ye kadar yürüdü, sonra durdu, kendi kendine gülümseyerek çeşmeleri seyretmeye başladı. Uzaktan Eiffel Kulesi'nin ışıkları görünüyordu. Yaşlı bir berduş bankların üzerinde oturuyordu, bir adam dolaşıyor ve iki çift öpüşüyordu, kimsenin ona baktığı yoktu ve Olivia son derece mutlu görünüyordu. Peter'in içinden yanına gitmek, ona sarılmak ve manzarayı birlikte seyretmek geldi. Fakat uygun bir mesafede durup ona gülümsemekle yetindi. Birden Olivia soru dolu bakışlarını ona çevirince ne yapacağını şaşırdı. Orada olduğunu yeni fark etmişti, sanki neden geldiğini açıklamasını istiyor gibiydi. Onu takip ettiğini anlamıştı, kızmadı ve korkmadı, kendisine doğru yürümeye başlayınca Peter ne yapacağını şaşırdı. Olivia onun kim olduğunu anlamıştı, bir gece önce havuzda rastladığı adamı tanımıştı, Peter kıpkırmızı oldu.

"Fotoğrafçı mısın?" Gözlerini Peter'e dikmiş, sakin bir şekilde sormuştu. Birden hassaslaşmış ve hüzünlenmişti. Bu tür şeyler daha önce de binlerce kere başına gelmişti ve bu ne ilk ne de sondu. Fotoğrafçılar onu her yerde takip ederlerdi ve ondan çok özel anlarını çaldıkları zaman kendilerini zafer kazanmış gibi hissederlerdi. Bunlara alışkındı hoşlanmıyordu ama hayatının bir parçası olarak kabul etmek zorundaydı.

Peter başını salladı, onun neler hissettiğini anlayınca rahatsız ettiği için üzülmüştü. "Hayır, değilim... Çok özür dilerim... Ben... Ben sadece yalnız bırakmak istemedim. Çok geç oldu." Olivia'ya yakından bakınca daha çok utandı. Her an kırılabilecekmiş gibi incecikti. Daha önce böyle birine hiç rastlamamıştı. "Gecenin bu saatinde buralarda yalnız dolaşmamalısın, çok tehlikeli." Olivia yaşlı berduşa, dolaşmakta olan adama baktı ve omuzunu silkti.

"Neden beni takip ediyorsun?" diye sordu gözlerinin içine bakarak. Kahverengi kadife gözlerindeki bakış o kadar yumuşaktı ki, Peter ona dokunmak için dayanılmaz bir arzu duydu.

"Şey... Bilmiyorum," dedi. "Merak... Cesaret... Büyülenme... Aptallık... Salaklık, ne istersen söyle." Güzelliğinin başını döndürdüğünü söylemek istiyordu ama söyleyemedi. "Seni merak ettim." Dürüst olmaya karar verdi. Alışılmadık bir durumdaydılar ve Olivia'nın dürüst davranılması gereken bir insan olduğunu sezmişti. "Öylece yürüyüp gittin, değil mi? Kimse gittiğini fark etmedi mi?" Belki de şimdiye kadar fark etmiş, her yerde onu arıyorlardı ama halinden buna aldırmadığı belli oluyordu. Yaramaz bir çocuk gibi Peter'e bakıyordu. Peter'in yaptıklarını gördüğünü biliyordu artık.

"Fark edeceklerini hiç sanmam," dedi. Pişman görünmüyordu aksine yüzünde muzip bir ifade vardı. Peter'in tahmin ettiği gibi herkes onu unutmuştu. Gruptaki hiç kimse onunla ilgilenmemiş, hiç kimse hatta kocası bile konuşmamıştı. "Uzaklaşmam lazımdı. Bazen... İçinde bulunduğum duruma dayanamıyorum." Peter'in onu tanıyıp tanımadığını bilmiyordu, ama tanımadıysa durumu bozmak istemiyordu.

"Bazen herkesin ayakkabısı ayağını vurur," dedi Peter. Bazen o da aynı şeyleri hissederdi ama Olivia'nın daha sık hissettiğinden emindi. Sevecen bir ifadeyle Olivia'ya baktı. İşler bu duruma geldiğine göre biraz daha ileri gitmenin bir sakıncası olacağını sanmıyordu. "Sana kahve ısmarlayabilir miyim?" Bu eski numaraya ikisi de güldüler, Olivia karar vermeden önce duraksadı, ciddi olup olmadığını anlamaya çalıştı. Onun duraksadığını fark edince Peter, "Samimi bir teklifti," dedi gülümseyerek. "Ben iyi aile çocuğuyum, bana birlikte bir fincan kahve içecek kadar güvenebilirsin. Seni otele davet etmek isterdim fakat orası oldukça karışık."

Olivia bu sözlere güldü, rahatlamıştı. Onu otelden tanıyordu, asansörde ve havuzda karşılaşmışlardı. Pahalı ve temiz bir gömlek giyiyordu, üzerinde takım elbise pantolonu ve şık ayakkabılar vardı. Gözlerinden güvenilir ve kibar bir insan olduğu anlaşılıyordu, Olivia başını sallayarak kabul ettiğini söylemek istedi. "Kahve teklifini kabul ediyorum ama otelde değil," dedi samimiyetle, "Bu gece orası oldukça hareketli. Montmartre'ye ne dersin?" diye ekledi, Peter güldü. Bu teklif hoşuna gitmişti.

"Çok iyi bir fikir. Bir taksi çağırayım mı?" Olivia başını sallayarak onayladı, birlikte en yakın taksi durağına yürüdüler. Peter binmesine yardım etti. Olivia, kaldırımda masaları olan ve geç saatlere kadar açık olduğunu bildiği kafeteryanın adresini söyledi. Hava hâlâ sıcaktı, ikisi de biraz utangaçlık hissetmelerine rağmen otele dönmek istemiyorlardı. Buzları ilk kıran Olivia oldu, muzip bir ifadeyle Peter'e döndü.

"Bunu her zaman yapar mısın? Yani hep böyle kadınların peşine takılır mısın demek istedim?" dedi. Durum onun için eğlenceli bir hal almaya başlamıştı, fakat Peter'in yanakları kızardı.

"Böyle bir şeyi daha önce hiç yapmadım. İlk defa yapıyorum ve nedenini hâlâ bilmiyorum." Son derece narin ve korumasız bir hali olduğunu, içinden onu delicesine korumak geldiğini söyleyemedi.

"Ben halimden memnunum," dedi Olivia. Gerçekten rahatlamıştı ve mutlu görünüyordu. Az sonra kafeteryaya varmışlar, açık havadaki masalardan birinde karşılıklı oturmuşlardı. Önlerine birer fincan dumanı tüten kahve geldi. "Harika bir fikirdi," diyerek Olivia gülümsedi. "Şimdi kendinden bahset." Çenesini avucuna dayamış Peter'e bakıyordu. Bu haliyle inanılmaz derecede Audrey Hepburn'a benziyordu.

"Anlatacak fazla bir şey yok," dedi Peter mahcup bir şekilde, ama orada olmak onu heyecanlandırıyordu.

"Olduğuna eminim. Nerelisin? New York'lu mu?" Doğru tahmin etmiş sayılırdı. En azından işyeri New York'taydı.

"Öyle sayılabilir. İşyerim New York'ta fakat Greenwich'de oturuyorum."

"Evli ve iki çocuk babasısın." Dalgın dalgın gülümseyerek boşlukları doldurmaya çalışıyordu. 'Kendisininki gibi felaketlerle ve hayal kırıklıkları ile dolu olmayan mutlu ve sıradan bir yaşamı olmalı' diye düşünüyordu.

"Üç oğlum var," diye düzeltti Peter. "Ve de, evliyim." Birden Olivia'nın kanserden kaybettiği minik oğlunu hatırlayarak, kendi oğullarından bahsettiği için kendini suçlu hissetti. Bildiği kadarıyla tek çocuğuydu ve ondan sonra başka çocuğu olmamıştı.

"Ben de Washington'da oturuyorum," dedi Olivia, "Çoğunlukla." Çocuk konusunda bir şey söylemedi, Peter de sormadı.

"Washington'u seviyor musun?" Olivia omuzunu silkti ve kahvesinden bir yudum aldı.

"Pek değil. Gençliğimde nefret ederdim. Aslında şimdi daha çok nefret etmem lazım. Şehirden nefret etmiyorum, insanlardan ve oradaki yaşamdan nefret ediyorum. Kendi yaşamımdan da. Politikadan ve onunla ilgili her türlü şeyden nefret ediyorum." Bunları anlatırken Peter söylediklerinin gerçek olduğunu anlayabiliyordu. Fakat erkek kardeşi, babası ve kocası politika ile bu kadar yakından ilgilenirken, politikanın pençesinden kurtulması pek kolay değildi. Sonra Peter'e baktı, kendini henüz tanıştırmamıştı, kim olduğunu bilmemesini tercih ediyordu. Sadece tişörtlü, düz mokasen ayakkabılı ve blucinli kadın olmak istiyordu. Ama Peter'in gözlerinden sırrını bildiği anlaşılıyordu. Neden orada olduğunu, gece yarısı saat ikide neden onunla kahve içtiğini bilmiyor olabilirdi, ama kim olduğunu biliğinden emindi. "Adımı bilmediğini düşünmek biraz komik olacak... Yoksa bilmiyor musun?" diye sordu kocaman açılmış gözlerle. Peter bildiğini söylemek için başını sallarken buna üzülüyordu. Tanınmamış biri olmayı tercih ettiğini biliyordu ama bu yaşamda kaderi öyle yazılmamıştı.

"Biliyorum," dedi. "İnsanların senin kim olduğunu bilmediğini sanmak gerçekten tuhaf olur. Ama bunun bir şeyi değiştireceğini sanmıyorum. Politikadan nefret etmeye, Place Concorde'de yürüyüş yapmaya, bir arkadaşınla konuşmaya, daha başka pek çok şey yapmaya hakkın var. Herkesin bunlara ihtiyacı vardır." Olivia'nın bütün bunlara gerçekten ihtiyacı olduğunu hissedebiliyordu.

"Teşekkür ederim," dedi Olivia. "Bazen herkesin ayakkabısının ayağını sıktığını söylemiştin. Senin de ayağını vurduğu oluyor mu?"

"Arada sırada," diye itiraf etti Peter. "Bazen herkesin sıkıldığı anlar vardır. Ben de bir şirketin genel müdürüyüm, bazen kimse beni tanımasa da canımın istediğini yapabilsem diye düşündüğüm olmuyor değil." Şimdi olduğu gibi. Onunla bir dakika beraber olabilmek için serbest olmayı, evli olduğunu unutmayı çok isterdi. Ama Katie'ye bunu asla yapamayacağını biliyordu. Hayatı boyuna onu hiç aldatmamıştı, Olivia Thatcher'le bile olsa, böyle bir şeyi yapmaya niyeti yoktu. Onun da öyle düşündüğünü biliyodu. "Bazen herkesin yaşamından ve üzerindeki sorumluluklardan bıktığı olur. Ama kimse senin kadar dertli değildir herhalde," dedi sevimli bir gülümseme ile, "Ama herkesin Agatha Christie gibi, kendine göre bir kurtuluş, bir kaçış yolu vardır."

"Bu hikâye beni de çok etkiliyor," dedi Olivia gülerek, "Hep bunu yapmak istedim." Peter'in de bu hikâyeyi bilmesi hoşuna gitmişti. Agatha Christie'nin bir gün aniden ortadan kaybolması onu çok etkilemişti. Arabasını bir ağaca çarpmış vaziyette bulmuşlardı. Ve ünlü yazar ortadan kaybolmuştu. Yedi gün sonra ortaya çıktı ve nerede olduğunu asla kimseye söylemedi. Hakkında pek çok dedikodu çıktı, İngiltere'de hatta bütün dünyada gazete manşetlerine konu oldu.

"Bir iki saatliğine bile olsa sen de aynı şeyi yaptın işte. Agatha Christie gibi ortadan kayboldun." Olivia'ya gülümseyerek bakıyordu, Olivia'nın gözlerinde muzip pırıltılar vardı.

"Ama o günlerce kaybolmuştu. Benimki sadece birkaç saatlik."

"Seni her yerde arıyorlardır şimdi, herhalde çıldırmışlardır. Belki de seni Kral Khaled'in kaçırdığını sanmışlardır." Olivia bir kahkaha attı, küçük bir çocuğa benziyordu. Az sonra Peter iki tane sandviç ısmarladı. İkisi de bir anda silip süpürdüler. Acıkmışlardı.

"Yokluğumu fark ettiklerini bile sanmıyorum, biliyor musun? Gidilmesi gereken bir ralli ya da kadınlar kulübünde bir konferans yoksa kimse benim yokluğumu fark etmez. Ben sadece bu gibi durumlarda işe yarıyorum. Aksi halde fazla önemli değilim. Bazen kendimi vitrin süslemelerinde kullanılan plastik süs ağaçlarına benzetiyorum. Onları beslemeye ve sulamaya gerek yoktur, işin olmadığı zaman katlar bir kenara kaldırırsın, işin olduğu zaman ortaya çıkarır süslersin."

"Çok kötü bir benzetme," diye kızdı Peter, aslında gördüklerine bakılırsa ona hak vermiyor değildi. "Hayatını gerçekten böyle mi düşünüyorsun?"

"Aşağı yukarı," dedi Olivia, çok fazla ileri gittiğinin farkındaydı. Eğer, Peter bir gazeteciyse ertesi sabah manşetlere çıkması işten bile değildi. Bir bakıma da aldırmıyordu. Bazen birine güvenmek ihtiyacını hissediyordu ve Peter'de inanılmaz bir sıcaklık ve çekicilik bulmuştu. Onunla konuştuğu gibi şimdiye kadar kimseyle konuşmamıştı, içinden susmak gelmiyordu, yaşamına ve Ritz Otel'e dönmek istemiyordu. Burada, Montmartre'de sonsuza kadar kalmak istiyordu.

"Neden onunla evlendin?" diye sormak cesaretini buldu Peter. Olivia sandviçini tabağına bıraktı, bir süre karanlığa baktı ve sonra Peter'e döndü.

"O zaman durum farklıydı. Ama her şey çok çabuk değişti. Çok kötü günler yaşadık. Başlangıçta herşey iyi gidiyordu. Birbirimizi seviyorduk, ilgileniyorduk, politikaya girmeyeceğine yemin etmişti. Babamın mesleğinin ailemizi ve özellikle annemi ne hallere düşürdüğünü biliyordum.

Andy avukat olacaktı. Çocuklarımız, atlarımız ve köpeklerimizle Virginia'da bir çiftlikte yaşayacaktık. Öyle de yaptık, fakat bu altı ay kadar sürdü ve sonra hepsi bitti. Ailedeki politikacı kardeşiydi, Andy değil. Tom başkan adayıydı, Beyaz Saray'ı, Noel haricinde görebileceğim için ben de seviniyordum. Fakat biz evlendikten altı ay sonra Tom öldürüldü ve bütün gözler Andy'ye çevrildi. Ona ne olduğunu anlayamadım, kardeşi öldürüldükten sonra neler hissetti bilmiyorum, galiba onun yerini alıp 'ülkesi için bir şeyler yapmaya' mecbur hissetti kendini. Giderek bu düşünceyi benimsedi. Sanırım bu politika aşkıydı. Zamanla bu aşkın insana bir çocuğun verebileceğinden daha fazla mutluluk, bir kadının verebileceğinden çok daha fazla heyecan verdiğini anladım. Bu aşk yanına yaklaşan herkesi yutuyordu. Politikaya gönül verirsen çok fazla yaşamazsın. Bu mümkün değil. Biliyorum. Giderek içindeki sevgiyi, iyiliği, namusunu yer bitirir, içindeki her şeyi tüketir ve seni bir politikacı olarak ortada bırakır. Bu hiç değişmez. Her zaman böyle olur. Andy politikaya girdi ve biz bir çocuğumuz olması gerektiği için bir bebek yaptık. O aslında istemiyordu. Alex onun kampanya turlarından birinde dünyaya geldi, Andy yanımızda bile bulunmadı. Öldüğü zaman da yanımızda değildi." Yüzü donuk bir ifade almıştı. "Bu tip şeyler insanı değiştiriyor... Tom... Alex... Politika. Pek çok insan dayanamazdı. Ama biz dayandık. Neden öyle olması gerektiğini düşündüğümü bilmiyorum. Tom'un ölümü Andy'den pek çok şey götürdü, Alex öldüğü zaman da benden pek çok şeyler gitti. Hayat bazen çok zor oluyor. Bazen ne kadar çabalarsan çabala, ne kadar çok paran olursa olsun kaybediyorsun. Ben bu oyuna çok fazla şey koydum, çok çabaladım. Altı yıldır evliyiz ve bu altı yıl hiç kolay geçmedi."

"Neden ayrılmadın?" İki yabancı için çok hayret verici bir sohbete dalmışlardı. Peter'in cesur soruları ve Olivia'nın samimi cevapları ikisini de şaşırtıyordu.

"Nasıl gidersin? Ne diyebilirdim? Kardeşin öldüğü ve yaşamın altüst olduğu için üzgünüm... Bebeğimiz... " Sözlerini bitiremedi, Peter ellerini avcunun içine aldı, çekmeye yeltenmedi. Bir gece önce havuzda karşılaştıklarında iki yabancıydılar, fakat ertesi gün Montmartre'deki kafeteryada birden dost olmuşlardı.

"Neden başka çocuk yapmadınız?" diye sordu Peter. İnsanların hayatlarında neler olduğunu, neler yapabileceklerini ve neler yapamayacaklarını bilmek imkânsızdı, ama Peter sormak istiyordu, ondan da cevap vermesini bekliyordu.

Olivia, üzgün bir şekilde başını salladı. "Yapabilirdim ama yapmadım. Bir daha istemedim. Başka bir insanı aynı şekilde sevmek istemedim. Bir de yaşadığım bu hayata ikinci bir çocuk getirmek istemedim. Ondan bir çocuk istemiyorum. Politikayı istemiyorum. Politika gençliğimizde benim ve erkek kardeşimin hayatını mahvetti... Ve daha da önemlisi annemin hayatını mahvetti. Hâlâ yaptığı her hareketi insanların nasıl değerlendireceğinden korkarak yaşıyor, bir

şey yapmaya, bir şey olmaya ve bir şey düşünmeye korkuyor. Andy de benim böyle olmamı istedi ama ben olamam."
Bunları söyledikten sonra birden gerçekten paniğe kapıldı, Peter'e aklından geçenleri söyleyivermişti.

"Merak etme, seni ele vermem Olivia. Bu söylediklerini kimseye anlatmayacağım. Hiç kimseye. İkimizin arasında kalacak, bir de Agatha Christie'nin." Gülümsedi, Olivia ona inanıp inanmamak arasında bocalıyordu. Fakat işin tuhafı ona güveniyordu. Onu aldatmayacağını hissedebiliyordu.

"Bu gece hiç yaşanmadı," dedi Peter. "Otele ayrı ayrı döneceğiz ve ne yaptığımızı, nereye gittiğimizi kimse bilmeyecek. Birlikte olduğumuzu da bilmeyecekler. Ben sana hiç rastlamadım."

"İçim rahatladı," dedi Olivia, gerçekten rahatlamış ve mutlu görünüyordu, Peter'e inanıyordu.

"Eskiden yazardın değil mi?" diye sordu Peter, bir zamanlar onun hakkında okuduğu bir yazıyı hatırlamıştı ve hâlâ yazıp yazmadığını merak ediyordu.

"Evet. Annem de yazardı. Üstelik çok da yetenekliydi ve babamın mesleğe atıldığı ilk yıllarda Washington hakkında bir roman yazmıştı. Roman yayımlandı, ama babam bir daha bir şey yayımlamasına izin vermedi, oysa annem yazmalıydı. Ben onun kadar yetenekli değilim, hiç kitap yayımlamadım ama yıllardır yazmak istiyorum, insanları ve yaptıkları fedakârlıkları yazmak istiyorum. İnsanlara çok fazla yüklenince ve çok fazla fedakârlık istenince neler olduğunu yazmak istiyorum."

"Neden yazmıyorsun?" Peter çok samimiydi ama Olivia sadece güldü ve başını iki yana salladı.

"Yazarsam ne olur düşünebiliyor musun? Basın çıldırır. Andy kariyerini tehlikeye soktuğumu söyler. Kitap asla gün yüzü göremez. Adamları tarafından bir depoda ya da başka bir yerde yakılır." Olivia altın kafesteki kuş gibiydi, istediği bir şeyi yapamıyor, kocasına zarar vermekten korkuyordu. Ama yine de ondan kaçmayı başarmış, Montmartre'de bir kafeteryada hiç tanımadığı biriyle oturmuş, içini döküyordu. Çok garip bir yaşam sürüyordu ve Peter onu dinlerken bu yaşamla olan bağlarını koparacak duruma geldiğini görebiliyordu. Politikadan ve ona verdiği acılardan nefret ediyordu. "Peki ya sen?" diye sordu koyu kahverengi gözlerini Peter'e dikerek. Onunla ilgili her şeyi merak ediyordu. Tek bildiği evli olduğu, üç çocuğu olduğu, işadamı olduğu, Greenwich'de yaşadığıydı. Bir de onun çok iyi bir dinleyici olduğunu biliyordu, elini tuttuğu zaman, gözlerine baktığı zaman, içinde bir şeyler kıpırdıyordu, çoktan öldüğünü sandığı duyguların canlandığını hissediyordu. "Paris'te ne yapıyorsun Peter?"

Peter uzun süre karar veremedi. Hâlâ Olivia'nın elini bırakmamıştı, gözlerinin içine bakıyordu. Olivia ona güvenmişti, Peter de içindekileri biriyle paylaşmak istiyordu. Birilerine anlatması gerekiyordu.

"İş için geldim. Dört yıldır son derece karmaşık bir ürün üzerinde çalışıyoruz, ilaç alanında aslında uzun bir süre sayılmaz, ama bize çok uzun geldi, çok büyük bir yatırım yapmıştık. Kemoterapi tedavisini tümüyle değiştirecek bir ürün ve benim için önemi çok büyük. Yaptığım saçmalıklara ve bencil davranışlara karşın insanlığa bir katkıda bulunmak istedim. Benim için çok şey ifade ediyor, çalışma yaptığımız bütün ülkelerde testler son derece başarılı sonuçlandı. Son testler burada yapıldı, ben de işleri toparlamak için geldim. Test sonuçlarına göre insanlar üzerinde erken denemeye başlamak için FDA'dan onay isteyecektik. Buradaki laboratuvarlarımız son safhaları yürüteceklerdi ve bu aşamaya kadar ürün hiç hata göstermedi. Ama buradaki testler farklı sonuçlar verdi. Henüz sonuçlanmadı ama dün buraya geldiğimde laboratuvar müdürü ilacın ciddi sorunlar yaratabileceğini söyledi. Onu bu şekilde piyasaya sürmek, insanlığa yardım etmek yerine, ölüm saçmak olacak. Hafta sonuna kadar kesin bilgi almama imkân yok ama sanırım hayallerimin sonu ya da uzun yıllar sürecek yeni bir çalışmanın başlangıcı olacak. Böyle olursa geri dönüp yönetim kurulu başkanına durumu anlatmam gerekecek. Yönetim kurulu başkanı aynı zamanda kayınpederim olur. Ürün ya rafa kaldırılacak ya da pencereden atılacak. Kabul göreceğini sanmıyorum."

Olivia etkilenmiş görünüyordu, Peter'e bakıp başını salladı. "Ben öyle sanmıyorum. Dün olanları ona anlattın mı?" Alattığından emindi, bu soruyu lafın gelişi sormuştu, ama Peter başını sallayınca şaşırdı ve kendini suçlu hissetti.

"Bütün bilgileri almadan önce ona bir şey anlatmak istemedim," dedi duruma açıklık getirmek için. Olivia gözlerinin içine bakıyordu.

"Senin için zor bir hafta olacağa benziyor," dedi sevimli bir şekilde. Peter'in gözlerine bakınca bu işin onun için ne kadar önemli olduğunu anlamıştı. "Karın ne dedi?" Kendisinden başka bütün karı-kocaların iyi ilişkiler içinde olduklarını düşünüyordu. Oysa Katie ile olan sorunlarını, anlattığı her şeyi gidip babasına anlattığı için onunla hiçbir şey konuşamadığını bilemezdi.

Ama Peter'in söyledikleri onu bu sefer daha fazla şaşırttı. "Ona da anlatmadım."

"Anlatmadın mı? Neden?" Sebebini tahmin edemiyordu.

"Uzun hikâye." Mahcup mahcup gülümsedi. Olivia merak ediyordu. Bakışlarından çok yalnız olduğunu ve hayal kırıklığına uğradığını okuyabiliyordu. Bu o kadar belli belirsizdi ki, Olivia kendisinin bile farkında olduğunu sanmıyordu. "Babasına çok yakındır," dedi ağır ağır, uygun kelimeleri seçmeye gayret ediyordu. "Annesini çok küçükken kaybetmiş ve babasıyla yalnız kalmış. Babasına anlatmadığı bir şey yok gibi." Tekrar Olivia'ya baktı, kendisini anladığını biliyordu. "Ona anlattığın en gizli şeyleri de anlatıyor mu?" Olivia bu boşboğazlıktan rahatsız olmuşa benziyordu. "Onları bile," diye güldü Peter. "Katie babasından hiçbir şey saklamaz." Bunları söylerken içi burkuluyordu. Sebebini bilmiyordu ama anlattıkça bu durum onu daha fazla rahatsız etmeye başlamıştı.

"Bu senin için zor olmalı," dedi Olivia. Gözlerinin içine bakarken mutsuz olup olmadığını anlamaya çalışıyordu. Peter, karısının babasına olan bu aşırı sadakatini sadece kabullenmekle kalmıyor, normal de karşılıyordu. Ama yine de gözleri başka şeyler söylüyordu. Bazen herkesin ayakkabısının ayağını sıktığını söylerken bunu mu kastetmişti? Olivia gizliliğe, sadakate, sağduyuya çok önem verdiği için eğer Peter'in ayakkabılarını giyiyor olsaydı ayaklarının nasır içinde kalacağını düşündü.

"Hayat bu," dedi Peter kısaca. "Bunu yıllar önce kabullendim. Kötülük düşündüklerini sanmıyorum ama bazen Katie'ye her şeyi anlatamıyorum. Birbirlerine çok bağlılar." Olivia, Peter'in iyiliği için konuyu kapatmaya karar verdi. Onun bu savunma mekanizmasını kırmak, karısının davranışının ne kadar yakışıksız olduğunu söyleyerek daha fazla üzmek istemiyordu. Çünkü, Olivia onu çok az tanıyordu ve buna hakkı yoktu.

"Bütün gün dertleşecek kimse olmadan test sonuçlarını beklerken çok yalnızlık çekmiş olmalısın." Olivia anlayışlı bir ifade ile Peter'e baktı. Kullandığı kelimeler konunun can alıcı noktasına değinmişti. Anlayışlı bir ifade ile birbirlerine gülümsediler. İkisinin de omuzlarında ağır sorumluluklar vardı.

"Kimseyle konuşamadığım için kendimi oyalamaya çalıştım." dedi. "Bois de Boulogne'a gidip oynayan çocukları seyrettim, Seine kıyısında yürüyüş yaptım, Louvre'a gittim, sonunda otele döndüm. Biraz çalıştım, sonra da alarmı duydum." Güldü. "Ondan sonra da gün çok güzelleşti."

Ve yeni bir gün başlamak üzereydi. Neredeyse sabahın beşi olmuştu, ikisi de daha geç olmadan otele dönmeleri gerektiğini biliyorlardı. Yarım saat daha sohbete devam ettiler ve beş buçuğa doğru isteksizce kafeteryadan ayrılıp taksi bulmak için dışarı çıktılar. El ele, sanki ile kez buluşan genç âşıklar gibi Montmartre sokaklarında ağır ağır yürüdüler. Birlikte olmaktan huzur duyuyorlardı.

"Hayat bazen ne kadar tuhaf değil mi?" diye sordu. Mutlu bir ifadeyle Peter'e bakarken Agatha Christie'yi düşünüyor, onun gibi ortadan kaybolsa ne olacağını merak ediyordu. Ünlü yazar döndüğü zaman hiçbir şey açıklama gereğini duymamıştı. "Kendini yapayalnız hissederken sislerin arasından hiç beklenmedik birisi çıkar ve artık yalnız değilsindir," dedi Olivia. Peter gibi birisine rastlayacağını hayal bile edemezdi. İçindeki büyük bir boşluğu doldurmuştu, çünkü Olivia dostluğa susamıştı.

"İşler kötü gittiği zaman bunu hatırlamak iyi olacak, değil mi? Köşeyi dönünce insan ne ile karşılaşacağını bilmiyor," dedi Peter gülerek.

"Ben, köşeyi dönünce başkanlık seçimleriyle karşılaşmaktan korkuyorum. Daha da kötüsü başka br delinin tabancasından çıkacak kurşunlardan korkuyorum." Kayınbiraderinin öldürülmesiyle ilgili kötü anılarını anımsadı. Bir zamanlar Anderson Thatcher'i sevdiği açıkça belli oluyordu, hayat onlara kötü bir oyun oynamıştı. Bir bakıma Peter ikisi için de üzülüyordu ama daha çok Olivia'ya üzülüyordu. Anderson Thatcher'in karısını dışladığı kadar bir insanın birini dışladığını görmemişti. Ona karşı çok ilgisizdi, sanki hiç yokmuş gibi, sanki onu hiç görmüyormuş gibi davranıyordu. Bu ilgisizliği doğal olarak çevresindekilere de yansıyordu. Olivia haklıydı belki, hepsi onu sadece bir dekor olarak görüyorlardı. "Sen ne yapacaksın?" diye sordu Peter'e. "Test sonuçları gerçekten olumsuz çıkarsa senin için çok mu kötü olur? New York'ta sana ne yaparlar?"

"Beni ayaklarımdan baş aşağı asarlar," dedi kederli bir gülümsemeyle, sonra ciddileşti. "Kolay olmayacak tabii. Kayınpederim bana çok güvendiği için bu yıl emekliye ayrılacaktı, ama bu ürünü kaybedersek vazgeçer sanıyorum. Zor olacağını biliyorum, ama hazırlıklı olmak zorundayım." Ama hepsi bu kadar değildi. Vicotec'in piyasaya çıkması annesi ve kız kardeşi gibi yıllar önce ölen insanları kurtarmak içindi. Peter için bu çok önemliydi. Kâr etmekten veya Frank Donovan'ın tepkisinden daha önemliydi. Ve şimdi ürünü kaybetme tehlikesiyle karşı karşıyaydılar. Bunu düşünmek bile Peter'i öldürmeye yeterdi.

"Senin kadar cesaretli olmak isterdim," dedi Olivia, gözlerinde ilk karşılaştıkları günkü hüzün vardı.

"Bazı şeylerden kaçamazsın." Olivia bunu zaten biliyordu. İki yaşındaki oğlu kollarında ölmüştü. Hayatta bundan daha çok cesaret isteyen bir şey olabilir miydi? Peter'in ona cesaret konferansları çekmesine gerek yoktu.

"Peki kurtuluşun kaçmakta ise ne yapacaksın?" Olivia ciddileşmişti, Peter kolunu omuzuna doladı.

"Bunu yapmadan önce emin olman gerek," dedi. Ona yardım edebilmeyi çok istiyordu. Olivia'nın gerçek bir dosta ihtiyacı vardı ve Peter ona bu dostluğu birkaç saatten daha fazla verebilmeyi çok isterdi. Fakat onu otele bıraktıktan sonra bir daha arayamayacağını, onunla konuşamayacağını hatta onu göremeyeceğini çok iyi biliyordu.

"Yavaş yavaş emin olmaya başlıyorum galiba," dedi Olivia. "Ama daha kararımı vermiş değilim." Bu çok dürüst bir itiraftı. O kadar mutsuz olmasına karşın hâlâ karar veremiyordu.

"Kaçarsan nereye gidersin? diye sordu Peter. Sonunda bir taksi bulmuşlardı, Castiglione caddesine gitmek istediklerini söyledi. Otelin önüne gitmek istemiyordu, otele girişe izin verilip verilmediğini bilmiyorladı, belki de insanlar hâlâ sokakta bekliyorlardı.

Olivia için Peter'in son sorusuna yanıt vermek kolaydı. Oraya daha önce de gitmişti ve orada güvende olacağını biliyordu. "Çok eskiden, koleje devam etmek için buraya geldiğimde çok sık gittiğim bir yer var. Güney Fransa'da küçük bir balıkçı köyü. Orayı ilk geldiğimde keşfetmiştim, ondan sonra da her hafta sonu gittim. Şık ve modern bir yer değil, çok basit bir köy, ama kafamı dinlemek istediğimde hep oraya giderim. Alex'in ölümünden sonra bir hafta gidip orada kaldım, gazetecilerin beni bulmasından korktuğum için hemen ayrılmak zorunda kaldım. Orayı kaybetmekten korkuyorum. Bir gün oraya tekrar gitmeyi çok istiyorum, bir süre kalır, belki yıllardır kafamda planladığım romanımı yazarım. Bakalım becerebilecek miyim? Çok güzel bir yer Peter, keşke seni oraya götürebilsem."

"Belki bir gün gideriz," dedi Peter onu kendisine doğru çekerek. Bu hareketi sadece güven ve huzur vermek içindi. Ondan faydalanmayı veya öpmeyi düşünmüyordu. Dünyada bundan daha çok istediği bir şey olamazdı, ama sadece Olivia'ya ve karısına olan saygısından değil, o böyle bir şey yapacak türden bir insan olmadığı için yapamazdı. Olivia onun için bir hayaldi ve onunla gece boyunca konuşmuş olmak bile ömür boyu içinde saklayacağı bir armağandı. Yaşadıkları bir film gibiydi. "Bu bahsettiğin yerin adı ne?" diye sordu, Olivia gülümsedi ve gizli yerinin adını bir hediye verirmiş gibi söyledi. Sadece ikisinin bildiği bir şifreydi sanki.

"La Faviére. Güney Fransa'da, Cap Benat denilen yerin yakınında. İhtiyacın olduğu zaman oraya git. Birine verebileceğim en iyi hediye bu," diye fısıldadı başını Peter'in omuzuna koyarken ve yol boyunca öylece kaldı. Peter kımıldamadı, onun buna ihtiyacı olduğunu biliyordu, konuşmaya gerek yoktu. Her zaman onun dostu olduğunu, ihtiyacı olduğu zaman yanında olacağını, onu aramaktan çekinmemesini söylemek istiyordu ama nasıl söyleyeceğini bilemiyordu. Söyleyemedi, sadece onu kollarında tuttu. Bir an için onu sevdiğini bile söylemek istedi ama söyleyemedi. Birisinin ona bunu en son ne zaman söylediğini, en son ne zaman birisinin onunla dostça konuştuğunu, dertlerini ilgiyle dinlediğini, onunla ilgilendiğini merak etti. Taksi Place Vendôme'ye çıkan Castiglione caddesinde durduğunda Olivia, "Sen ço şanslı bir adamsın," dedi.

"Şanslı olduğumu nereden çıkrtıyorsun?" Şanslı olduğu tek yönü bütün geceyi onunla geçirmesi, ruhlarını birbirlerine açmaları, sırlarını paylaşmalarıydı.

"Hayatından memnunsun, yaptığın şeylerin doğruluğuna ve insanların temiz olduğuna inanıyorsun. Keşke ben de inanabilsem ama uzun zamandır inancımı yitirdim." Ama o Peter kadar şanslı değildi. Hayat Peter'e pek çok yönden iyi davranmıştı, ama Olivia Thatcher için çok zor olmuştu. Olivia, Peter'in evliliğinin sandığı kadar tatmin edici olmadığını düşündüğünü ona söylemek istemedi, o bunun farkında değildi. Bir bakıma çok şanslıydı çünkü hâlâ gözleri kördü. Samimi, sevecen ve çok çalışkandı, fakat karısının ilgisizliğini, kendi hayatını yaşamasını, kayınpederinin özel hayatlarına aşırı derecede karıştığını görmemeyi tercih ediyordu. Olivia'nın gözünde çok şanslıydı çünkü çevresindeki boşlukları fark etmiyordu. Belki hissediyor ama gerçekte görmek istemiyordu. Aslında çok iyi, çok sevecen bir insandı. Olivia onu kendine çok yakın hissetmişti ve ayrılmak istemiyordu.

"Geri dönmek istemiyorum," diye fısıldadı, başını Peter'in omuzuna gömmüştü. Bütün gece konuştuktan sonra ikisi de tükenmişti, Olivia'nın yüzü sapsarıydı.

"Senden ayrılmak istemiyorum," dedi Peter açık kalplilikle. Kendini Katie'yi düşünmeye zorluyordu ama birilikte olmak istediği kadın Katie değil, Olivia'ydı. O gece Olivia ile konuştuğu gibi kimseyle konuşmamıştı, ne kadar anlayışlı bir insandı. O kadar yalnız, yaralı ve o kadar açtı ki. Ondan nasıl ayrılacaktı? Neden ayrılması gerektiğini hatırlayamıyordu.

"Dönmem gerektiğini biliyorum ama sebebini hatırlamıyorum." Uykulu uykulu gülümsedi, son altı saatlerini görmüş olsalar paparazzilerin bayram yapacaklarını düşünüyordu. Onların bu kadar uzun zaman ortalarda görünmemeleri hayret vericiydi. Montmartre'de saatlerce konuşmuşlardı. ait oldukları yerlere geri dönmek çok acı geliyordu. Birden Peter, o gece Olivia ile konuştuğu gibi Katie ile hiç konuşmadığını fark etti. Daha da kötüsü ona âşık oluyordu ve daha onu bir kere bile öpmemişti.

"İkimiz de geri dönmek zorundayız," dedi ağlamaklı bir sesle. "Seni merak etmekten şimdiye kadar çılgına dönmüşlerdir. Benim de Vicotec'ten gelecek haberi beklemem gerekiyor." Yoksa Olivia ile kaçmak çok hoşuna giderdi.

"Sonra ne olacak?" Olivia, Vicotec'ten bahsediyordu. "Yollarımız ayrılacak, ayrı dünyalarda yaşamlarımızı sürdüreceğiz. Neden biz kahraman olmak zorundayız?" Elinden oyuncağı alınmış bir çocuk gibiydi, yüzündeki ifadeyi görünce Peter gülmekten kendini alamadı.

"Herhalde biz bunun için seçildik. Bir zamanlar, bir yerlerde, birileri biz seçti ve bize, 'Hey sizler, bu tarafa. Sizler kahramansınız,' dediler. Ama sen benden çok daha güçlüsün Olivia." Bunu o gece fark etmişti ve bu konuda ona saygı duyuyordu.

"Hayır, değilim. Bütün bunlara ben gönüllü olmadım. Kimse benim fikrimi sormadı sadece ben kendim seçtim. Kendiliğinden oldu. Onun için bu cesaret değil kader." Sessizce başını kaldırıp Peter'e baktı, onun kendisine ait olmasını istiyordu ama buna imkân olmadığını biliyordu. "Bu gece beni takip ettiğin için teşekkür ederim... Kahveye de teşekkürler." Güldü, Peter parmaklarının ucuyla dudaklarına dokundu.

"Ne zaman istersen Olivia... Unutma. Ne zaman bir fincan kahveye ihtiyacın olursa ben hazırım... New York... Washington... Paris... Nerede olursan ol." Peter bir şekilde ona dostluğunu sunuyordu, Olivia bunun farkındaydı. Ama ne yazık ki, daha fazlasını isteyemiyordu.

"Vicotec konusunda sana iyi şanslar diliyorum," dedi arabadan inerken. "Bütün o insanlara yardım etmek kaderinde yazıldıysa, bu iş olacak. İnanıyorum."

"Ben de öyle," dedi Peter. Sesi üzgündü, onu şimdiden özlemeye başlamıştı bile. "Kendine dikkat et Olivia." Daha çok şeyler söylemek istiyordu, ona çok iyi şeyler dilemek, onu bırakmamak, birlikte Cap Benat yakınlarındaki o balıkçı köyüne gitmek istiyordu. Neden hayat bazen haksızlık yapıyordu? Neden daha bonkör davranmıyordu? Neden Agatha Christie gibi kaybolamıyorlardı?

Köşede bir süre durdular, Peter son kez Olivia'nın elini sıktı, sonra Olivia köşeyi döndü ve tişört ve kot pantolon giymiş o ufak tefek gölge hızlı adımlarla uzaklaştı. Arkasından baktı, onu otelde bile olsa tekrar görüp göremeyeceğini düşündü. Olivia, Ritz'in kapısında durdu, döndü ve son kez ona elini salladı. Gitmeden önce onu öpmediği için Peter kendinden nefret ediyordu.

Dördüncü Bölüm

Peter, etesi gün öğlene kadar uyudu, bu kadar çok uyumaya alışkın değildi. Otele sabah saat altıda dönmüştü, çok yorgundu. Uyandığında hâlâ Olivia'yı düşünüyordu. Onsuz kendini yalnız ve mutsuz hisseti. Pencereden dışarı baktı, yağmur yağıyordu. Olivia'yı düşünerek uzun süre oturdu, kahvesiyle birlikte kurabiyelerini yerken, sabahın erken saatlerinde odasına döndüğünde neler olduğunu merak ediyordu. Kocası kızmış, korkmuş, üzülmüş müydü acaba, yoksa sadece merak mı etmişti? Katie'nin böyle bir şey yapacağını düşünemiyordu bile. Aslında iki gün öncesine kadar kendisinin de böyle bir şey yapacağını düşünemezdi.

Olivia ile bütün gece konuşabilmeyi çok isterdi. O kadar dürüst ve açık kalpli davranmıştı ki. Kahvesini bitirdiğinde Olivia'nın hem kendi hem de onun hayatı hakkında söylediği bazı şeyleri düşünüyordu. Evliliğine Olivia'nın gözüyle baktığı zaman tamamen farklı bir manzara ile karşılaşıyordu ve Katie'nin babasıyla olan yakınlığından ilk defa rahatsız oldu. Birbirlerine o kadar yakındılar ki, kendini dışlanmış hissediyordu ve Katie'ye Suchard'ın söylediklerini, Paris'te neden daha uzun kalması gerektiğini anlatamadığı için huzursuz oldu. Bunları Frank'a anlatmak istemese bile karısı ile rahatça konuşabilmeyi isterdi ama böyle bir şeyin imkânsız olduğunu biliyordu.

Oysa bir yabancıya rahatlıkla içini dökebilmişti. Olivia anlayışlı ve nazik bir insandı, dertlerine ortak olmuş, eli kolu bağlı beklemek zorunda kaldığı için ne kadar üzüldüğünü nasıl da kolayca anlayabilmişti. Onunla tekrar konuşabilmeyi çok istiyordu, duş yaparken, giyinirken... Gözlerini... Yüzünü... Ayrılırken gözlerindeki üzgün ifadeyi ve arkasından bakarken hissettiği acıyı düşündü. Sanki bütün bunlar bir rüyaydı. Bir saat sonra telefon çalınca daldığı hayallerden kurtuldu, arayan Katie'ydi. Birden onu kucaklamak, göğsüne bastırmak, kendisini gerçekten sevdiğine emin olabilmek için dayanılmaz bir arzu duydu.

"Selam," dedi, orada saat sabahın yedisiydi, sesi neşeli geliyordu, acelesi olduğu belli oluyordu. "Paris nasıl?"

Peter bir an ne söyleyeceğini bilmeden duraksadı. "İyi. Seni özlüyorum," dedi. Birden Suchard'dan beklediği haber bir karabulut gibi üzerine çöktü ve bir gece önce olanlar bir hayal gibi geldi. Yoksa gerçek olan Olivia hayal olan Katie miydi? Gecenin yorgunuğunu hâlâ üzerinden atamamıştı, kafası karmakarışıktı.

"Ne zaman geleceksin?" diye sordu Katie kahvesinden bir yudum alarak, Greenwich'de kahvaltısını bitirmek üzereydi. New York'a giden sekiz trenini yakalamak için acele ediyordu.

Peter düşünceliydi, "Birkaç güne kadar dönebileceğimi sanıyorum," dedi. "Hafta sonuna kadar kesin dönmüş olurum. Suchard bazı testleri yetiştirememiş, ben de burada kalıp beklemeye karar verdim. Belki elini daha çabuk tutar."

"Gecikmenin sebebi önemli mi yoksa sadece teknik sorunlar mı?" Peter, Frank'ın Katie'nin yanında durmuş, sorunun yanıtını beklediğini görür gibi oldu. Bir gün önce telefonda konuştuklarını Katie'ye anlattığından emindi. Her zamanki gibi Katie'ye söylediklerinde dikkatli olmalıydı. Hepsini babasına yetiştireceğini biliyordu.

"Önemli bir şey yok, ufak tefek birkaç sorun. Suchard'ın ne kadar titiz olduğunu bilirsin," dedi Peter kayıtsızca.

"Bana sorarsan titiz değil mızmız. Hata yoksa bile o bir tane bulmaya çalışır. Babam Cenevre'de işlerin çok iyi gittiğini söyledi." Sesinden gurur duyduğu belli oluyordu ama biraz soğuktu. Yıllar geçtikçe ilişkileri tuhaf bir hal almıştı. Peter'e eskisi kadar düşkün değildi, yalnız oldukları zaman ya da keyfi yerinde olmadığı zaman sevgisini eskisi gibi göstermiyordu. O sabah da pek sıcak bir hali yoktu.

"Cenevre'de her şey yolundaydı." Güldü, Katie'yi hayal etmeye çalıştı ama gözünün önüne gelen yüz Olivia'nın yüzüydü, Greenwich'deki mutfakta oturuyordu. Hayalleri Peter'i korkuttu. Onun hayatı Olivia Thatcher değil, Katie'ydi. Gözlerini açtı, pencereden yağan yağmura baktı, dikkatini gördüklerine vermeye çalışıyordu. "Babanla akşam yemeği nasıl geçti?" diye sordu. Konuyu değiştirmeye çalışıyordu. Katie ile Vicotec'i konuşmak istemiyordu. Nasıl olsa hafta sonunda yeterince konuşacaklardı.

"Harikaydı. Vineyard için bir sürü plan yaptık. Babam bu yaz iki ay kalmayı düşünüyor." Sesi çok mutlu geliyordu. Peter, Olivia'nın, yaptığı fedakârlıklar konusunda söylediklerini düşünmemeye çalıştı. Yaklaşık yirmi yıldan beri yaşamı böyle geçmişti ve bu yaşamı sürdürmek zorundaydı.

"İki ay kalacağını biliyorum, beni yine şehirde yalnız bırakacaksınız." Güldü sonra oğullarını düşündü. "Çocuklar nasıl?" Onları çok özlemişti.

"Çok meşguller. Onları görmüyorum bile. Pat'in okulu bitti, Paul ile Mike da senin gittiğin gün geldiler, ev yine hayvanat bahçesine döndü. Bütün gün oradan buradan çorap ve pantolon topluyorum, kırk dört numara lastik ayakkabıların çiftlerini bir araya getirmeye çalışıyorum.

İkisi de çok şanslı olduklarını biliyorlardı, çocuklar çok iyi huyluydular. Peter onlarla birlikte olmayı çok seviyordu. Katie anlattıkça onları ne kadar çok özlediğini fark etti.

"Bugün ne yapacaksın?" diye sordu Peter, sesi özlem doluydu. Suchard'dan haber almasına daha bir gün vardı ve odasında oturup beklemekten, bilgisayarda çalışmaktan başka yapacak bir işi yoktu.

"Bugün yönetim kurulu toplantım var. Belki öğlen yemeğine babama giderim, bir de Vineyard için biraz alışveriş yapmak istiyorum. Geçen yaz çocuklar yatak çarşaflarını yediler biliyorsun, birkaç yeni havluya da ihtiyacımız var ve ufak tefek bazı şeyler alacağım." Çok meşgul ve neşeli bir hali vardı, babasıyla öğlen yemeği yiyeceği konusu arada kaynamıştı.

"Dün gece Frank'la yemeğe çıktığınızı sanıyordum," dedi Peter, yüzü asılmıştı. Olaylara bakış açısı birden değişmişti.

"Çıktık. Bu sabah şehre ineceğimi söylediğim zaman öğlen yemeğine davet etti." Babasına ne anlatacaktı acaba? Peter onu dinlerken bunu merak ediyordu. "Sen ne yapacaksın?" Sözü Peter'e çevirmişti, Peter pencereden evlerin çatılarını yıkayan yağmuru seyrediyordu. Yağmurda bile Paris'i seviyordu. Paris'i her haliyle seviyordu.

"Belki biraz odamda kalıp çalışırım. Yanımda bir sürü iş getirdim."

"Pek eğlenceli olacağa benzemiyor. Hiç değilse Suchard'la akşam yemeğine çık." Peter, Suchard'dan başka şeyler bekliyordu, işinden alıkoymak istemiyordu.

"Çok işi var," dedi.

"Benim de öyle. Atrık gitmem gerek yoksa treni kaçıracağım. Babama iletmemi istediğin bir şey var mı?" Peter başını salladı, söyleyecek bir şeyi olsa telefon eder ya da faks çekerdi. Frank'a Katie vasıtasıyla mesaj göndermek istemiyordu.

"Hayır. Sana iyi eğlenceler dilerim. Birkaç güne kadar görüşeceğiz," dedi Peter, sesinden bir gece önceyi başka bir kadınla dertleşerek geçirdiği belli olmuyordu.

"Fazla çalışma," dedi Katie ve telefonu kapattı. Peter olduğu yerde uzun süre oturdu ve Katie'yi düşündü. Konuşmaları son derece kuru geçmişti ama bu onun tipik tarzıydı. O sadece Peter'in yaptıklarıyla ve işle ilgili konularla ilgilenirdi. Diğer zamanlarda ona ayıracak zamanı olmazdı, artık duygulardan bahsetmiyorlardı, paylaştıkları fazla bir şey kalmamıştı. Bazen Peter, Katie'nin kimse ile babası ile olduğu kadar yakın olmak istemediğini düşünüyordu. Annesini çok küçük yaşta kaybetmek onda terk edilmek ve kaybetme korkusunu yaratmış olmalıydı. Frank'tan başka birine bağlanmaktan korkuyordu. Babası onu hiç yalnız bırakmamıştı. Peter de her zaman yanında olmuştu ama Frank hep öncelikliydi. Frank da Katie'den çok şey bekliyordu. Onun zamanını, ilgisini ve dikkatini istiyordu. Ona her şeyi fazlasıyla veriyor fakat bu cömertliğinin karşılığında ilgi ve sevgi bekliyor, kendisine zaman ayırmasını istiyordu. Ama Katie'nin hayatında ilgi bekleyen bir de kocası ile oğulları vardı. Her ne kadar Katie kabul etmese bile, Peter onun ne kendisini ne de oğullarını Frank kadar sevmediğini biliyordu. Birinin Frank'ı üzdüğünü görse, onu korumak için adeta bir aslan kesilirdi. Aslında bu babası için değil, ailesi için göstermesi gereken bir tepkiydi. Bu tuhaf tavırları başından beri Peter'i rahatsız etmişti. Babasına olan bağlılığı anlaşılır gibi değildi.

Peter bütün gün bilgisayarda çalıştı ve akşamüzeri saat dörtte Suchard'ı aradı ve bir kere daha kendini aptal durumuna düşürdüğünü fark etti. Bu sefer Suchard telefona laboratuvardan yanıt verdi ama çok sert konuştu ve yeni bir haberi olmadığını söyledi. Testler sonuçlanır sonuçlanmaz arayacağına söz verdiğini hatırlattı.

"Biliyorum, özür dilerim... Sanmıştım ki..." Peter bu kadar sabırsız davrandığı için aptallık ettiğini düşündü, ama Vicotec onun için o kadar önemliydi ki, aklından çıkarmasına imkân yoktu. Bir de Olivia Thatcher'i aklından çıkaramıyordu. Saat beşte artık çalışamayacağını anladı, havuza gidip yüzmeye karar verdi, belki sinirlerine iyi gelebilirdi.

Asansörde ve kapalı havuzda gözleri Olivia'yı aradı. Onu her yerde aradı ama göremedi. Nerede olabileceğini merak ediyordu, acaba önceki gece hakkında neler düşünüyordu? Onun için sadece bir değişiklik mi olmuştu yoksa bir dönüm noktası mı? Peter onun söylediklerini ve sözlerindeki derin anlamları aklından çıkaramıyordu. İri kahverengi gözler, masum yüz, ciddi ifade, beyaz tişörtün içinde karanlıkta kaybolan ince vücut; Peter'in gözlerinin önünden gitmiyordu. Yüzmek bile onu aklından çıkarmasına yardımcı olmadı, odasına çıktığında kendisini eskisinden daha iyi hissetmiyordu. Televizyonu açtı. Kafasındaki sesleri, çok az tanıdığı kadının gözlerinin önündeki hayalini silecek, Vicotec için duyduğu endişeyi unutturacak, ilgisini çekecek bir şeylere ihtiyacı vardı.

CNN'i seyretti, dünya haberlerinde bir değişiklik yoktu. Orta Doğu'da savaş sürüyordu, Japonya'da hafif bir deprem olmuştu, New York'ta Empire State binasında bomba tehlikesi yaşanmış, binlerce insan caddelere dökülmüştü. Hemen bir önceki geceyi, Olivia'nın Place Vendôme'den kaçışını ve onu takip edişini anımsadı. Fakat birden aklını kaybettiğini sandı. CNN haber spikeri Olivia'nın ismini söylemişti ve ekranda beyaz tişörtü ile Olivia'nın sırtını ve belirli bir mesafe gerisinde yine sırtı dönük bir adamı gösteren bulanık bir fotoğraf göründü. Adamın sadece kafasının arkası görünüyordu, yüz hatları belli olmuyordu.

"Dün gece Paris Ritz Otel'e yapılan bir ihbar sonucu bomba imha ekibinin çalışmaları sırasında Senatör Anderson Thatcher'in karısı kayboldu. Senatörün karısı en son Place Vendôme'den hızla uzaklaşırken görüldü, peşinde fotoğrafta görülen adam vardı. Adam hakkında henüz fazla bilgi edinilemedi. Senatörün karısını kasten mi yoksa tesadüfen mi takip ettiği bilinmiyor. Korumalardan biri olmadığı öğrenildi ve adamı tanıyan çıkmadı." Birden Peter fotoğraftaki adamın kendisi olduğunu fark etti, Olivia'nın peşinden giderken çekilmişti. Neyse ki kimse ona tanımamıştı ve fotoğraftan kimliğini belirlemek imkânsızdı. "Mrs. Thatcher dün gece yarısından beri kayıp ve hakkında henüz bir haber alınamadı. Gece bekçisi sabaha karşı onu otelin önünde gördüğünü söylemesine karşın bu fotoğraf çekildikten sonra Mrs. Thatcher'in otele dönmediği biliniyor. Şimdilik olayın bir suikast olduğunu söylemek mümkün değil, belki de bu kadar politik baskıdan kaçıp birkaç saat Paris'te ya da Paris yakınlarında oturan bir arkadaşını ziyarete gitmiş olması da ihtimaller dahilinde ancak zaman ilerledikçe bu ihtimal giderek zayıflıyor. Tek bildiğimiz Olivia Douglas Thatcher'in dün gece yarısından beri ortadan kaybolduğu. CNN haber, Paris." Peter büyülenmiş gibi ekrana bakıyordu. Olivia'nın birçok fotoğrafı ekrana geldi, sonra Peter'in seyrettiği İngilizce yayın yapan mahalli kanalda kocası ile röportaj yapıldı. Spiker Olivia'nın iki yıl önce oğlu Alex'i kaybettiğinden beri çok üzgün göründüğünü söylüyordu. Fakat Anderson Thatcher inkâr etti. Karısının sağlığından şüphe etmediğini, eğer kaçırıldıysa bile kısa bir zaman sonra haber alacağından emin olduğunu söyledi. Son derece samimi ve şaşılacak derecede sakin görünüyordu. Gözleri kupkuruydu ve telaşlı bir hali yoktu. Spiker otelin polis dolu olduğunu, telefonların dinlendiğini ve Mrs. Thatcher'den gelecek haberi beklediklerini söyledi. Fakat Peter, Anderson Thatcher'in halinden karısı için pek fazla endişe etmediğini, onu bekleyecek yerde kurmayları ile kampanya çalışması yapmak için sabırsızlandığını hissetti. Birden korktu, gece ondan ayrıldıktan sonra başına ne gelmiş olabilirdi?

Saat altı civarında onu otele bırakmış ve içeri girdiğini görmüştü. Başına ne gelmiş olabilirdi? Peter kendini sorumlu hissetmeye başladı, acaba bir suikasta mı uğramıştı, yoksa odasına giderken kaçırılmış mıydı? Dönüp dolaşıp hep aynı noktaya geliyordu. Kaçırılmış olması düşüncesi onu korkutuyordu ama pek fazla ihtimal vermiyordu. *Agatha Christie*'nin ismi sürekli kafasının içinde dönüp duruyordu. Olivia'nın başına kötü bir şey geldiğini düşündükçe çıldıracak gibi oluyordu, ama biraz daha düşününce şüphelerinin yersiz olduğunu anladı. Önceki gece kolayca kaçabilmişti. Aynı şeyi tekrar yapabilirdi. Her ne kadar geri dönmesi gerektiğini düşündüyse de, belki de son dakikada dayanamayacağını anlamıştı. O gece bile bu hayata daha fazla dayanamayacağını söylemişti.

Peter odasında dolaşmaya başladı, bir yandan düşünüyordu, birkaç dakika sonra ne yapması gerektiğine karar verdi. Belki tuhaf olacaktı ama eğer Olivia'nın kurtuluşu buna bağlıysa değerdi. Senatöre onunla birlikte olduğunu, bir kafeteryada sabaha kadar oturduklarını ve sabah onu otele bıraktığını anlatacaktı. Ona La Faviére'yi de söylemek istiyordu çünkü Peter düşündükçe Olivia'nın orada olduğundan iyice emin olmaya başlamıştı. Sığınmak için gideceği tek yerin orası olduğunu biliyordu. Onu çok az tanıyordu ama orada olduğundan şüphesi yoktu. Anderson Thatcher, La Faviére'nin onun için neler ifade ettiğini öğrenirse hoşgörülü davranabilirdi. Peter Senatöre bunu anlatmak, oraya polis gönderip onu buldurmasını söylemek istiyordu. Eğer orada da yoksa o zaman gerçekten başı belada demekti.

Asansörü bekleyerek vakit kaybetmek istemedi. Merdivenlere yöneldi ve iki katı koşarak çıktı. Olivia bir gece önce oda numarasını söylemişti, odalarının bulunduğu kat polis ve gizli servis ajanları ile doluydu. Sakin görünüyorlardı, kimsenin telaşlı bir hali yoktu. Olivia'nın odasının önünde bekleyenler bile son derece rahat görünüyorlardı. Hepsi Peter'e baktılar. Odadan çıkarken ceketini giymişti, saygın bir görünümü vardı. Kravatını bağlayacak zaman bulamadığı için elinde tutuyordu. Anderson Thatcher'in onu kabul edip etmeyeceğini bile bilmiyordu.

Aslında kimseye anlatmak istemiyordu, karısı ile Montmartre'de altı saat oturduklarını, kahve içip sohbet ettiklerini söylemek onu utandırıyordu, ama dürüst olması gerektiğini düşünüyordu ve bu onun için çok önemliydi.

Kapının önüne gelince Peter senatörü görmek istediğini söyledi, kapıdaki koruma onu tanıyıp tanımadığını sordu, Peter tanımadığını söylemek zorunda kaldı. Kim olduğunu korumaya söylerken ve telefon etmeden geldiği için aptallık ettiğini düşünüyordu, ama Olivia'nın kaybolduğunu öğrendiği andan beri o kadar telaşlıydı ki, saklandığı yeri bildiğini birine söylemek için sabırsızlanıyordu.

Koruma odaya girerken, Peter içeriden gelen konuşmaları ve gülüşmeleri duydu, içerisi sigara dumanı doluydu. Toplantıdan ziyade bir parti yapılıyormuş gibi geldi. Bunun Olivia'nın aranması işlemiyle bir ilgisi olup olmadığını merak etti, belki de daha önce tahmin ettiği gibi parti görüşmesi yapıyorlardı.

Bir dakika sonra koruma dışarı çıktı ve Senatör Thatcher adına kibarca özür diledi. Senatör toplantıdaydı ve Mr. Haskell sonra telefon edebilirse, konuyu telefonda görüşebileceklerini, bütün olanlardan sonra Mr. Haskell'in ona hak vereceğinden emin olduğunu söylemişti. Peter neden insanların odada gülüştüklerini anlayamamıştı, neden kimse etrafta koşuşturmuyor, neden kimse Olivia kaybolduğu için meraklanmıyordu. Olivia sık sık ortadan kayboluyor muydu? Yoksa kimsenin ona aldırdığı yok muydu? Yoksa onlar da Peter gibi, kafasını dinlemek için bir yere gittiğini ve birkaç gün sonra kendiliğinden döneceğini mi düşünüyorlardı?

Bir an senatörün karısının nerede olduğunu bildiği için kendisiyle konuşmak istediğini söylemek geldi içinden, ama bunun doğru olmayacağını biliyordu, düşündükçe bir gece önce Place de la Concorde'da nasıl karşılaştıklarını ve neden onu takip ettiğini açıklamasının tuhaf olacağını anlıyordu. Yanlış yorumlanırsa bütün olanlar bir skandala yol açabilirdi; Olivia için de kendisi için de iyi olmazdı. Gelmekle hata etmişti. Önce telefon etmesi gerekirdi. Telefon etmek için odasına döndü. Odaya girer girmez tekrar ekranda Olivia'nın fotoğrafını gördü. Bu seferki spiker kaçırılmaktan çok intihar ihtimali üzerinde duruyordu. Birbiri ardına ekrana eski fotoğrafları geliyordu. Önce ölen oğlunun fotoğrafını, arkasından cenaze töreninde Olivia'nın ağlarken çekilmiş fotoğraflarını gösterdiler. Büyüleyen gözleri Peter'i adeta kendisini ele vermemesi için yalvarıyor gibiydi. Televizyonda bir sinir uzmanıyla söyleşi yaptılar, uzman umutlarını yitirdikleri zaman insanların her türlü çılgınlığı yapabileceğini söyledi. Olivia Thatcher de oğlunun ölümünden sonra bu tür buhrana girmiş olabilirdi. Peter'in içinden televizyona bir şey fırlatmak geldi. Onun ne kadar acı çektiğini, üzüntüsünü, yaşamını bilmeden nasıl böyle konuşabilirlerdi? Onun hayatını böyle deşmeye ne hakları vardı? Daha da eskilere gittiler, Olivia'nın düğün fotoğraflarını, Andy ile evlendikten altı ay sonra öldürülen kayınbiraderinin cenaze töreninde çekilen fotoğraflarını göstermeye başladılar.

Telefonu eline aldığında televizyonda Thatcher ailesinin yaşadığı trajediler anlatılıyordu. Altı yıl önce öldürülen Tom Thatcher'den başladılar, Olivia'nın ölen oğlu ve nihayet kendisinin ortadan kaybolması. Peter tam santrala Anderson Thatcher'in oda numarasını söylemek üzereyken birden bunu yapamayacağını anladı. Yapmaması gerekiyordu. İlk önce kendisi emin olmalıydı. Eğer Olivia'yı orada bulamazsa o zaman gerçekten başına bir şey gelmiş olduğunu anlayacaktı, o zaman Andy'ye haber verecekti. Aslında kendini Olivia'ya borçlu hissetmiyordu, sadece önceki geceden sonra, susması gerektiğini anlamıştı. Sadece geç kalmış olmaktan korkuyordu.

Ve ahizeyi yerine bıraktı, spiker bu sefer Olivia'nın ailesinden bahsetmeye başladı. Vali Douglas ve karısı, kızlarının Paris'te aniden esrarengiz bir şekilde kaybolması konusunda görüşlerini söylemek istememişlerdi. Daha fazla dinlemek istemiyordu, Peter çekmeceden bir süveter aldı. Keşke yanımda bir blucin getirseydim diye düşündü, ama gerekmeyeceğini sanmıştı. Genelde toplantılara girerken blucin giymezdi.

Resepsiyona telefon etti, o gece Nice'a uçak olmadığını ve son trenin de beş dakika sonra kalkmak üzere olduğunu öğrendi. Bir kiralık araba ve harita istedi, şoför teklif ettiler, aslında daha hızlı ve kolay olacaktı ama arabayı kendisinin kullanmak istediğini söyledi. Bunun gizli kalmasını istiyordu. Bir saat sonra istediklerinin hazır olduğunu bildirdiler, araba ön kapıda hazırdı ve harita da içindeydi. Saat sekizde aşağı indi, yepyeni bir Renault araba onu bekliyordu, ön koltukta bir deste harita vardı. Kapıcı çok kibar bir şekilde Paris'ten nasıl çıkacağını anlattı. Yanında ne bir çanta ne de valiz vardı. Sadece bir elma ve bir şişe Evian sodası almıştı, cebine de diş fırçasını koymuştu. Direksiyona oturur-ken bütün bunların boşu boşuna olduğunu düşünüyordu.

Otelden ayrılmadan önce, isterse arabayı Nice'da ve Marsilya'da bırakıp uçakla geri dönebileceği konusunda pazarlığını yapmıştı. Bu Olivia'yı bulamadığı durumda yapacağı şeydi. Bulursa, onunla dönmek isteyip istemeyeceğini bilemiyordu. Hiç değilse yol boyunca konuşabilirlerdi. Aklında kim bilir ne çok şey vardı. Belki yol boyunca Peter onu üzen şeyleri anlatmasını sağlayabilirdi.

Otoyol gecenin o saatinde bile pek tenha değildi, ancak Orly'yi geçtikten sonra trafik biraz azaldı ve Pouilly'ye kadar iki saat boyunca bayağı hız yapabildi. Oradan sonra nedense Peter garip bir şekilde huzurlu hissetti kendini. Nedenini bilmiyordu ama Olivia için doğru olanı yaptığına emindi. Günlerdir ilk defa kafasını kurcalayan sorunlardan ve dertlerinden sıyrılmıştı. Arabaya binip, karanlığın içinde hızla sürmeye başladığı zaman bütün dertleri geride bırakmıştı sanki. Bir gece önce Olivia ile konuşmak çok güzel olmuştu, hiç beklemediği bir anda bir dost bulmuş gibiydi. Arabayı sürerken, tek görebildiği, daha ilk gördüğü andan beri onu büyüleyen gözler ve yüzdü. Ona havuzda rastladığı geceyi düşündü, minik siyah bir balık gibi kaçmıştı... Sonra evvelki gece Place Vendôme'de özgürlüğüne koşarken... Giderken gözlerindeki o umutsuz bakış... Küçük balıkçı köyünü anlatırken yüzünün aldığı huzurlu ifade. Bütün Fransa'yı boydan boya katederek peşinden gitmek delilikti, bunu biliyordu. Onu çok az tanıyordu. Ama evvelki gece meydanda onun peşinden gittiği gibi şimdi de gitmesi gerektiğini biliyordu. Sebebini bilmiyordu, hatta kimse bilemezdi, ama onu bulmak zorunda hissediyordu kendini.

Beşinci Bölüm

La Faviére yolu uzun ve sıkıcıydı, fakat araba iyi hız yaptığı için umduğundan kısa sürdü, tam on saatte oraya vardı. Sabah saat altıda kasabaya girerken güneş doğuyordu. Elmayı çoktan yemiş, yan koltuktaki Evian şişesi neredeyse boşalmıştı. Yolda bir iki kere kahve molası vermişti ve uyumamak için radyoyu sabaha kadar çalmıştı. Arabanın dört penceresi de açıktı, hedefine ulaşmıştı ama yorgunluktan ölmek üzereydi. Bütün gece gözünü kırpmamıştı, iki gündür ikinci kez oluyordu bu, başlangıçtaki heyecanı ve adrenalin salgısı yavaş yavaş tükenmeye başlamıştı, Olivia'yı aramaya başlamadan önce bir saat kadar uyuması gerektiğini hissediyordu. Zaten aramaya başlamak için daha çok erkendi. Rıhtımdaki balıkçılardan başka bütün kasaba henüz uykudaydı. Peter arabayı yolun kenarına çekti ve arka koltuğa geçti. Biraz dardı ama bunu düşünecek hali yoktu.

Uyandığında saat dokuz olmuştu, arabanın yakınında oynayan çocukların sesleri tepede uçan martıların çığlıklarına karışıyordu. Arabanın içinde oturdu, çeşitli sesler ve gürültüler geliyordu kulağına, ölü gibiydi. Uzun bir gece ve uzun bir yolculuk geçirmişti. Olivia'ya bulabilirse bütün bunlara değecekti. Gerindi, gözü arabanın dikiz aynasına takılınca güldü. Berbat görünüyordu, bu haliyle rahatlıkla küçük çocukları korkutabilirdi.

Saçını taradı, Evian'ın son yudumlarıyla dişlerini fırçaladı, elinden geldiği kadar saygın bir görünüm sağladıktan sonra Olivia'yı aramak üzere arabadan çıktı. Nereden başlayacağını bilmiyordu, yavaş yavaş seslerin geldiği tarafa yürüdü, bir fırın geldi kaşısına, bir çikolatalı kek aldı ve deniz kıyısına doğru gitti. Balıkçı tekneleri çoktan denize açılmışlardı, kıyıda sadece birkaç taka ve sandal kalmıştı, bir grup yaşlı insan toplanmış günlük olayları tartışıyor, gençler balık tutuyorlardı. Güneş tam tepeye yükselmişti, Peter çevresine bakındı ve Olivia'nın haklı olduğuna karar verdi. Saklanmak için çok uygun bir yerdi, sakin ve güzeldi, insanı kucaklayan bir dost gibi çok değişik ve sıcak bir havası vardı. Rıhtımın yanında kumsal uzanıyordu. Çikolatalı kekini bitirdikten sonra kumsalda yürümeye başladı, bir fincan kahveye çok ihtiyacı vardı. Güneş ve deniz onu büyülemişti, bir an evvel Olivia'yı bulmak istiyordu. Kumsalın sonuna varınca, bir kayanın üzerine oturdu, Olivia'yı düşünmeye başladı. 'Peşinden geldiğim için kızar mı?' diye düşünürken başını kaldırınca karşıdan bir genç kızın gelmekte olduğunu gördü. Ayakları çıplaktı, üzerinde beyaz bir atletle şort vardı, ufak tefek ve inceydi, siyah saçları rüzgârda uçuşuyordu, Peter'e bakıp gülümsüyordu, Peter ise bakakalmıştı. Aradığını bulmuştu. Hem de hiç gayret sarf etmeden. Oradaydı, karşıda durmuş gülümsüyordu, onu gördüğüne hiç şaşırmamıştı. Bu gülüş Peter için çok anlamlıydı. Olivia Thatcher kendisine doğru geliyordu.

"Bunun bir rastlantı olduğunu sanmıyorum," dedi yanındaki kayaya oturuken. Peter hâlâ şaşkınlığını üzerinden atamamıştı, kıpırdayamıyordu. Onu gördüğü an hayretten donup kalmıştı.

"Bana otele döneceğini söylemiştin," dedi, artık şaşkınlığını yenmişti, kızgın da değildi, Olivia'nın gözlerinin içine bakıyordu, rahatlamıştı.

"Öyle söyledim. Yalan değildi. Ama oraya gittiğim zaman yapamayacağımı anladım." Bunları söylerken üzüntülüydü. "Burada olduğumu nereden bildin?" diye sordu.

"CNN'de gördüm." Olivia'nın korktuğunu görünce gülümsedi.

"Burada olduğumu televizyonda mı söylediler?"

Peter bu soruya güldü. "Hayır dostum. Onlar sadece senin gitmiş olduğunu söylediler. O gün akşama kadar aklımdan çıkmadın, seni ait olduğun yaşantında, senatörün karısı olarak düşündüm, akşam saat altıda haberleri almak için televizyonu açtığımda karşımda sen vardın.

Kaçırıldığın haberini verdiler. Place Vendôme'de arkandan gelirken benim de bir fotoğrafımı çekmişler. Seni kaçıran kişinin o olmasından şüpheleniyorlardı, neyse ki yüzüm görünmüyordu." Gülümsüyordu. Bütün bunlar çok tuhaftı, çılgınlıktı. Olivia hakkında söylenen diğer şeyleri anlatmadı.

"Aman Tanrım, bundan haberim yoktu." Endişeliydi, duyduklarını sindirmeye çalışıyordu. "Andy'ye bir not bırakıp birkaç gün sonra döneceğimi bildirecektim. Ama sonra vazgeçtim. Öylece çıktım. Trene binip buraya geldim." Peter başını sallayarak dinliyordu, hâlâ kendisini buraya sürükleyen gücün ne olduğunu anlamaya çalışıyordu. İkidir Olivia'nın peşinden gidiyordu, onu sürükleyen, anlayamadığı ve karşı koyamadığı bir güç vardı. Olivia gözlerinin içine bakıyordu, ikisi de kımıldamıyorlardı. Peter bakışlarıyla onu okşuyordu ama birbirlerine dokunmadılar. "Geldiğine çok memnun oldum," dedi yumuşak bir sesle.

"Ben de öyle... " Birden yine toy bir delikanlıya benzemişti, rüzgâr saçlarını uçuruyor, gözlerinin önüne düşürüyordu. Olivia'ya bakan gözleri gökyüzüyle aynı renkteydi. "Seni bulduğum zaman bana kızacağını sanıyordum." Paris'ten yola çıktığından beri hep bundan korkmuştu. Onu takip ettiği için rahatsız olmasından korkuyordu.

"Nasıl kızabilirim? Bana o kadar iyi davrandın ki... Beni dinledin... Unutmadın." Onu burada bulmasına çok şaşırmıştı, peşinden gelecek kadar onu düşünmüştü demek. Paris'ten oraya kadar çok uzun bir yol gelmişti. Birden ayağa kalktı, küçük bir çocuğa benziyordu, Peter'e elini uzattı. "Haydi gel, gidip kahvaltı yapalım. Bütün gece açlıktan ölmüş olmalısın." Rıhtıma doğru yavaş yavaş yürürken Peter'in koluna girdi. Küçücük ayakları çıplaktı, kumlar çok sıcaktı ama aldırmıyordu. "Çok yorgun musun?"

Peter güldü, köye vardığında ne kadar yorgun olduğunu hatırladı. "Değilim. Buraya geldikten sonra üç saat kadar kestirdim. Seninle olduğum zaman nedense fazla uyuyamıyorum." Ama Olivia ile bereber olduğu zaman sıkılmıyordu. Bundan emindi.

"Buna çok üzüldüm," dedi, bir dakika sonra küçük bir lokantaya girdiler, birer omlet, kurabiye ve kahve ısmarladılar. Yemeklerin kokusu o kadar güzeldi ki Peter bir anda silip süpürdü. Olivia yemeklerin ucundan yiyebildi. Koyu kahvesini yudumlarken Peter'i seyrediyordu.

"Geldiğine hâlâ inanamıyorum," dedi. Mutlu görünüyordu ama dalgındı. Andy böyle bir şeyi asla yapmazdı. İlk yıllarda bile yapmazdı.

"Kocana burada olabileceğini söylemeye çalıştım," dedi Peter dürüstçe, Olivia birden telaşlandı.

"Ne dedin? Burada olabileceğimi ona söyledin mi?" Andy'nin oraya gelmesini istemiyordu. Peter'in gelmesine kızmamıştı, hatta memnun olmuştu, ama Andy'yi görmeye hâlâ hazır değildi. Buraya kaçmasının sebebi oydu.

"Merak etme, söylemedim," diye Peter hemen rahatlattı. "Aslında söylemek istedim ama beni odasından içeri sokmadılar. Polis, gizli servis ve korumalar kapının önünü doldurmuşlardı, Andy galiba toplantı yapıyordu."

"Benimle ilgisi olmadığına eminim. Ne zaman merak etmesi gerektiğini ve ne zaman gerekmediğini hiç ayırt edemez. Onun için otelden ayrılırken ona mesaj bırakmadım. Belki hata yapmış olabilirim ama iyi olduğumu tahmin etmesi gerekir, beni yeterince tanıyor. Kaçırılmış olduğuma gerçekten inandığını sanmıyorum."

"Sizin kata çıktığım zaman ben de aynı şeyleri hissettim," dedi Peter. Ortada bir panik havası esmiyordu, Olivia'nın gerçekten tehlikede olduğunu düşünseler bu kadar sakin olamazlardı. Anderson Thatcher'in bile merak ettiğini zannetmiyordu, o yüzden buraya gelmekte kendini haklı görmüştü Peter, gerekirse Olivia'yı bulduktan sonra ona telefon edecekti. "Ona telefon edecek misin Olivia?" diye sordu. En azından haber vermesi gerektiğini düşünüyordu.

"Daha sonra ederim. Ne söyleyeceğime henüz karar veremedim. Belki kısa bir süre için dönmem gerekebilir ama aslında hiç istemiyorum. Ona açıklama yapmak zorundayım." Ama söylenecek ne vardı, artık onunla yaşamak istemediğini, bir zamanlar ona âşık olduğunu ama artık bittiğini, bütün umutlarını yıktığını, ona olan duygularının ve her şeyin bittiğini mi söyleyecekti? Olivia'ya göre geri dönmesini gerektirecek bir şey kalmamıştı. O gece anahtarı odanın kapısına soktuğu anda çeviremeyeceğini anlamıştı. Geri dönemeyecekti. Ondan kaçmak için ne mümkünse yapacaktı. Artık Andy için bir şey ifade etmiyordu. Bunun farkındaydı. Yıllardan beri böyleydi. Çoğu zaman varlığından bile haberi olmuyordu.

"Ondan ayrılmayı mı düşünüyorsun Olivia?" diye sordu Peter kahvaltı biterken. Aslında bu üzerine vazife değildi ama onu görmek, ona bir zarar gelmediğinden emin olmak için kilometrelerce yol katetmişti. Hiç değilse bu, ona bazı şeyleri öğrenme hakkını veriyordu. Olivia bunun farkındaydı.

"Öyle sanırım."

"Emin misin? Sizin çevrede oldukça büyük kargaşa yaratır."

"İkimizi burada bulmalarından daha az kargaşa yaratacağından eminim," diye güldü. Ona hak vermemek mümkün değildi. Sonra tekrar ciddileşti. "Kargaşa beni korkutmuyor. Belki biraz konuşurlar o kadar. Bu sorun değil. Artık yalanlarla yaşayamayacağım, politikanın yapmacıklarına ve sahtekârlıklarına dayanma gücüm kalmadı. Bıktım artık. Bir seçimi daha kaldırabileceğimi sanmıyorum."

"Gelecek yılki başkanlık seçimlerine katılacak mı?"

"Muhtemelen. Hatta muhakkak diyebilirim," dedi düşünceli bir ifadeyle. "Ama katılırsa ben katlanamayacağım. Ona bir borcum var ama o başka. Bu benim için artık çok fazla. Başında her şey çok iyi başlamıştı, ona ihtiyacımız olduğu zaman hiç yanımızda olmadı ama Alex'in onun için çok şey ifade ettiğini biliyorum. Onu anlayabiliyordum. Ama kardeşinin ölümünden sonra çok değişti. Onunla birlikte Andy'nin de bir parçası öldü sanırım. Her şeyini politika uğruna sattı. Ben olsam yapamazdım ve hiç de gerek görmüyorum. Sonunda annem gibi olmak istemiyorum. Çok içki içiyor, migreni var, kâbuslar görüyor, devamlı gazetecilerin korkusuyla yaşıyor ve elleri sürekli titriyor. Hep babamı utandıracak bir durum yaratmak korkusuyla yaşıyor. Böyle bir baskı altında kimse yaşayamaz. Perişan durumda, hem de yıllardır böyle. Ama hiç belli etmez. Makyaj yapar, yüzünü gerdirir, korktuğunu belli etmemek için ne mümkünse yapar. Ve babam onu her toplantıda yanında taşır, konferanslar, kampanya söyleşileri ve ralliler. Dürüst olabilse, bütün bunlar yüzünden babamdan nefret ettiğini kabul edecek ama bunu asla yapmaz. Hayatını mahvetti. Yıllar önce onu terk etmesi gerekirdi, yapabilmiş olsa belki şimdi hâlâ insan gibi yaşıyor olurdu. Babamı terk etmemesinin sebebi sanırım hiç seçim kaybetmediği için olsa gerek." Peter ciddi bir ifadeyle Olivia'yı dinledi, söylediklerinden çok etkilenmişti. "Andy'nin günün birinde politikaya gireceğini bilseydim onunla hiç evlenmezdim. Ama tahmin etmem gerekirdi." Olivia'nın bakışları hüzünlendi.

"Kardeşinin öldürüleceğini bilemezdin ki," dedi Peter.

"Belki bu sadece vesile oldu, belki yine olacaktı. Kim bilir?" Omuzunu silkti ve pencereden dışarı baktı. Balıkçı tekneleri ufukta oyuncak gibi görünüyorlardı. "Çok güzel bir yer burası... Keşke ömrümün sonuna kadar burada yaşayabilsem." Sesinden ciddi olduğu anlaşılıyordu.

"Gerçekten ister miydin?" diye sordu Peter. "Kocandan ayrılırsan buraya mı geleceksin?" Onu nerede hayal edeceğini öğrenmek istiyordu, Greenwich'de soğuk gecelerde onu düşündüğü zaman nerede gözünün önüne getireceğini bilmek istiyordu.

"Belki," dedi Olivia, hâlâ pek çok şeyden emin değildi. Kendine kalsa hiç istemiyordu ama Paris'e dönüp Andy ile konuşması gerektiğini biliyordu. İki günlük kaçırılma hikâyesinden sonra, geri döndüğü zaman Andy'nin ne durumda bulacağını görür gibi oluyordu.

"Dün karımla konuştum," dedi Peter. Olivia sessiz sessiz oturmuş kocasını düşünüyordu. "Bir gece önce konuştuklarımızdan sonra onunla konuşmak çok tuhaf geldi bana. Şimdiye kadar hiç hoşuma gitmediği halde onu savundum ve... Babasıyla olan ilişkisini normal karşıladım. Ama seninle konuştuktan sonra bütün bunlar sinirime dokunmaya başladı." Olivia'ya çok dürüst davranıyordu, içinden geldiği gibi konuşabiliyordu. Çok açık fikirli ve hassastı, Peter'i kırmamak için çok dikkatli davranıyordu. "Evvelki gece babasıyla yemeğe çıkmış. Dün de birlikte öğlen yemeği yediler. Yazın iki ay boyunca gece gündüz birlikte olacaklar. Bazen düşünüyorum da benimle değil, sanki babasıyla evliymiş gibi geliyor. Sanırım başından beri böyle düşünüyordum. Neyse ki güzel bir yaşamımız var, oğullarımız iyi yetişiyor, babası şirkette istediğimi yapmama karışmıyor, tek tesellim bunlar." Bütün bunlar şimdiye kadar ona yetmişti ama birden artık yetmediğini fark ediyordu.

"İstediğini yapmana izin veriyor mu?" Olivia baskı yapıyordu, Paris'te cesaret edememişti. Ama bu sefer konuyu Peter açmıştı. Artık birbirlerini daha fazla tanıyorlardı. La Faviére'ye gelmesi onları birbirlerine daha çok yakınlaştırmıştı.

"Genellikle Frank istediğimi yapmama izin verir. Çoğunlukla diyebilirim." Daha fazla ileri gitmedi. Tehlikeli noktaya gelmişlerdi. Olivia kocasını terk etmek üzereydi ve Peter'in Katie ile sürdüğü gemiyi kayalara oturtmaya niyeti yoktu. Bundan emindi.

"Peki ya Vicotec testlerinin sonuçları kötü çıkarsa. O zaman ne yapacak?"

"Desteklemeye devam edecek, umarım. Biraz pahalı olacak belki ama daha fazla araştırma yapmamız gerekecek." Durumun iyimser bir açıklamasıydı bu, Frank'ın vazgeçeceğini tahmin etmiyordu. Vicotec'in çok parlak olduğunu biliyordu. Yapmaları gereken tek şey FDA'ya hazır olmadıklarını söylemek olacaktı.

"Hepimiz zaman zaman taviz veririz," dedi Olivia. "Önemli olan bunun dozunu bilmek. Sen çok taviz vermiş olabilirsin ama eğer gerçekten mutluysan bunun senin için önemi olmayabilir. Mutlu musun?" Kocaman gözlerini Peter'e dikmişti. Bir kadın gibi sorgulamıyordu, o an gerçek bir dosttu.

"Mutluyum sanırım." Peter'in kafası karışmıştı. "Hep öyle olduğumu zannediyordum, ama dürüst olmam gerekirse, seninle konuştuktan sonra mutlu olduğumdan şüphe etmeye başladım. Çok şeyde fedakârlık ettim. Olivia, oturduğumuz yer, çocukların okulu, gideceğimiz yazlık. Boş ver diyordum. Ama boş vermiyormuşum demek, sorun zaten bu. Katie'nin beni beklediğini bilsem yine boş verecektim ama birden onu dinlerken ben beklemediğini fark ettim. Ya komite toplantılarına gidiyor, ya kendisi veya çocuklar için bir şeyler yapıyor, ya da babasıya birlikte oluyor. Bu her zaman böyleydi, galiba çocuklar yatılı okula gittiklerinden beri, belki de daha önceden başlamıştı. Ben çok çalışıyordum. Bunları fark edecek zamanım olmuyordu. Fakat birdenbire, on sekiz yıl sonra, etrafımda dertleşecebilecek kimsem olmadığını fark ettim. Şimdi burada Fransa'da bir balıkçı köyünde, onunla konuşamayacağım şeyleri seninle konuşuyorum... Çünkü ona güvenemiyorum. Ne berbat bir durum," dedi üzgün üzgün, "Ama yine de... " Olivia'nın gözlerine bakarak masanın üzerinde duran elini tuttu. "Ondan ayrılmak istemiyorum. Bunu hiçbir zaman aklıma bile getirmedim. Ondan ayrılmayı, onun ve çocukların olmadığı bir başka yaşamı düşünemem... Fakat birdenbire şimdiye kadar göremediğim ya da görmeye cesaret edemediğim bir şeyi fark ettim. Çok yalnızım." Olivia sesini çıkarmadan başını sallamakla yetindi.

O bu tür şeylere alışkındı ve Paris'te konuştukları ilk andan beri onun yalnız olduğunu hissetmişti. Onun farkında olmadığından emindi. Ama olaylar öylesine gelişmişti ki, kendini hiç beklemediği bir durumda bulmuştu. Peter Olivia'ya dürüstçe bakıyordu, son iki günde başka bir şeyin daha farkına varmıştı. "Ne olursa olsun, onu bırakmam mümkün değil. Aramızda çözülmesi gereken o kadar çok şey var ki." Yeni bir yaşama başlama düşüncesi bile onu sıkıyordu.

"Kolay değil tabii," dedi Olivia kendini durumunu düşünerek, eli hâlâ Peter'in elindeydi. Söyledikleri için ona kızmıyordu. Aksine, bunları söyleyebildiği için onu daha fazla düşünüyordu. "Ben de korkuyorum. Ama senin hiç değilse karınla bir yaşamın var, şimdiye kadar güzel günleriniz olmuş. Ne kadar babasına bağlı ise de, az da olsa seninle konuşuyor, kendine göre seninle ilgileniyor. Sana ve çocuklarına sadık. Mükemmel olmasa bile birlikte bir yaşamınız var Peter. Andy ile benim hiçbir şeyimiz yok. Yıllardır yok artık! Hepsini yitirdik." Peter bütün bu anlattıklarının doğru olduğunu biliyordu, Andy'yi savunmaya gerek duymadı.

"O halde ayrılmalısın." O kadar savunmasız ve narin bir hali vardı ki, Peter onun için endişe duymaya başlıyordu. Onu yalnız düşünmekten hoşlanmıyordu, burada, kendini huzurlu hissettiği bu küçük köyde bile onu yalnız düşünmek istemiyordu. Onu bir daha göremeyeceğini düşündükçe dayanılmaz bir acı duyuyordu. İki günde Peter için bu kadar önemli olmuştu, onunla konuşamamayı düşünmek bile istemiyordu. Asansörde karşılaştığı efsane, gerçek bir kadın oluvermişti.

"Bir süre annenlerin yanına gidemez misin? Ortalık yatıştıktan sonra tekrar buraya dönersin." Ona yardımcı olmaya çalışıyordu, Olivia gülümseyerek bakıyordu. Şimdiye kadar iki arkadaştılar, şimdi de iki suç ortağı olmuşlardı.

"Belki. Annemim bütün bunlara göğüs gerebilecek kadar güçlü olabileceğini sanmıyorum, babama gelince genellikle Andy'nin tarafını tutar."

"Ne kadar güzel." Peter bu anlatıdan hiç hoşlanmamıştı. "Öyle yapacağından emin misin?"

"Yapabilir. Politikacılar birbirlerini tutarlar. Erkek kardeşim Andy'nin söylediği her şeyi prensip olarak kabul eder. Babam da onu her zaman korur. Onlar için çok iyi ama bizim için kötü. Babam Andy'nin başkanlığa aday olmasını destekliyor. Onun için benim fikirlerimi kimse onaylamayacak. Bu onun yarıştaki şansını yitirmesine neden olabilir. Boşanmış bir başkan düşünülemez. Benim için kâbus olmasına karşın, şahsen ona iyilik yaptığım kanısındayım. Cehennem hayatı. Bundan hiç kuşkum yok. Bu yüzden ölebilirim." Peter başını salladı, bütün bunları konuşabilmelerine şaşırıyordu. Vicotec kasırgasının esmesine rağmen, Olivia'nın yaşamı kendisininkinden çok daha karmaşıktı. Hiç değilse kendi yaşamı kendisine aitti. Oysa Olivia'nın her attığı adım takip ediliyordu. Katie'nin okul yönetim kurulu toplantıları dışında ailesinden kimsenin kamu çalışmaları yoktu. Diğer tarafta Olivia'nın vali ile, senatörle, temsilciler meclisi üyesiyle ve eğer ayrılmazsa, büyük bir olasılıkla yakın geleceğin başkanıyla yakından ilişkisi vardı. Hayret vericiydi.

"Başkanlığa oynarsa kalman gerekebilir mi?"

"Nasıl yapabileceğimi bilmiyorum. Çok zor olacağı kesin. Böyle bir şey olması için ya benim aklımı yitirmem, ya da onun beni bağlayıp bir dolaba tıkması gerekiyor. Soranlara uyuduğumu söyleyebilir." Peter gülümsedi. Hesabı ödedikten sonra kol kola lokantadan çıktılar.

"Eğer böyle bir şey yapmaya kalkışırsa yine seni kurtarmam gerekecek," dedi sırıtarak. Rıhtıma oturmuş, ayaklarını suya sallandırmışlardı. Peter'in üzerinde hâlâ beyaz gömlek ve takım elbise pantolonu vardı ama ayakları çıplaktı. Tuhaf bir tezat oluşturuyordu.

"Yani sen şimdi beni kurtarmış mı oluyorsun?" diye sordu Olivia, gülerek Peter'e yaslandı. "Beni kurtardın." Bu kelime hoşuna gitmişti. Yıllardır onu kimse kurtarmamıştı ve bu çok hoşuna gitti.

"Kurtardım sanıyorum... Yani, fidyecilerden, teröristlerden ya da Place Vendôme'de peşinden gelen o beyaz gömlekli adam kimse ondan kurtardığımı sanıyordum. Adam oldukça karanlık bir tipe benziyordu. Hemen kurtarma çalışmalarına geçmem gerektiğini düşündüm." Peter gülüyordu, çocuklar gibi rıhtımda oturmuş, ayaklarını suya sallandırmışlardı, güneş üzerlerine geliyordu.

"Bu çok hoşuma gitti," dedi Olivia ve kumsala gitmelerini teklif etti. "Kaldığım otele kadar yürüyelim, oradan da yüzmeye gideriz." Peter güldü, pantolonla yüzemeyeceğini söyledi. "Sana şort ve mayo gibi bir şeyler alalım. Bu güzel havayı kaçırmak yazık olur."

Peter'in gözleri daldı. Paylaştıkları anları harcamak yazık oluyordu ama kısıtlamalar vardı, bazı şeyleri yapmaya hakları yoktu. "Benim Paris'e dönem gerekiyor. Buraya gelmem yaklaşık on saat sürdü."

"Saçmalama. Bunca yolu kahvaltı etmek için gelmiş olamazsın. Ayrıca, Paris'te Suchard'dan haber beklemekten başka yapacak bir işin yok, o da aramıyor zaten. Otele telefon edip seni arayan olup olmadığını öğrenirsin, gerekiyorsa ona buradan da telefon edebilirsin."

"Hiç fena fikir değil," dedi Peter sorunlarına hemen çare bulduğu için memnun olmuştu.

"Benim kaldığım otelde bir oda tutabiliriz, yarın birlikte döneriz," dedi Olivia doğal bir şekilde, böylelikle gitmelerini ertesi güne erteliyordu, bu teklif çok hoşuna gitmesine rağmen Peter kararsızdı.

"Ona telefon etmeyi düşünmüyor musun?" Kavurucu güneşte, el ele kumsalda yürüyorlardı. Yanında yürüyen Olivia'ya bakınca böyle bir özgürlüğü hiç tatmadığını düşündü.

"Gerek yok," dedi Olivia, pişman olmuş bir hali yoktu. "Baksana kamuoyu onunla ne kadar ilgileniyor, onun için ne kadar üzülüyorlar. Bütün bunlardan onu yoksun kılmak yazık olur."

"Sen de politikacı gibi konuştun," dedi Peter gülerek. Kumların üzerine, Olivia'nın yanına oturdu. Ayakkabılarını ve çoraplarını çıkarmış, elinde taşıyordu, tam bir plaj serserisine benzemişti. "Sen de onlar gibi düşünmeye başladın."

"Asla. Ne olursa olsun o kadar kötü olamam. Olmamalıyım. Hayatta en çok istediğim şeyi kaybettim, artık kaybedecek bir şeyim kalmadı." Bu söylediği en acı cümleydi, Peter çocuğundan bahsettiğini anlamıştı.

"Bir gün başka çocukların olabilir Olivia," dedi kibarca. Olivia kumların üzerine uzanmış, sanki acılarını hafifletebilirmiş gibi gözlerini kapamıştı. Fakat Peter gözpınarlarındaki yaşları fark etti ve onları usulca parmaklarının ucuyla sildi. "Çok kötü olmalı... Çok üzgünüm..." İçinden onunla birlikte ağlamak geliyordu, ona sarılmak, altı yıldır çektiği acıları unutturmak istiyordu. Ama çaresizdi.

"Çok kötüydü," diye fısıldadı Olivia, gözleri hâlâ kapalıydı. "Bana çok iyi davrandığın ve... Buraya kadar geldiğin için teşekkür ederim, Peter." Sonra gözlerini açtı ve Peter'e baktı. Uzun süre birbirlerinin gözlerinin içine baktılar. Onu bulmak için çok uzun yol gelmişti, bu küçük Fransız köyünde onları tanıyan bütün gözlerden uzaktılar, ikisi de buraya birbirleri için geldiklerini biliyorlardı, bu süreyi uzatmak kendi ellerindeydi. Peter dirseğinin üzerinde doğrularak Olivia'yı seyretti, daha önce kimseye böyle hisler beslememişti, kimseyi bu kadar yakından tanımamıştı. O an başka hiçbir şeyi, hiç kimseyi düşünecek halde değildi.

"Senin yanında olmak istiyorum," dedi parmaklarını yüzünde, dudaklarında dolaştırıyordu." Ve buna hakkım olmadığını biliyorum. Böyle bir şeyi daha önce hiç yapmadım." Onun yüzünden acı çekiyordu ama onun yanında huzur buluyordu. Onunla birlikte olmak hayatında yaşadığı en güzel ve en karmaşık olaydı.

"Biliyorum," dedi Olivia. Tüm kalbiyle, ruhuyla onunla ilgili her şeyi biliyordu. "Senden bir şey beklemiyorum," dedi. "Sen zaten son on yıldır bana kimsenin veremediği şeyleri verdin. Bundan fazlasını isteyemem... Ve seni mutsuz etmek istemiyorum." Bakışları hüzünlenmişti. Üzüntüleriyle, kayıplarıyla, acılarıyla ve hatta ihanetleriyle, Olivia hayatı birçok yönleriyle ondan daha iyi tanıyordu.

"Şşşşş... " Başka bir şey söylemeden parmağını Olivia' nın dudaklarına kapattı, sonra yanına uzandı, sarıldı ve öpmeye başladı. Orada onları görebilecek, ne yaptıklarıyla ilgilenecek, fotoğraflarını çekecek ya da onları durduracak kimse yoktu. Sadece kendi vicdanları ve birlikte getirdikleri sarp kayalar gibi yükselen kendi engelleri vardı. Çocukları, eşleri, anıları ve tüm hayatları. Ve yıllardır tadını unuttuğu tutkuyla Olivia'yı öperken gözünde hiçbirinin önemi yoktu. Uzun süre birbirlerinin kollarında yattılar, Olivia'nın öpücükleri de en az Peter kadar tutkuluydu fakat ruhu daha açtı. Nerede olduklarını hatırladıkları zaman zorla birbirlerinden uzaklaştılar ve birbirlerine gülümseyerek öylece yattılar.

"Seni seviyorum Olivia," dedi Peter nefes nefese. İlk konuşan o olmuştu, Olivia'yı kendine doğru çekti, kumların üzerinde gökyüzüne bakarak yan yana yattılar. "İki gün içinde böyle bir şey çılgınlık gibi gelebilir ama seni hayatım boyunca tanıyor gibiyim. Bunu söylemeye bile hakkım olmadığını biliyorum... Ama seni seviyorum." Gözleri parlıyordu, Olivia gülümseyerek onu dinliyordu.

"Ben de seni seviyorum. Bunun bize neler getireceğini sadece Tanrı bilir, fazla bir şey getireceğini sanmıyorum, ama hayatımda hiç bu kadar mutlu olduğumu hatırlamıyorum. Belki de kaçmalıyız. Vicotec'in ve Andy'nin canı ceheneme." Bu kahramanca konuşması ikisini de güldürdü, bir an için nerede olduklarını kimsenin bilmemesi olağanüstü bir duyguydu. Herkes Olivia'nın kaçırıldığını ya da başına daha kötü şeyler geldiğini sanıyordu, Peter ise kiralık bir araba, bir elma ve bir şişe Evian'la ortadan kaybolmuştu.

Dünyada hiç kimsenin onları bulamayacağını bilmek harika bir duyguydu.

Sonra Peter'in aklına bir şey geldi. Belki de Interpol olaya el koymuş olabilirdi. "Neden kocan senin buraya gelmiş olabileceğini düşünmüyor?" Kendisi nasıl tahmin ettiyse Andy'nin de anlamış olması gerektiğini düşünüyordu.

"Ona buradan hiç bahsetmedim ki. Hep sır olarak sakladım."

"Söylemedin mi?" Peter şaşırmıştı. Halbuki ona daha ilk tanıştıkları gün söylemişti. Ve Andy'ye söylememişti. İnanamıyordu. Peter'e güveni sonsuzdu ama karşılıksız değildi. Peter'in de dünyada ona söyleyemeyeceği ve söylemediği bir şey yoktu. "O halde sanırım burada güvendeyiz. En azından birkaç saatliğine." Hâlâ öğleden sonra dönmeye kararlıydı; fakat bir mayo aldıktan ve okyanusta yan yana yüzdükten sonra bu fikrinden caydı. Ritz'deki havuzda yüzmekten daha heyecanlı olduğu kesindi. O zaman onu daha tanımıyordu ve yanından geçerken büyülenmişti. Ama burada çok yakınında yüzüyordu ve Peter buna çok zor dayanabiliyordu.

Olivia okyanusta yüzmekten koktuğunu söyledi, o yüzden tekne ile seyahat etmekten nefret ediyordu. Met cezirden ve etrafında yüzen balıklardan korkuyordu. Ama yanında Peter varken kendini güvende hissediyordu ve birlikte şamandıraya bağlı duran sala kadar yüzdüler. Dinlenmek için sala çıktılar ve orada Olivia'ya ile sevişmemek için Peter bütün gücünü kullanmak zorunda kaldı. Ama bir anlaşma yapmışlardı. Aralarında bir şey geçerse her şeyin berbat olacağına inanıyordu. İkisi de suçluluk hissedeceklerdi ve bir gece içinde aralarında tomurcuklanan bu duygunun dostluktan öte olmadığını biliyorlardı. Aptalca bir şey yaparak bunu yıkmayı göze alamazlardı. Olivia'nın evliliği onunkinden daha fazla tehlikede ve sallantıda olmasına karşın, o da bunu kabul etmişti. Peter'le yaşayacağı macera, Andy ile konuşmak için Paris' döndüğü zaman onu zor durumda bırakabilirdi. Fakat ilişkilerini sadece öpüşmelerle sınırlı tutarak, platonik bir şekilde yaşamaları da zor oluyordu. Kumsala döndükleri zaman bu konuyu bir kere daha konuştular, birbirlerine kapılmamaya söz verdiler, ama bu sözü tutmanın çok zor olacağını biliyorlardı. Yan yana kumsala uzandıklarında vücutları ıslak ve sıcaktı. Çocukluklarını konuştular, Olivia Washington'daki, Peter de Wisconsin'deki günlerini anlattı. Wisconsin'de kendini nasıl yabancı hissettiğini, hep daha fazlasını istediğini ve Katie'yi bulduğu zaman ne kadar şanslı olduğunu düşündüğünü anlattı.

Olivia ailesini sordu, Peter ona annesini, babasını ve kız kardeşini anlattı. Annesi ile kız kardeşinin kanserden öldüğünü, Vicotec'in onun için çok önemli olduğunu söyledi.

"Böyle bir ilaç onlara verilebilseydi her şey daha farklı olurdu," dedi üzüntüyle.

"Belki," dedi Olivia. "Ama bazen ilaçlar ne kadar mucize yaratırlarsa yaratsınlar yine de kaybediyorsun." Her şeyi denemişlerdi ama Alex'i kurtarmak mümkün olmamıştı. Sonra Peter'in kız kardeşini sordu.

"Çocukları var mıydı?" Peter başını salladı, gözleri dolmuştu, bakışlarını uzaklara çevirdi. "Seni ziyarete geliyorlar mı?"

Peter utanarak bu soruyu yanıtladı. Olivia'nın gözlerine bakarken ne kadar hatalı olduğunu biliyordu. Birdenbire, bütün bu olanları değiştirmek geldi içinden. Bu duyguyu ona Olivia vermişti. Daha birçok şeyi değiştirmek istiyordu.

"Eniştem taşındı ve bir yıl içinde başka bir kadınla evlendi. Uzun zaman onlardan haber alamadım. Nedenini bilmiyorum ama belki geçmişi unutmak istiyordu diye düşünüyorum. Evlendikten birkaç yıl sonra, paraya ihtiyaçları oluncaya kadar nerede olduklarını bana bildirmedi. O zaman kadar birkaç çocukları daha olduğunu sanıyorum. Katie artık üzerinden çok zaman geçtiğini, paraya ihtiyacı olmasa beni aramayacaklarını, çocukların beni tanımadıklarını söyledi. Ben de onları kafamdan çıkardım ve uzun zaman yine haber alamadım. Son duyduğumda Montana'da bir çiftlikte yaşıyorlardı. Bazen düşünüyorum da, acaba Katie, kendisinden, çocuklardan ve Frank'dan başka, benim kendi ailem olmasını istemiyor muydu? Kız kardeşimle birbirlerinden hiç hoşlanmadılar, çiftlik Muriel'e kalınca Katie çok sinirlendi. Ama babam çifliği onlara vermekte haklıydı. Benim ihtiyacım yoktu, üstelik istemiyordum ve babam bunu çok iyi biliyordu." Tekrar bakışlarını Olivia'ya çevirdi, yıllardır bildiği fakat Katie yüzünden kabullenemediği şeyi söyledi. "O çocukları hayatımdan uzaklaştırdığım için hatalı olduğumu biliyorum. Montana'ya onları görmeye gitmem gerekirdi." Bunu hiç değilse kız kardeşinin hatırı için yapmalıydı. Giderse üzüleceğini biliyordu, onun için Katie'nin söylediğini yapmak daha kolay gelmişti.

"İstersen hâlâ onları görmeye gidebilirsin" dedi Olivia.

"Çok isterim. Tabii onları bulabilirsem."

"Arayacağından eminim."

Peter başını salladı, artık ne yapması gerektiğini biliyordu. Fakat Olivia'nın ikinci sorusuna şaşırdı.

"Onunla evlenmeseydin ne olurdu?" Peter'le oynamaktan hoşlanıyordu, ona cevap vermekte zorlanacağı sorular sormak hoşuna gidiyordu.

"Şimdiki işime sahip olamazdım," dedi Peter. Ama Olivia hemen başını sallayarak karşı koydu.

"Yanılıyorsun. Zaten senin bütün sorunun burada yatıyor," dedi bir an bile duraksamadan. "Sahip olduğun her şeyin onun sayesinde olduğunu düşünüyorsun. İşin, başarın, mesleğin, hatta Greenwich'deki evin bile. Çılgınlık bu. Ne olursa olsun senin parlak bir mesleğin vardı. Bunu o yapmadı sen yaptın. Nerede olursan ol, hatta Wiconsin'e dönsen bile sen başarılı olabilirdin. Sen fırsatları değerlendirmesini ve kullanmasını çok iyi biliyorsun. Vicotec'le neler yapabildiğine bir bak. Onun tamamen kendi projen olduğunu sen kendin söyledin."

"Ama henüz başaramadım."

"Başaracaksın. Suchard ne derse desin. Bir yıl, iki yıl, on yıl hiç fark etmez. Başaracaksın." Olivia söylediklerine inanıyordu. "Vicotec olmazsa başkası olur. Ve bunun evliliğinle hiçbir ilgisi yok." Söyledikleri doğruydu ama Peter bunu anlamıyordu. "Donovan'ların sana fırsat verdiklerini inkâr etmek istemiyorum, ama bunu başkaları da yapardı. Onlara verdiklerine bir bak. Peter, *sen* hep onların sana iyilik yaptıklarını düşünüyorsun ve bundan hâlâ utanıyorsun. Bütün bunları sen kendin başardın ve hâlâ bunun farkında değilsin." Tabii Peter, daha önce olaya bu açıdan hiç bakmamıştı, Olivia'nın konuşmaları kendine olan güvenini artırdı. O çok farklı bir insandı. Peter'e daha önce kimsenin, hele Katie'nin hiç vermediği şeyleri vermişti. Peter de ona yıllardır özlediği bazı şeyler, şefkat, sevgi ve ilgi vermişti. Birbirlerini çok güzel tamamlıyorlardı ve bundan mutluydular.

Akşamüzeri otele döndüler, terasta yemek için salata, ekmek ve peynir ısmarladılar. Saat altıda Peter saatine baktı ve Paris'e dönmesi gerektiğini hatırladı. Ama güneşin altında geçen bir gün, Olivia'ya duyduğu arzulara gem vurmak onu o kadar yormuştu ki, on saat araba kullanmak bir yana, kımıldayacak gücü kalmamıştı.

"Gitmesen iyi olur," dedi Olivia. Çok tatlı ve genç bir görünümü vardı, güneşten yanmıştı ve nedense endişeliydi. Peter'e kalsa ölünceye kadar onunla kalabilirdi. "İki gündür doğru düzgün uyku uyumadın, on dakika sonra buradan ayrılsan bile ancak yarın sabah dörtte orada olursun."

"Haklısın," dedi yorgun bir ifadeyle. "Zaten bana da zor geliyordu. Ama gitsem iyi olurdu." Ritz'e telefon etti, kimse mesaj bırakmamıştı. Ama yine de Paris'e dönmesi gerekiyordu, Suchard arayacaktı. Otelden ayrıldıktan sonra Katie ile Frank'ın aramadıklarını öğrenince içi rahatladı.

"Neden geceyi burada geçirip sabah dönmeyi düşünmüyorsun?" Söyledikleri mantıklıydı, Peter razı olmak üzereydi.

"Yarın gidersem benimle gelecek misin?"

"Belki," dedi Olivia, birden yüzü korkulu bir ifade aldı, okyanusta yüzerken de böyle olmuştu.

"Senin bu tarafını seviyorum, sözünü tutuyorsun." Ama Olivia'nın başka taraflarını da seviyordu, onun tadını bir kere almak bile Peter'i çılgına döndürmeye yetmişti. "Tamam, tamam," dedi sonunda. Bütün gece araba kullanamayacak kadar yorgundu, iyi bir uyku çektikten sonra sabah yola çıkmak onun da işine geliyordu.

İkinci bir oda tutmak için resepsiyona gittiklerinde hiç boş oda kalmadığını öğrediler. Zaten otelde dört oda vardı, en büyüğünü de Olivia tutmuştu. Okyanusa bakan, çift kişilik küçük bir odaydı.

"Yerde yatabilirsin," dedi Olivia muzip bir gülümsemeyle. Daha sonra pişman olacakları şeyler yapmamak için birbirlerine verdikleri sözü hatırlatıyordu. Ama bazen insan verdiği sözleri unutabilirdi.

"Bu çok kötü," diye güldü Peter, "Ama uzun zamandır bundan güzel bir teklif almamıştım. Kabul ediyorum."

"Anlaştık. İyi çocuk olacağıma söz veriyorum. İzci sözü." İki parmağını kaldırıp yeminini onayladı.

"Bu daha da kötü." İkisi de gülmeye başladılar. Kol kola girip Peter'e temiz bir tişört, tıraş bıçağı ve blucin almaya gittiler. Otelin çarşısında bütün aradıkları vardı. Tişörtün üzerinde FANTA reklamı vardı, blucin üzerine tam oturdu, yemekten önce traş olma konusunda Peter ısrar etti ve Olivia'nın minik banyosuna girdi. Dışarı çıktığında çok farklı görünüyordu. Olivia, beyaz bir pamuklu etek, oldukça açık bir bluz ve keten düz ayakkabı giymişti, güneş yanığı teni ve pırıl pırıl saçları ile çok tatlı bir hali vardı. Gazetelerde okuduğu ve yıllarca onu büyüleyen kadın değildi artık. Bir dosttu ve âşık olmaya başladığı bir kadındı. Fiziksel ve duygusal olarak aralarında çok tatlı bir ilişki başlamıştı, ve ellerindeki fırsata rağmen bunu bozmak istemiyorlardı. Son derece romantik ve eski moda bir ilişkiydi bu.

Ele ele tutuştular, öpüştüler ve gece yarısı kumsalda yürüyüş yaptılar, uzaktan gelen bir müziğin ritmine uyarak kumların üzerinde dans ettiler, birbirlerine sıkıca sarılmışlardı, Peter onu tekrar öptü.

"Döndükten sonra ne yapacağız?" diye sordu Peter. Kumların üzerinde yan yana oturmuşlar, uzaktan gelen müziği dinliyorlardı. "Ben sensiz ne yapacağım?" Bu soruyu daha önce kendine binlerce defa sormuştu.

"Eskiden ne yapıyorsan onu," dedi Olivia. Peter'in evliliğini bozmak, hele bu konda ona cesaret vermek istemiyordu. Buna hakkı olmadığını düşünüyordu. Ayrıca birbirlerinden çok hoşlanıyorlardı ama bir bakıma Peter'i fazla tanıdığı söylenemezdi.

"Eskiden ne yapıyordum?" diye sordu Peter, birden mutsuz olmuştu. "Eskiden yaptıklarımı hatırlamıyoum. Oradaki her şey bana gerçek değilmiş gibi geliyor artık. Mutlu olup olmadığımı bile bilmiyorum." Daha da kötüsü mutlu olmadığını düşünmeye başlamıştı. Bunu yeni yeni fark ediyordu.

"Bence kendine bu tür sorular sormamalısın," dedi Olivia. "Şimdi beraberiz... Ve bugünün anısını yaşatacağız. Bu bir süre yetebilir." Üzüntülü bir ifadeyle Peter'e baktı. İkisi de Peter'in yaşamındaki gerçeği biliyorlardı, farkında olmadan hayatını satmıştı, ama Olivia bunu ona söylemek istemiyordu. Kendi kendine mazeretler uydurarak, evinden işine kadar her şeyi, Katie ile Frank'ın yönetmelerine göz yummuştu. Bu yavaş yavaş olmuştu, ama olmuştu. Şimdi Olivia'nın gözlerine bakarken bir tek şeye şaşırıyordu Peter, bunu neden daha önce fark edememişti. Çünkü fark etmemek daha kolayına gelmişti.

"Ben sensiz ne yapacağım?" diye tekrarlayarak Olivia'yı kendisine doğru çekti. Onsuz olmayı düşünemiyordu. Kırk dört yıl onsuz yaşayabilmişti, ama şimdi ondan ayrı geçecek bir dakikaya bile dayanamayacaktı.

"Bunu düşünme şimdi," dedi Olivia. Bu sefer o Peter'i öpmeye başladı. Zorlukla birbirlerinden ayrıldılar ve birbirlerine sarılıp yavaş yavaş otele yürümeye başladılar. Olivia'nın odasına girerlerken Peter kulağına fısıldadı.

"Bana kalırsa gece uyumayıp üzerime soğuk su atsan iyi olur." Sihirli değneğini sallayıp içinde bulundukları durumu değiştimek için ne mümkünse yapmaya hazırdı, ama ikisi de akıllarından geçen şeyleri yapmaya hakları olmadığını biliyorlardı, bu kendilerini denemek için bir fırsattı.

"Öyle yaparım," dedi Olivia sırıtarak. Hâlâ Andy'ye telefon etmemişti ve etmeye niyetli görünmüyordu. Peter de bir daha konuyu açmadı. Bu Olivia'nın vermesi gereken bir karardı, bu konuda bu kadar inatçı davranması Peter'i şaşırtıyordu. Onu cezalandırmak için mi, yoksa korktuğu için mi aramadığını anlayamamıştı.

Odada Olivia sözünü tuttu. Peter'e bir sürü yastık ve örtü verdi, yere, halının üzerinde, kendi yatağının yanına garip bir yatak yapmasına yardım etti. Peter blucini ve tişörtü ile yattı, ayakları çıplaktı. Olivia küçük banyoda geceliğini giydi. Işıkları söndürüp yattılar. Olivia kendi yatağında, Peter yerdeki tuhaf yatakta, ele ele tutuşup saatlerce konuştular, Peter onu öpmeye yeltenmedi ve sabaha karşı dörtte Olivia uykuya daldı. Peter sessizce kalktı, Olivia'nın üzerini örttü, uyurken küçük bir çocuğu andıran yüzünü seyretti, sonra eğildi ve usulca yanağından öptü. Tekrar yer yatağına uzandı ve sabaha kadar onu düşündü.

Altıncı Bölüm

Ertesi sabah saat ona doğru uyandılar, güneş pencereden içeri giriyordu. İlk önce Olivia uyandı, Peter kıpırdanmaya başladığında, eğilmiş onu seyrediyordu. Gözünü açar açmaz Olivia'nın gülümseyen yüzüyle karşılaştı.

"Günaydın," diye fısıldadı, neşeli bir sesle, Peter homurdanarak sırtüstü döndü. İnce halıya ve battaniyeye rağmen yattığı yer çok sertti ve sabah yedide uyuyabildiği için oldukça yorgundu. "Her tarafın tutulmuş olmalı." Yüzünü dönünce Olivia sırtına masaj yapmayı teklif etti. İkisi de geceyi yaramazlık yapmadan geçirdikleri için kendileriyle gurur duyuyorlardı.

"Bayılırım." Olivia'nın masaj yapma teklifini kocaman bir gülümsemeyle kabul etti ve homurdanarak yüzüstü döndü, bu hali Olivia'nın hoşuna gitmişti. Olivia yattığı yerden uzanıp yavaş yavaş ensesine masaj yapmaya başladı, Peter gözleri kapalı, mutlu bir şekilde yer yatağında yatıyordu.

"İyi uyudun mu?" diye sordu Olivia, ensesinden omuzlarına geçmişti, Peter'in ne kadar yumuşak bir teni olduğunu düşünmemeye çalışıyordu. Cildi bebek cildi gibiydi.

"Bütün gece yattığım yerde seni düşündüm," diye itiraf etti. "Kibar bir beyefendi olduğum için kendime hâkim oldum, belki de buna yaşlılık belirtisi ya da aptallık diyebiliriz." Yüzünü döndü, Olivia'ya baktı, elini tuttu, sonra tek bir kelime söylemeden yerinde doğruldu ve onu öptü.

"Ben de dün gece rüyamda seni gördüm," dedi Olivia. Peter yatağın yanında yerde oturuyordu, yüzleri birbirlerine çok yakındı, Peter saçlarını okşarken tekrar tekrar dudaklarından öptü. Kısa bir zaman sonra ondan ayrılacağını düşünüyordu.

"Rüyanda neler oldu?" diye fısıldadı boynunu öperken, verdiği sözleri yavaş yavaş unutmaya başlamıştı.

"Okyanusta yüzüyordum, birden batmaya başladım... Sen gelip beni kurtardın. Seni tanıdığımdan beri hep öyle oldu zaten. Sana rastladığımda boğulmak üzereydim." Peter'in yüzüne bakıyordu, bu sefer Peter onu kollarına alıp öpmeye başladı. Dizlerinin üzerinde doğrulmuştu.

Olivia ise hâlâ yataktaydı, birden Peter ellerini geceliğinin içine sokup göğüslerini okşamaya başladı. Olivia hafifçe inledi, birbirlerine vermiş oldukları sözü hatırlatmak istiyordu, ama bir anda o da unuttu ve Peter'i tutup kendisine doğru çekti.

Öpüşmeleri giderek ateşlendi, Olivia usulca Peter'i yatağa çekti, bir dakika sonra birbirlerine sarılmış, yatak çarşaflarına dolanmışlardı. Olivia'nın üzerinde hâlâ geceliği, Peter'in de pantolonu vardı. Bir süre öpüştüler, kendilerini kaybetmişlerdi, verdikleri sözleri unutup birbirlerinin vücudunu keşfetmeye başlamışlardı. Peter'in içinden Olivia'yı yutmak geliyordu, ancak o zaman Olivia onun bir parçası olacak ve hep yanında kalacaktı.

"Peter... " diye fısıldadı Olivia, Peter onu iyice kendisine çekti, öpüşürlerken tam bir açlıkla Peter'e sarılıyordu.

"Olivia... Yapma... Sonra pişman olmak istemiyorum..." Sadık olmaya çalışıyordu, kendisini ya da Katie'yi değil Olivia'nın iyiliğini düşünüyordu, fakat artık kendine hâkim olamayacaktı. Tek bir kelime söylemeden pantolonunu çıkardı, atletini çoktan çıkarmıştı

Olivia'nın ince geceliğini havaya fırlattı, sevişmeye başladılar. Nefes aldıklarında öğlen olmuştu, tatmin olmuş ve doymuşlardı, sarılıp öylece yattılar. İkisi de hiç bu kadar mutlu olmamışlardı, Olivia Peter'in kollarında gülümseyerek yatıyordu, nefis vücudu Peter'in vücuduna yapışmıştı.

"Peter... Seni seviyorum."

"Çok güzel," dedi ve Olivia'yı iyice kendine doğru çekti, tek vücut olmuşlardı adeta, "Çünkü ben de hayatımda kimseyi bu kadar sevmedim. Sanırım bütün bu olanlardan sonra ben artık kibar bir beyefendi değilim," dedi. Pişman olmuş bir hali yoktu, aksine çok memnun görünüyordu. Olivia uykulu uykulu gülümsüyordu.

"Beyefendi olamadığına memnun oldum." İç çekerek Peter'e iyice sokuldu.

Uzun süre konuşmadan birbirlerinin kollarında yattılar, paylaştıkları her anın zevkini çıkarmaya çalışıyorlardı. Sonra ayrılmadan önce son bir kez daha sevişler. Olivia, Peter'e sarılıp ağladı. Ondan ayrılmak istemiyordu ama ayrılmak zorunda olduklarını ikisi de biliyorlardı. Peter ile Paris'e dönmeye karar vermişti. Saat dörtte otelden ayrıldılar, cennetten kovulmuş iki küçük çocuğa benziyorlardı.

Yolda durup yiyecek bir şeyler aldılar, kumsalda oturup okyanusu seyredip bir bardak şarabı paylaşarak sandviçlerini yediler.

"Buraya geri dönersen seni buralarda hayal edebileceğim," dedi Peter. Üzgündü, sonsuza kadar burada Olivia ile kalmak istiyordu.

"Beni görmeye gelecek misin?" Bakışları dalgındı, rüzgâr saçlarını uçuruyor, gözlerinin önüne düşürüyordu, yüzüne kum tanecikleri yapışmıştı.

Peter uzun bir süre cevap veremedi. Ne söyleyeceğini bilmiyordu. Ona bir söz verecek durumda değildi. Hâlâ Katie ile bir yaşamı vardı, daha bir saat önce Olivia ona bu konuda hak verdiğini söylemişti. Peter'den bir şey istemiyordu. Paylaştıkları son iki günün anısı ona yetiyordu. Pek az insan bunları yaşayabilirdi.

"Gelmeye çalışacağım," diyebildi sonunda, söz verip de yerine getirememekten korkuyordu. Kolay olmayacağını ve ilişkilerinin devam edemeyeceğini biliyorlardı. Bu kısa beraberlikleri yaşadıkları sadece güzel bir anı olarak kalacaktı. Yaşantıları çok karışıktı, başka insanlara karşı sorumlulukları vardı. Olivia kendi dünyasına döndükten sonra her an peşinde dolaşan paparazziler bir daha böyle bir şey yaşamasına izin vermeyeceklerdi. Bir mucizeyi paylaşmışlardı ve bunu bir daha yaşamak mümkün değildi.

"Buraya dönüp bir ev kiralamak istiyorum," dedi Olivia ciddi olarak. "Yazılarımı burada yazabileceğimi sanıyorum."

"Denemelisin," dedi Peter ve onu öptü.

Yemek artıklarını attılar, bir süre el ele tutuşup okyanusu seyrettiler.

"Günün birinde buraya birlikte dönmek istiyorum," dedi Peter. Daha önce bu sözü vermekten korkmuştu, ama silik de olsa gelecek için bir küçük umut arıyordu. Belki başka bir gün, başka bir anıları daha olurdu. Olivia ondan bir şey beklemiyordu.

"Belki," dedi Olivia. "Yazılmışsa olur." İkisinin de önlerinde engeller vardı, setleri aşacak, yanan iplerin üzerinden atlayacaklardı. Peter'i Connecticut'ta Katie bekliyordu, Vicotec işini sonuçlandırması, kayınpederi ile mücadele etmesi gerekiyordu, Olivia ise Andy ile uğraşacaktı.

Sessizce arabaya gittiler, Olivia yolda yemek için bir şeyler almıştı. Yemekleri arka koltuğa koyarken gözyaşlarını Peter'den saklamaya çalışıyordu ama Peter ona bakmasa bile ağladığını biliyordu. Peter gözyaşlarını kalbine akıtıyordu. O da aynı sebepten ağlıyordu. Hakları olandan daha fazlasını istiyordu.

Olivia'ya sarıldı, son kez denizi seyrederken kulağına onu çok sevdiğini fısıldadı. Olivia da onu sevdiğini söyledi. Son bir kere daha öpüştüler, sonra kiralık arabaya binip Paris'e doğru uzun yolculuklarına başladılar.

Bir süre ikisi de konuşmadı ama sonra gevşediler ve sohbete başladılar. İkisi de kendi hayatlarındaki değişikliği düşünüyordu, içlerine sindirmeye çalışıyor, karşı koyamadıkları sınırlamaları kabullenmeye çalışıyorlardı.

"Çok zor olacak," dedi Olivia. Vierrerie'yi geçiyorlardı, gözleri yaşlıydı, "Senin bir yerlerde olduğunu ve sana erişemeyeceğimi bilmek çok zor olacak."

"Biliyorum." Peter'in boğazına bir yumruk tıkanmıştı. "Otelden ayrılırken ben de aynı şeyi düşündüm. Bu beni çıldırtıyor. Ben kiminle dertleşeceğim?" Artık seviştikleri için bir bakıma Olivia'nın kendisine ait olduğunu düşünüyordu.

"Arada sırada telefon edebilirsin," dedi Olivia umutla. "Nerede olduğumu söylerim sana."

Ama Peter nerede olursa olsun evli olacaktı, bunu biliyorlardı. "Sana haksızlık olur." Yaptıkları her şey haksızlıktı. İkisi de yaptıklarının tehlikeli olduğunu biliyorlardı. Sevişmeseydiler de fazla bir şey değişmeyecekti. Hatta belki daha da zor olacaktı. Hiç değilse biribirlerine sahip olmuşlardı ve birlikte götürebilecekleri anıları vardı.

"Belki altı ayda bir buluşabiliriz," dedi Olivia. Cary Grant ve Deborah Kerr'in oynadıkları, çok sevdiği bir filmi anımsayarak utandı. Çok güzel bir klasikti, gençliğinde binlerce kere seyretmiş ve her seferinde ağlamıştı. "Belki Empire State binasında buluşabiliriz," diye şaka yaptı. Peter hemen başını salladı.

"Bu güzel değil. Kendimizi göstermemeliyiz. Ben deliririm sen de tekerlekli sandalyeye çakılırsın. Başka bir film düşün." Olivia gülmeye başladı.

"Peki ne yapacağız?" diye sordu, düşünceli bir ifade ile pencereden dışarı bakıyordu.

"Geri döneceğiz. Güçlü olacağız. Daha önceki yaşantımızı yürütmeye gayret edeceğiz. Benim için daha kolay olacak. Eskiden hem aptal hem de körmüşüm, ne kadar mutsuz olduğumun farkına bile varmamışım. Senin işin benden zor. Benim için zor olan Paris'te geçirdiğim bir haftada gerçekleri fark etmemiş ve hiçbir şey olmamış gibi davranmak. Bunu nasıl açıklayabileceğimi bilmiyorum?"

"Belki gerek kalmaz." Test sonuçları olumlu çıkmazsa, Vicotec'in Peter'in gemisini karaya oturtacağını biliyordu. Bunu zaman gösterecekti ve giderek Peter'in merakı artıyordu.

"Bana mektup yazmaz mısın Olivia?" dedi sonunda. "Hiç değilse nerede olduğunu bildirirsin. Senden haber alamazsam aklımı oynatabilirim. Bana söz verebilir misin?"

"Tabii."

Yol boyunca konuştular, sabaha karşı dörtte Paris'e vardılar. Peter otelden birkaç blok geride arabayı durdurdu, çok yorgundular.

"Sana bir fincan kahve ısmarlayabilir miyim?" diye sordu Place de la Concorde'da ilk karşılaştıkları günü anımsayarak. Olivia mahzun mahzun gülümsedi.

"Bana ne istersen ısmarlayabilisin Peter Haskell."

"Sana vermek istediğim şeyler para ile satın alınamaz." Onu ilk gördüğü andan beri beslediği duygularını anlatmaya çalışıyordu. "Seni seviyorum. Ve hayatımın sonuna kadar seveceğim. Hiç kimse senin yerini tutamayacak. Senin gibisi olmadı ve olmayacak. Unutma, nerede olursan ol seni seviyorum." Uzun uzun öpüştüler, sanki boğulan iki insan gibi birbirlerine sarılmışlardı.

"Ben de seni seviyorum Peter. Keşke seninle gelebilsem."

"Ben de çok isterdim." İkisi de paylaştıkları bu iki günü ve o sabah aralarında geçenleri unutamayacaklarını biliyorlardı.

Peter arabayı otele doğru sürdü ve Olivia Place Vendôme'ye yakın bir yerde indi. Çantası yoktu, üzerinde sadece pamuklu kumaştan bir eteklik vardı. Blucini ile tişörtünü katlamış ve yanına almıştı. Giderken arkasında sadece kalbini bırakmıştı, son kez Peter'e baktı, bir daha öpüştüler, sonra meydanda koşmaya başladı, gözyaşları yanaklarından süzülüyordu.

Peter bir süre orada oturdu, Olivia'yı düşünerek arkasından baktı, otele girdiğini gördü. Son kez ayrıldıklarında da arkasından böyle bakmıştı. Artık odasına gitmiştir diye düşündü, bu sefer ortadan kaybolmayacağına ve doğrudan doğruya odasına gideceğine söz vermişti. Ortadan kaybolursa kendisine gelmesini ya da hiç değilse nerede olduğunu bildirmesini istiyordu. Fransa'da dolaşmasını istemiyordu. Peter, Olivia'nın kocası gibi değildi, onu merak ediyordu. Her şeyi merak ediyordu, yaptıkları şeyleri, geri döndüğünde neler olacağını, onu yine sömürüp sömürmeyeceklerini ve tekrar kocasını terk edip etmeyeceğini. Katie ile karşılaşmaktan korkuyordu, Connecticut'a döndüğünde ondaki değişikliği fark etmesinden korkuyordu. Yoksa değişmemiş miydi? Olivia başarılarının kendisine ait olduğunu anlamasını sağlamıştı, ama yine de Katie'ye çok şey borçlu olduğunu düşünüyordu. Onu ortada bırakamazdı. Hiçbir şey olmamış gibi davranması gerekiyordu. Olivia'ya ile arasında geçenlerin geçmişi ve geleceği yoktu. Sadece kısa bir andı, bir rüya, kumların arasında buldukları ve paylaştıkları bir pırlantaydı. İkisinin de yükümlülükleri vardı. Peter'in geçmişi ve geleceği Katie'ydi. Tek sorun kalbindeki ağrıydı. Ritz'e girerken Olivia'yı her düşündüğünde kalbinin böyle ağrıyacağını biliyordu. Onu tekrar görüp göremeyeceğini ve o an nerede olduğunu merak ediyordu. Onsuz bir yaşam düşünemiyordu ama onsuz olmak zorundaydı.

Odasına girer girmez kapının altından atılmış bir zarf buldu. Dr. Paul-Louis Suchard, Mr. Haskell'in telefonunu bekliyordu.

Gerçek yaşamına, karısına, oğullarına ve işine dönmüştü. Uzaklarda bir yerde, sislerin arasında hiçbir zaman sahip olamayacağı ve çok sevdiği bir kadın vardı.

Balkonda durdu ve güneşin doğuşunu seyretti, aklında hep Olivia vardı. Bütün yaşadıkları bir rüya gibi geliyordu, belki de gerçekten rüyaydı. Belki hiçbir şey gerçek değildi. Place de la Concorde... Montmartre'deki kafeterya... La Faviére'deki kumsal... Hiçbiri. Olivia için duyguları ne olursa olsun, yaşadıkları ne kadar tatlı olursa olsun, onu şimdilik unutması gerektiğini biliyordu.

Yedinci Bölüm

Uyandırma servisinden aradıklarında Peter ölü gibi uyuyordu, telefonu kapar kapamaz kendini berbat hissettiğini düşündü. Yüreği kurşun gibi ağırdı sonra birden hatırladı. Olivia gitmişti. Her şey bitmişti. Suchard'ı araması, New York'a dönmesi ve Frank ve Katie ile yüzleşmesi gerekiyordu. Olivia da kocasına dönmüştü.

Duşa girdiğinde bu kadar mutsuz olduğuna inanamıyordu, aklını tekrar tekrar o sabah yapması gereken işlere vermeye zorladı ama aklı hep Olivia'daydı,

Suchard'a tam dokuzda telefon etti, Paul-Louis sonuçları telefonda söylemek istemedi. Peter'in hemen laboratuvara gelmesi için ısrar etti. Bütün testler bitmişti. Bir saatini ona ayırmasını istiyordu, ikideki uçağa rahatlıkla yetişebilecekti. Telefonda test sonuçları hakkında küçük bir ipucu bile vermediği için Peter çok sinirlendi ve saat on buçukta Suchard'ın ofisinde buluşmak üzere sözleştiler.

Kahvaltı için kahve ve kurabiye ısmarladı, ama elini bile süremedi, saat onda otelden ayrıldı, randevusuna on dakika erken gittti. Suchard onu bekliyordu ve yüzü gülüyordu.

Sonuçlar Peter'in korktuğu ya da Paul-Louis'in tahmin ettiği kadar kötü çıkmamıştı. Vicotec'in ana maddelerinden bir tanesi tehlikeliydi, ikame madde bulmak olasılığı vardı, böylece Vicotec'ten tümüyle vazgeçilmesi gerekmeyecekti. Üzerinde yeniden çalışılması gerekiyordu ve bu çalışma uzun sürebilirdi. Sıkı çalışılırsa değişikler altı ay, ya da en geç bir yıl içinde tamamlanabilirdi, pek tahmin etmiyordu ama bir mucize gerçekleşebilirse daha da az sürebilirdi. Normal şartlar altında bu süreç iki yıldı, fakat ilk konuşmalarından sonra Peter bu kadar uzun bir süre gerekebileceğini sanmıyordu. Ekipleri artırırlarsa Vicotec bir yıldan az bir sürede ayaklarının üzerinde durabilirdi, pek hoş bir haber değildi ama dünyanın sonu anlamına da gelmiyordu. Fakat şimdiki haliyle piyasaya sürüldüğü takdirde gerçekten öldürücü olabilirdi. Düzelmesi mümkündü, Suchard birkaç çözüm yolu önerdi. Fakat Peter, Frank'ın bunları iyi haber olarak nitelemeyeceğini çok iyi biliyordu. Gecikmelerden nefret ederdi, üstelik daha geniş bir araştırma oldukça pahalıya mal olacaktı. FDA'ya insanlar üzerinde erken deneme için başvurmalarına gerek kalmamıştı, "Acil inceleme" için Eylül ayına konan oturuma gitmek anlamsızdı. Frank, bir an evvel kazanç sağlamaya başlamak için, ürünün mümkün olduğu kadar erken piyasaya sürülmesini istiyordu, Peter'in ise beklentileri tamamen farklıydı. Fakat sebepleri ve amaçları ne olursa olsun, şu an için ikisinin de sadece beklemesi gerekiyordu.

Peter, Paul-Louis'e verdiği bilgiler ve mükemmel araştırması için teşekkür ettikten sonra otele dönmek üzere vedalaştı. Arabada giderken düşünceliydi, kafası meşguldü, durumu Frank'a açıklayabilecek uygun kelimeleri arıyordu. Paul-Louis'in sözleri hâlâ kulaklarında çınlıyor, onu çok rahatsız ediyordu. "Vicotec şimdiki haliyle ölüm saçıyor." Tabii ki amaçları bu değildi, Peter'in annesi ile kız kardeşi için yapmak istediği de bu değildi. Fakat nedense Peter, Frank'ın, hatta Katie'nin bile, bu haberi mantıklı karşılayacağını tahmin etmiyordu. Katie babasını sinirlendiren şeylerden nefret ederdi. Ama bu sefer onun da anlayış göstermesi gerekecekti. Kimse böyle bir sonucu istememişti ama bu durum kimsenin elinde olmadan meydana gelmişti.

Otele dönünce valizlerini kapattı, arabanın gelmesini beklerken televizyondaki haberlere bir göz attı. Olivia oradaydı işte. Tam tahmin ettiği gibi olmuştu. Olivia Douglas Thatcher'in bulunması bültenin en önemli haberiydi. Anlattıkları inanılması oldukça güç bir masaldı ve tabii doğru değildi. Olivia bir arkadaşı ile buluşmaya giderken hafif bir trafik kazası geçirmişti ve üç gün bellek kaybına uğramıştı. Nedense kaldığı küçük hastanede kimse onu tanımamış, televizyonda da görmemişti, neyse ki bir gece önce bir mucize olmuş, Olivia'nın belleği yerine gelmişti. Şimdi mutlu bir şekilde kocasının yanına dönmüştü.

Peter nefretle başını salladı. "Ne kadar doğru bir haber." Olivia'nın daha önce gösterilen fotoğrafları tekrar gösterildi, sonra da bir nörologla küçük kazalarda oluşan uzun süreli bellek yitimi konusunda bir söyleşi yapıldı. Ropörtajı, Mrs. Thatcher'e acil şifalar dileyerek bitirdiler. Peter de "Amin," dedi ve televizyonu kapattı. Evrak çantasını aldı, son kez odaya bakındı. Valizi aşağı indirilmişti, artık gidebilirdi.

Bu sefer odasından çıkarken tuhaf bir nostaljik duyguya kapıldı. Bu yolculukta çok şey yaşamıştı, içinden koşarak yukarı çıkıp Olivia'yı görmek geliyordu. Dairenin kapısını çalar, eski bir arkadaşı olduğunu söyleyebilirdi... Anderson Thatcher, herhalde deli olduğunu düşünürdü. Peter onun bir şeyden şüphelenip şüphelenmediğini merak ediyordu, yoksa hiç aldırmamış mıydı? Basına anlattıkları masal inandırıcı değildi. Peter, bu masalı kimin uydurmuş olabileceğini merak etti.

Aşağı indiğinde yine her zamanki insanlarla karşılaştı.

Araplar, Japonlar hepsi oradaydı. Kral Khaled bomba ihbarından sonra korkup Londra'ya kaçmıştı. Lobiden geçerken yeni gelenlerin resepsiyonda kayıt yaptırmakta olduklarını gördü, döner kapının önünde takım elbise giymiş, kulaklıklı ve telsizli bir adam kalabalığı vardı ve uzaktan onu gördü. Limuzine biniyordu, Andy daha önce binmiş, yanında oturan iki kişiyle konuşmaya dalmıştı. Olivia'nın arkası dönüktü, sanki birden Peter'in yakında olduğunu hissetmiş gibi omuzunun üzerinden arkaya baktı.

Uzun bir süre göz göze bakıştılar, Peter birilerinin fark etmesinden korkuyordu. Hafifçe başını eğdi, sonra Olivia kendini zorlayarak gözlerini Peter'den ayırdı ve limuzine girdi, kapı kapandı, Peter kaldırımda durmuş arkasından bakıyordu, koyu renk camlardan içerisini görmek mümkün değildi.

"Arabanız hazır efendim." Kapının önünde fazla trafik oluşmasını önlemek amacıyla. kapıcı kibarca uyardı. İki tane model çekim için bekliyordu fakat Peter'in limuzini engel oluyordu. Sabırsız bir şekilde bağırarak el salladılar.

"Özür dilerim." Kapıcıya bahşiş verdi, Olivia'nın arkasından bir kere daha bakmadan ve başka hiçbir şey söylemeden arabaya bindi. Şoför havaalanına doğru hareket ettiğinde gözlerini önündeki yola dikmişti.

Andy, Olivia'yı iki meclis üyesi ve büyükelçiyle buluşmak üzere elçiliğe götürüyordu. Bu toplantıyı bütün bir hafta önce planlamıştı, Olivia'yı birlikte gitmeye zorlamıştı. İlk başta sebep olduğu kargaşadan dolayı Olivia'ya fena halde kızmıştı, fakat dönüşünün üzerinden bir saat geçmeden Olivia'nın kaybolma hikâyesinin kendi lehine işleyeceğini anlamıştı. Müdürleriyle birlikte insanların merhametini kazanacak pek çok senaryo üzerinde çalıştılar, hepsi de Andy'nin planlarına uygun hazırlanmıştı. Olivia'yı halkın gözünde ikinci bir Jackie Kennedy yapmak istiyorlardı. Benzer yanları çoktu, aynı tarz ve zerafet, felaketler karşısında aynı cesaret. Danışmanları Olivia'nın bu rol için ideal olduğunu söylemişlerdi. Onunla eskisinden daha fazla ilgilenecekler ve biraz çekidüzen vereceklerdi, fakat başaracağından hiç şüpheleri yoktu.

Fakat böyle ikide bir ortadan kaybolmaya bir son vermesi gerekiyordu. Alex'in ölümünden sonra birkaç kere daha yapmıştı, bir geceliğine ortadan kaybolmuş fakat her seferinde ya kardeşinin evinde ya da annesiyle babasının yanında kalmıştı. Bu seferki daha uzun sürmüştü fakat Andy onun tehlikede olabileceğini aklına bile getirmemişti. Nasıl olsa geri döneceğini biliyordu, sadece aptalca bir şeyler yapmadan dönmesi için dua etmişti. Büyükelçiliğe gitmeden önce ona bütün bu düşüncelerini ve bundan sonra ondan neler beklenildiğini anlattı. Olivia ilk önce onunla gitmeyi reddetti. Basına verdikleri hikâyeye de şiddetle karşı çıktı.

"Herkes beni aptal zannedecek," dedi dehşet içinde. "Beyin sarsıntısı geçirmiş bir aptal," diye acıyla hakkında uydurulan hikâyeden yakındı.

"Bize fazla seçim hakkı bırakmadın. Ne söylememizi isterdin? Sarhoş olduğunu ve Left Bank'da bir otelde üç gün sızdığını mı? Yoksa gerçeği söylememizi mi? Sahi, sırası gelmişken, gidişinin gerçek sebebi neydi, bilmem gerekmez mi?"

"Sizin yarattığınız hikâyeler gibi ilginç bir nedeni yok. Biraz yalnız kalmak istedim. Hepsi bu kadar."

"Ben de öyle düşünmüştüm.," dedi Andy. Kızmış ve sıkılmıştı. Kendisi de birkaç kere ortadan kaybolmuştu ama karısından daha dikkatli davranmıştı. " Gelecek sefer bana bir not bırakırsın ya da birine haber verirsin umarım."

"Öyle yapacaktım," dedi Olivia, bu sefer mahcup olmuştu, "Ama sonra senin farkına bile varmayacağını düşündüm."

"Etrafımla ilgilenmediğimi mi söylemek istiyorsun?" dedi Andy, sinirlenmişe benziyordu.

"Öyle değil misin? Benimle ilgilenmiyorsun mesela." Sonra bütün cesaretini toplayarak uzun zamandır söylemeyi planladığı şeyi söyledi. "Öğleden sonra seninle konuşmak istiyorum. Elçilikten dönünce konuşabiliriz belki."

"Yemeğe davetliyim," dedi Andy, bir anda Olivia'ya olan ilgisini kaybetmişti. Artık dönmüştü. Onu utandıracak bir şey yapmamıştı. Basına da gerekli açıklamalar yapılmıştı. Elçilikte ona ihtiyacı vardı, ama ondan sonra başka işler bekliyordu.

"Ben bugün konuşmak istiyorum," dedi Olivia sakin bir şekilde. Andy'nin gözlerinden kendisine ayıracak zamanı olmadığını anlıyordu. Sevecen olmayan bu bakışları çok iyi tanıyordu.

"Bir şey mi oldu?" Andy şaşırmıştı. Olivia pek ender ondan kendine zaman ayırmasını isterdi, arkasından ne geleceğini tahmin etmek güçtü.

"Hayır, olmadı. Benim arada sırada üç günlüğüne ortadan kaybolma huyum var. Ne olmuş olabilir ki?" Andy, Olivia'nın bakışlarını ve konuşma tarzını hiç beğenmedi.

"Neyse ki şanslısın Olivia, ben her şeyi halletim. Senin yerinde olsam bu kadar küstah davranmazdım. İstediğin zaman, istediğin gibi ortadan kaybolup, geri döndüğünde herkesin bir şey olmamış gibi davranmasını bekleyemezsin. Basın isteseydi bu konuyu parmağına dolardı. Neden bu huyundan vazgeçmiyorsun?" Bu tür davranışların seçimlerdeki şansını kötü etkileyeceğini çok iyi biliyordu.

"Özür dilerim," dedi Olivia, yüzü asılmıştı. "Başına bu kadar dert açmak istememiştim." Andy merak ettiğini, ona bir zarar gelmesinden korktuğunu söylememişti. Gerçekten böyle bir şeyi düşünmemişti. Olivia'yı çok iyi tanıdığı için, bir yerlerde saklandığını biliyordu.

"Randevundan sonra, eve dönünce konuşamaz mıyız? O zamana kadar bekleyebilirim." Sakin görünmeye çalışıyordu. Aslında çok kızgındı. Andy ona hep kötü davranıyordu. Yıllardır ona aldırdığı yoktu. Bu durumda onu Peter'le kıyaslamamak mümkün değildi.

Peter aklından çıkmıyordu, az önce elçiliğe giderken onu tekrar görünce kalbi burkulmuştu. Ona bir işaret yapmaktan korkmuştu. Basının bir süre kendisini yakından izleyeceğini biliyordu. Onlar da herhalde uydurma masala inanmamışlardı, yakalayacakları en küçük hareketi değerlendirmek için tetikte bekliyorlardı.

Elçilikte bile dalgın ve düşünceliydi. Andy davetli olduğu öğlen yemeğine birlikte gitmelerini teklif etmedi. Fransız politikacılarla uzun sürecek bir toplantısı olduğunu söyleyerek ayrıldı. Saat dörtte otele döndüğünde, Olivia'nın söyleyeceklerine hazırlıklı değildi. Olivia oteldeki dairelerinin oturma odasında bekliyordu, sandalyeye oturmuş pencereden dışarısını seyrediyordu. Peter çoktan New York uçağına binmiş olmalıydı, tek düşünebildiği buydu. Ona hiç değer vermeyen, hayatındaki diğer insanlara, "onlara" dönüyordu. Olivia da kendisini sömüren insanların elindeydi, ama bu uzun sürmeyecekti.

"Konu nedir?" diye içeri girdi Andy yanında iki asistanıyla birlikte. Fakat Olivia'nın yüz ifadesini ve ne kadar ciddi olduğunu görünce asistanları dışarı gönderdi. Onu ancak bir ya da iki kere böyle görmüştü; biri kardeşi öldürüldüğü zaman, diğeri de Alex'in ölümünden sonra. Genellikle kendini çeker, Andy'nin yaşamına karışmazdı.

"Sana söylemek istediğim bir şey var." Nereden başlayacağını bilemiyordu. Tek bildiği bunları ona söylemesi gerektiğiydi.

"Bu kadarını ben de anlayabiliyorum." Andy hayatında tanıdığı en yakışıklı erkekti. İri ve masmavi gözleri vardı, sarı saçları ona çocuksu bir hava veriyordu. Geniş omuzlu ve ince belliydi, işlemeli koltuklardan birine oturdu ve uzun bacaklarını üst üste attı. Ama artık Olivia'nın başını döndürmüyordu, etkilemiyordu bile. Onun ne kadar bencil olduğunu anlamıştı, sadece kendini düşündüğünü, ona hiç değer vermediğini biliyordu.

"Ben gidiyorum." Nihayet kelimeler dudaklarından döküldü. Becermişti.

"Nereye gidiyorsun?" Olivia'nın söylediğini anlayamamıştı bile. Böyle bir şeyi aklı, hayali almıyordu.

"Seni bırakıyorum," diye tercüme etti Olivia, "Washington'a döner dönmez. Artık daha fazla dayanamayacağım. Onun için birkaç gün uzaklaştım. Düşünmem gerekiyordu. Ama artık eminim." Bütün bunlara üzülmek istiyordu ama üzülmediğini ikisi de biliyorlardı. Andy de üzgün görünmüyordu, sadece şaşırmıştı.

"Zamanlaman harika," dedi ama neden gitmek istediğini sormadı.

"Böyle bir şey için zaman ayarlanmaz. Bu hastalanmak gibi bir şeydir, insan ne zaman olacağını bilemez." Alex'i düşünüyordu, Andy başını salladı. Alex'in ölümünün onu yıktığını biliyordu. Ama artık iki yıl geçmişti. Bazen Olivia'nın hâlâ kendini toparlayamadığını düşünüyordu. Evlilikleri de düzelmemişti.

"Bu kararı vermende belirgin bir neden var mı? Canını sıkan bir şey mi var?" Başka birisi olup olmadığını sormak aklına bile gelmiyordu. Olmadığından emindi ve Olivia bunu hissedebiliyordu. Olivia hakkında her şeyi bildiğinden son derece emindi.

"Canımı sıkan çok şey var, Andy. Sen de biliyorsun." Uzun uzun bakıştılar, artık iki yabancı olduklarını ikisi de inkâr edemiyordu. Olivia, onun kim olduğunu bile bilmiyordu. "Hiçbir zaman bir politikacının karısı olmak istemedim.

İlk evlendiğimizde bunu sana söylemiştim."

"Bu benim elimde değil Olivia. Her şey o kadar değişti ki. Tom'un öldürüleceğini hiç beklemiyordum. Daha başka pek çok şeyi beklemiyordum. Sen de öyle. Ama oluyor işte. Bunlara katlanmak için insan elinden geleni yapıyor."

"Ben elimden gelen her şeyi yaptım. Hep yanında oldum. Seninle kampanyaya katıldım. Benden beklediğin her şeyi yaptım, ama evliliğimiz bitti artık, Andy, bunu sen de biliyorsun. Yıllardır benimle ilgilenmiyorsun. Artık seni tanımakta bile güçlük çekiyorum."

"Çok üzgünüm." Sesinden samimi olduğu anlaşılıyordu ama değişeceğini de söylemiyordu. "Bana böyle bir şey yapman için çok kötü bir zaman." Olivia o an aklından geçenleri okuyabilse korkardı. Olivia'ya ihtiyacı vardı ne pahasına olursa olsun gitmesine izin vermeyecekti. "Benim de seninle konuşmak istediğim bir şey var. Geçen haftaya kadar ben de tam kararımı vermemiştim." Bu karar her ne ise, Olivia'yı da ilgilendirdiği belli oluyordu. "Senin ilk öğrenenlerin arasında olmanı istedim, Olivia." "İlk öğrenenlerin arasında." Ama ilk öğrenen değil. İşte evlilikleri hep böyle olmuştu. "Gelecek yıl başkanlığa adaylığımı koyacağım. Bu benim için çok önemli. Kazanmak için senin yardımına ihtiyacım olacak." Olivia oturduğu yerde Andy'ye bakakalmıştı. Suratına beysbol sopası ile vursa ancak bu kadar sersemleyebilirdi. Bunu bekliyordu zaten. Böyle bir ihtimali bekliyordu, şimdi ise gerçek olmuştu, fakat Andy'nin söyleme tarzı onu çok rahatsız etti, ne yapacağını bilmiyordu. "Senin politik kampanyalardan hoşlanmadığını biliyorum, zaten kaç gündür hep bunu düşünüyordum. Ama başkan karısı olmanın da çekici bir tarafı var." Andy güldü, onu haveslendirmek istiyordu ama Olivia gülmedi. Dehşet içindeydi. Dünyada en son istediği şey başkan karısı olmaktı.

"Benim için çekici bir tarafı yok," dedi, titriyordu.

"Benim için var ama." Olivia'dan, evliliğinden bile daha çok istiyordu. "Sensiz yapamam. Ayrılmış, hele boşanmış bir başkan olmaz. Bunu sen de bilyorsun." Olivia babasının sayesinde çocukluğundan beri politikayı çok iyi biliyordu. Bu arada Andy'nin aklına başka şeyler geliyordu. Elinden geldiği kadar durumunu kurtarmaya çalışacaktı, ama Olivia'ya onu hâlâ sevdiğini söyleyerek kandırmaya çalışmadı. Buna inanmayacak kadar akıllı olduğunu biliyordu.

"Sana bir şey teklif edeceğim," dedi. "Pek romantik bir teklif değil belki ama ikimizin de işine yarayabilir. Benim sana ihtiyacım var. Doğruyu söylemek gerkirse en az beş yıl. Bir yıl kampanya için, dört yıl da başkanlığın ilk dönemi için. Ondan sonra durumu yeniden gözden geçirebiliriz ya da ülke bizim durumumuza alışır. Belki de artık başkanların da bir insan olduğu ve onların da boşanabileceği fikrine alışılmasının zamanı gelmiştir. Prens Charles ile Prenses Di'ye bak. İngiltere bunu pekâlâ kabullendi." Kendini başkan gibi görmeye başlamıştı bile, bütün insanların, Olivia gibi kendisine uymasını bekliyordu.

"Biz onların kademesinde değiliz," dedi Olivia, sesinde alaycı bir ton vardı ama Andy fark etmedi.

"Her neyse," diye devam etti, geleceği düşünüyor, teklifini cazip bir şekle sokmak için tüm dikkatini toplamaya çalışıyordu, "Biz beş yılı konuşuyorduk. Daha çok gençsin Olivia, yapabilirsin ve bu sana hayatında sahip olmadığın bir ün getirecek. İnsanlar senin için sadece üzülmeyecekler ya da seni sadece merak etmeyecekler, sana *tapacaklar*. Ben ve ekibim sana bunu sağlayabiliriz." Konuştukça, Olivia kusacak gibi oluyordu ama konuşmasına engel olmadı. "Her yıl sonunda senin adına bankaya beş yüz bin dolar yatıracağım. Beş yıl sonra iki buçuk milyon doların olacak." Elini uzattı ve Olivia'nın bir şeyler söylemesini bekledi. "Senin satın alınamayacağını biliyorum, ama beş yıl sonra kendi hayatını kuracak olursan, elinde hiç değilse bir miktar birikmiş paran olur. Eğer bir çocuk yapacak olursak," tatlı tatlı gülümsedi, anlaşmalarına sempatik bir hava kazandırmak istiyordu, "Sana bir milyon daha veririm. Bu çok önemli bir konu, uzun zamandır bunu konuşuyorduk. İnsanların aramızda tuhaf bir şeyler olduğunu düşünmelerini istemezsin değil mi, ya da ikimizin de eşcinsel olduğumuzu veya senin felaketler yüzünden kendine gelemediğini? Zaten hakkımızda yeterince konuşuluyor. Sanırım harekete geçme zamanı geldi, bir bebek daha yapmalıyız." Olivia kulaklarına inanamıyordu. *"Uzun zamandır bunu konuşuyorduk,"* demekle kampanya arkadaşlarını kastetmişti. İğrenç bir durumdu.

"Neden bir bebek kiralamıyoruz?" Olivia'nın sesi buz gibiydi. "Kimsenin bilmesine gerek yok. Kampanya turlarında yanımızda götütür, eve dönünce de geri verirdik. Böylesi daha kolay olurdu. Çünkü bebekler inanılmayacak kadar sorun yaratırlar insanlara." Olivia'nın yüzünün aldığı ifadeden Andy hiç hoşlanmadı.

"Bu tür yorumlara hiç gerek yok." Andy bu haliyle gerçek kişiliğini ortaya koymuştu. En iyi okullarda okumuştu, Harvard'dan mezun olduktan sonra hukuk fakültesine gitmişti. Sırtını aileden gelen paraya dayamıştı, parasını verdiği ya da üzerinde çok çalıştığı her şeyi elde edebileceğine inanıyordu. Şimdi ikisini de yapmak istiyordu ama Olivia'yı düşündüğü için değil, sadece kendisi için çabalıyordu. Olivia'nın ona ikinci bir bebek vermesine dünyada imkân yoktu. Birincisi doğduğu zaman hiç yanlarında olmamıştı, kanser olduğunu öğrendiklerinde bile Alex'le Olivia yalnızdılar. Onun için Alex'in ölümünü kabullenmek Olivia için çok zor, Andy için daha kolay olmuştu. Oğullarına Olivia kadar yakın olmamıştı.

"Teklifin son derece iğrenç. Hayatımda duyduğum en iğrenç teklif," dedi Olivia. "Sen uygun bir fiyata hayatımın beş yılını satın almak istiyorsun, seçilmene faydası olacağı için sana bir çocuk daha doğurmamı istiyorsun. Burada biraz daha oturup seni dinlemeye devam edersem kusabilirim." Yüzündeki ifade, Andy'nin teklifi hakkında düşündüklerini tam anlamıyla yansıtıyordu.

"Sen çocukları severdin. Buna neden bu kadar kızdığını anlayamadım."

"Seni sevmiyorum artık Andy, sebep bu, ya da sebebin bir parçası. Nasıl bu kadar kaba ve mantıksız olabiliyorsun? Ne oldu sana?" Gözleri dolmuştu ama onun önünde ağlamak istemiyordu. O buna değmezdi. "Çocukları hâlâ seviyorum. Ama beni sevmeyen bir adamdan, sadece seçim kampanyası için bir çocuk yapmak istemiyorum. Suni döllenme yaptırmayı mı düşünüyorsun?" Aylardır sevişmiyorlardı, Olivia da istemiyordu zaten. Andy'nin vakti yoktu, hep başka işleri oluyordu, Olivia ise sadece arzu etmiyordu.

"Bana kalırsa ileri gidiyorsun." Olivia'nın sözlerinden mahcup olmuştu. Söyledikleri bir bakıma doğruydu, o da bunu biliyordu. Ama geri adım atamazdı. Olivia'yı kazanmak onun için çok önemliydi. Kampanya müdürüne bebek konusunda Olivia'nın çekimser kalacağını söylemişti. İlk bebeğine çok bağlıydı, öldüğü zaman çıldıracak hallere gelmiş ve bir daha asla bir çocuk istemediğini düşünmüştü. Onu da kaybetmekten korkuyordu. "Tamam, düşünmeni istiyorum. Her yıl için bir milyon. Beş yılda beş milyon dolar ve bebek için de ayrıca iki milyon." Andy çok ciddiydi, Olivia bu teklife ancak gülerek cevap verdi.

"Her yıl için iki milyon ve bebek için üç istersem hesapla bakalım ne kadar yapıyor?" İlgileniyormuş gibi yaptı, "İkiz doğurursam altı milyon yapar... Üçüz olursa dokuz... Hatta belki Pergonal kullanırsam dördüz bile olabilir..." Çok kırılmıştı. Andy'ye baktı. Bir zamanlar inandığı ve güvendiği adam bu muydu? Onun hakkında nasıl bu kadar yanılmıştı? Söylediklerini dinlerken onun bir insan olduğundan, bir kalbi olduğundan şüphe ediyordu. Ama onun öyle olmadığını biliyordu, ilk başlarda onun da bir kalbi vardı. Şu an karşısında duran değil, eskiden tanıdığı Andy'nın hatırı için kalıp söylediklerini dinlemişti. "İstediklerini yaparsam, ki yapacağımı hiç sanmıyorum, bu sana olan sadakatimden olacak, yoksa açgözlülük ettiğim veya zengin olmak istediğim için değil." Ona vereceği son hediye olacaktı, ondan sonra onu bıraktığı için suçluluk duymayacaktı.

"Ben de sadece bunu istiyorum Olivia," dedi, yüzü solmuştu. İlk defa dürüst davranıyordu.

"Biraz düşünmem lazım." Olivia, henüz ne yapacağını bilmiyordu. O sabah hafta sonundan önce La Faviére'ye dönmek kararındaydı, şimdi ise başkan karısı olmaya hazırlanıyordu. Bütün bunlar bir kâbus olmalıydı. Ama ona bazı şeyler borçlu olduğuna inanıyordu. Ne de olsa hâlâ kocasıydı, çocuğunun babasıydı, hayatta sahip olmak istediği tek şey için ona yardım edebilirdi. Bu ona verebileceği en büyük hediyeydi. Ayrılırlarsa bunu asla elde edemeyeceğini biliyordu.

"İki güne kadar ilan etmek istiyorum. Yarın Washington'a dönüyoruz."

"Bana haber vermen büyük bir incelik."

"Biraz beklersen seyahat planlarını alabilirsin." Olivia' nın neye karar verdiğini anlamaya çalışıyordu. Ama zorlamaması gerektiğini bilecek kadar onu iyi tanıyordu. Babasıyla konuşmanın bir yararı olup olmayacağını düşündü ama sonunda kendi aleyhine dönmesinden korktu.

O gece Olivia için çok zor bir gece oldu. Tekrar uzun bir yürüyüşe çıkabilmeyi çok istiyordu. Düşünmek için zamana ihtiyacı vardı fakat güvenlik elemanlarının onu bırakmayacaklarını biliyordu. Peter'le konuşabilmeyi her şeyden çok isitiyordu. Bu konuda onun ne düşüneceğini merak ediyordu, gerçekten Andy'ye son bir hediye borçlu olduğunu, bunun son bir sadakat borcu olduğunu kabul edecek miydi, yoksa çıldırdığını mı düşünecekti? Beş yıl çok uzun bir süreydi, hele Andy seçimleri kazanırsa bunun nefret dolu bir beş yıl olacağını biliyordu.

Sabah kararını vermişti, kahvaltıda Andy'yle buluştu. Andy sinirli ve solgun görünüyordu. Tabii Olivia'yı kaybedeceği için değil, seçimleri kazanamayacağı için endişe ediyordu.

"Felsefi bir iki şey söylemek isityorum," dedi Olivia, kahvesini yudumlarken. Andy ihtiyacı olmayan bütün adamlarını göndermişti. Yatak haricinde yıllardır baş başa kalmamışlardı ve iki gündür ikinci kez yalnız kalıyorlardı. Andy huzursuzdu, Olivia'nın teklifini reddetmesinden korkuyordu. "Ama felsefe yapacak zamanı çoktan aştık, değil mi? Bu noktaya nasıl geldiğimizi merak ediyorum. İlk günleri düşünüyorum. Sanırım o zamanlar bana âşıktın, sonra neden böyle olduğunu çözemiyorum. Olaylar film şeridi gibi gözlerimin önünden geçiyor ve ne zaman koptuğumuzu bilmiyorum. Sen biliyor musun?"

"Bence bunun pek önemi yok," diyen sesi donuktu. Olivia'nın neler söyleyeceğini tahmin edebiliyordu. Onun bu kadar kinci olduğunu bilmiyordu. Pek çok şey yapmıştı, pek çok çılgınlık yapmıştı ama bunların Olivia için bu kadar önemli olduğunu zannetmemişti. Ne kadar aptallık ettiğini şimdi anlıyordu. "Çok şeyler oldu. Kardeşim öldü. Bunun benim için ne demek olduğunu bilemezsin. Sen de üzüldün ama benim için farklıydı. Birden ondan bekledikleri şeyleri benden beklemeye başladılar. Kendim olmaktan çıkıp, onun hüviyetine bürünmek zorundaydım. Sanırım seninle bu noktada birbirimizi kaybettik."

"Bana o zamanlar söylemeliydin." Belki o zaman Alex'i hiç doğurmazdı. Belki onu daha ilk başta bırakırdı. Ama

Alex'in iki yıllık yaşamını hiçbir şeye değişemezdi. Bu bile ikinci bir çocuk istemesini sağlayamazdı. Andy'yi meraktan kurtarması gerktiğini düşündü. Kararını öğrenmek için ölüyordu neredeyse. Çabucak söylemeye karar verdi. "Önümüzdeki beş yıl seninle kalmaya karar verdim, yılda bir milyon istiyorum. Bu parayı ne yapacağımı bilmiyorum, bir hayır cemiyetine mi bağışlarım, İsviçre'de bir şato mu alırım, Alex'in adına bir vakıf mı kurarım bilmiyorum? Buna sonra karar vereceğim. Sen bana yılda bir milyon teklif ettin, ben de kabul ettim. Ama benim de bazı şartlarım var. Seçimi kazansan da kazanmasan da beş yıl sonra ayrılacağımıza dair garanti vermeni istiyorum. Bundan sonra sahtekârlık yapmak istemiyorum. Evli değiliz artık, ben sadece çekimlerde poz veririm, seçim turlarına katılırım. Bunu kimsenin bilmesine gerek yok, ama aramızda anlaşmamızı istiyorum. Ayrı odalarda yatacağız ve başka çocuk yapmayacağız." Açık ve net konuşmuştu. Kendini beş yıllık bir sıkıntıya sokmuştu. Andy kadar şaşırmıştı ve sevinememişti bile.

"Ayrı yatak odalarını insanlara nasıl açıklamamı istiyorsun?" Hem şaşırmış hem de memnun olmuştu. Bebek haricinde istediği her şeyi kabul ettirmişti, zaten bebek kampanya müdürünün fikriydi.

"Onlara benim uykusuzluk çektiğimi söyle, ya da geceleri kâbus gördüğümü." Fena fikir değildi, belki başka şeyler de uydurabilirdi... Çok fazla işi olduğunu... Başkanlık stratejisini... Ya da bunun gibi bir şeyler.

"Evlat edinmek konusunda ne düşünüyorsun?" Andy anlaşmanın bütününü görüşmek istiyordu ama Olivia kararlıydı.

"Bunu unut. Ben politik oyunlar için çocuk satın alacak bir insan değilim. Bu kötülüğü kimseye, hele masum bir çocuğa yapamam. Onlar daha iyi bir yaşam ve daha iyi anne baba hak ediyorlar." Beki bir gün bir bebeği olabilirdi, belki de evlat edinebilirdi, ama Andy ile beraberken değil, bunun sevgiden uzak ve iş anlaşmasının bir parçası olmasını istemiyordu. "Bütün bunların kâğıt üzerinde imzalanmasını istiyorum. Kimsenin bilmesine gerek yok, sen avukatsın, anlaşmayı hazırlayabilirsin."

"Şahit lazım," dedi Andy, hâlâ şaşkındı. Olivia'nın cevabı onu şaşırtmıştı. Bir gece önceki konuşmalarından teklifini kabul edeceğini hiç tahmin etmiyordu.

"Güvendiğin birini bul o zaman." Bu Andy için zor olacaktı, çevresindeki insanlar onu her an satmaya hazırdılar.

"Ne söyleyeceğimi bilmiyorum." Şaşkınlığını hâlâ atamamıştı.

"Söylenecek bir şey kalmadı Andy, öyle değil mi?" Bir anda evlilikleri sona ermişti ve Andy başkanlığa aday olabilecekti. Düşündükçe Olivia hüzünlendi, ama aralarında en küçük bir duygu, dostluk bile kalmamıştı. Beş yıl onun için zor olacaktı, Olivia kendi kurtuluşu için Andy'nin seçimleri kazanmaması için dua ediyordu.

"Bu kararı vermene ne sebep oldu?" Hayatında hiç kimseye böyle minnet duymamıştı.

"Bilmiyorum. Sana borçlu olduğumu düşündüm. Bu kadar çok istediğin bir şeyi senden koparmak istemedim. Özgürlüğüm dışında bana bir engeli yok. Roman yazmaya başlamak istiyordum ama biraz daha bekleyebilirim." Andy hayatında ilk defa Olivia'yı hiç tanımamış olduğunu fark etti.

"Teşekkür ederim, Olivia," dedi ve sessizce ayağa kalktı.

"İyi şanslar." Andy başını salladı ve arkasına bakmadan odadan çıktı. Olivia'yı öpmemişti bile.

Sekizinci Bölüm

Kennedy Havaalanı'nda Peter'i bir limuzin bekleyecekti. Bütün bunları uçakta ayarlamıştı, az sonra da Frank'la ofisinde randevusu vardı. Sonuçlar bir bakıma Peter'in korktuğu gibi çıkmamıştı, ama yine de iyi değildi. Haberler Frank için çok yeniydi, uzun uzun açıklaması gerekecekti. Daha beş gün önce, Cenevre'den ayrıldığında her şey ne güzel yolunda gidiyordu.

Cuma trafiği çok yoğundu. Günün en kalabalık saatiydi ve aylardan Hazirandı. Her taraf araba doluydu, Wilson-Donovan'a ancak saat altıya doğru varabildi, yorgun ve sinirliydi. Uçakta saatlerce Suchard'ın raporlarını incelemiş ve ilk defa Olivia'yı düşünmemişti. Tek düşündüğü Frank, Vicotec ve gelecekleriydi. En kötüsü de ilacı piyasaya erken çıkarmak için FDA'ya yaptıkları başvuruyu iptal etmek zorunda olmalarıydı, fakat işin gereği böyleydi. Frank'ın feci şekilde hayal kırıklığına uğrayacağını biliyordu.

Kayınpederi onu yukarıda, Wilson-Donovan'ın kırk beşinci katındaki ofisinde bekliyordu. Wilson-Donovan bu binaya taşındığından beri, yaklaşık otuz yıldır, bu köşe daireyi ofis olarak kullanıyordu. Sekreteri dışarıda bekliyordu. Peter'e içki teklif etti, Peter sadece bir bardak su istedi.

"Başardın!" Çizgili takım elbisesi ve gür beyaz saçlarıyla Frank son derece zarif görünüyordu ve çok neşeliydi, Peter göz ucuyla bakınca gümüş bir kovanın içinde soğumaya bırakılmış bir şişe Fransız şampanyası gördü. "Bütün bu gizlilik ne Peter? Devlet sırrı sanki!" İki adam el sıkıştılar, Peter kayınpederinin hatırını sordu. Frank Donovan her zamankinden daha sağlıklı görünüyordu. Yetmiş yaşındaydı, fakat canlı ve hayat doluydu ve her zaman, tıpkı şimdi olduğu gibi, bütün işlerden sorumluydu. Paris'te olanları anlatması için Peter'e adeta emretti.

"Bugün Suchard'la buluştum." Peter koltuğa yerleşirken 'Keşke daha önce telefonda Frank'ı uyarmış olsaydım' diye düşünüyordu. Açılmamış şampanya şişesi sanki suçlarcasına Peter'e bakıyordu. "Testler üzerinde çok çalıştı ama değdi doğrusu." Küçük bir çocuk gibi dizleri titriyordu, o an orada olmamak için neler vermezdi.

"Bu ne demek oluyor? Umarım bir yaramazlık yoktur." Damadına bakıyordu, Peter başını salladı ve dürüstçe anlattı.

"Korkarım var efendim. Yardımcı maddelerden bir tanesi birinci deneme turlarında onu çıldırtmış, tabii Suchard testleri tekrarlayıp hatanın kaynağını bulmadan temiz raporu vermek istemedi. Üründen kaynaklanan ciddi bir sorun mu, yoksa test sistemlerindeki bir hata mı diye emin olmak istedi."

"Peki hangisiydi?" İkisi de ciddileşmişti.

"Maalesef üründen kaynaklanıyordu. Değiştirilmesi gereken tek bir madde var. Bunu yapabilirsek iş bitecek. Ama Suchard'ın söylediğine bakılırsa, şu anda Vicotec'in öldürücü yan etkisi var." Peter artık her şeye hazırdı, Frank duyduklarına inanamıyordu, koltuğuna oturdu. Peter'in anlattıklarını anlamaya çalışıyordu.

"Çok ilginç. Biz iyi gittiğini sanıyorduk. Cenevre'ye, Berlin'e bak. Aynı testleri aylardır yapıyorlar ve her seferinde sonuçlar temiz çıktı."

"Ama Paris'te öyle olmadı. Bunu göz ardı edemeyiz. Neyse ki tek bir madde, Suchard bunun 'kolaylıkla' değiştirilebileceğini söylüyor."

"Ne kadar kolay?" Frank kaşlarını çatmış, tek bir yanıt bekliyordu.

"Şansımız yardım ederse, altı ayla bir yıl arası süreceğini düşünüyor. En kötü ihtimalle iki yıl. Ama ekipleri artırırsak gelecek yıl başına kadar hazır oluruz kanısındayım. Daha önce bitirebileceğimizi sanmıyorum." Yol boyunca bilgisayarında titizlikle bu hesapları yapmıştı.

"Saçma. FDA'dan üç ay içinde insanlar üzerinde deneme yapmak için onay almaya çalışıyoruz. Ancak bu kadar vaktimiz var, bu süre içinde bitmesi gerekir. Bunu halletmek senin görevin. Gerekirse o Fransız aptalını yardım etmesi için buraya getirt."

"Üç ayda bitiremeyiz." Frank'ın sözleri Peter'i korkuttu. " Mümkün değil. FDA'ya erken deneme için yaptığımız başvuruyu geri çekmek ve komite toplantısını ertelemek zorundayız."

"Buna izin veremem," diye Frank adeta böğürdü. "Komik duruma düşeriz. Bu pürüzü çözmek için yeterince vaktin var."

"Çözemezsek ve bize ruhsat verirlerse birilerinin ölümüne sebep olabiliriz. Suchard'ın söylediklerini anlattım, ilaç bu durumda tehlikeli. Frank, bu ilacın piyasaya çıkmasını herkesten çok ben istiyorum. Ama bunun için masum insanları kurban etmeye niyetim yok."

"Bu kadar söylüyorum," dedi Frank dişlerinin arasından. "Ruhsat alınıncaya kadar bu pürüzü çözmek için tam üç ayın var."

"Ben FDA komitesine tehlikeli bir ürünle başvurmak istemiyorum Frank. Ne söylediğimi anlıyor musun?" Peter ilk defa sesini yükseltiyordu. Çok yorgundu, uzun bir yolculuk geçirmişti ve günlerdir uykusuzdu. Frank çılgın gibi davranıyordu, Suchard'ın uyarılarına rağmen, Vicotec'in insanlar üzerinde denenmesi için başvuruda bulunmaları ve "Acil inceleme" talebi üzerinde ısrar ediyordu. "Beni duydun mu?" diye tekrarladı. Yaşlı adam öfkeyle başını salladı.

"Hayır, duymadım. Benim ne istediğimi biliyorsun. Sen sadece bunu yap. Sokağa atacak daha fazla param yok benim. Ya bu şekilde olur, ya da hiç olmaz. Yeterince açık mı?"

"Evet." Peter yeniden kontrolünü kazanmıştı. "O halde hiç olmayacak. Araştırmalara devam edilip edilmemesi senin kararına bağlı," dedi saygılı bir ifadeyle, fakat Frank hâlâ sinirliydi.

"Sana üç ay süre veriyorum."

"Daha fazlasına ihtiyacım var, Frank, bunu biliyorsun."

"Beni ilgilendirmez. Eylüle kadar hazır olmak zorundasın."

Peter'in içinden, onun aklını yitirmiş olduğunu söylemek geldi ama cesaret edemedi. Onun böyle tehlikeli kararlar verebileceğini hiç tahmin etmiyordu. Mantıksız hareket ediyor ve şirketin durumunu tehlikeye sokuyordu. Sabaha kadar aklının başına gelmesini umuyordu. O da Peter gibi hayal kırıklığına uğramıştı çünkü.

"Kötü haber getirdiğim için özür dilerim," dedi. Frank'ı Greenwich'e kadar limusinle götürmeyi teklif etmek zorundaydı.'Rahatsız bir yolculuk olacak' diye düşündü Peter, ama yine de bunu memnuniyetle yapacaktı.

"Suchard çıldırmış olmalı," dedi Frank. Hâlâ öfkeliydi. Gitti ve odasının kapısını açtı. Peter'e yalnız kalmak istediğini söylemek istiyordu.

"Duyduğum zaman ben de çok sinirlendim," dedi Peter, ama o hiç değilse ayrıntıları dinlemeyi reddeden Frank kadar mantıksız olmamıştı. Hâlâ tehlike arz eden ve henüz testleri tamamlanmamış bir ürün için klinik deneylere başlanması ve piyasaya erken sürülmesi için başvuruda bulunulması; bela aramaktan başka bir şey değildi. Peter neden Frank'ın bunları anlamak istemediğini bilmiyordu.

"Bunun için mi Paris'te bir hafta kaldın?" Hâlâ kızgınlığı devam ediyordu. Bütün bunlar Peter'in kabahati değildi, ama nedense bütün kötü şeyler hep onun yüzünden olurdu.

"Evet. Orada beklersem daha hızlı çalışır diye düşündüm."

"Belki de testleri yinelemesini istememek daha iyi olurdu." Peter duyduklarına inanamıyordu.

"Biraz daha düşünürsen ve raporları incelersen farklı olacağından eminim." Evrak çantasından çıkardığı bir tomar kâğıdı Frank'a verdi.

"Bunları araştırma ekibine ver." Frank sabırsızca kâğıtları kenara itti. "Bizi gereksiz yere geciktirmeye çalışan bu süprüntüyü okumayacağım. Suchard'ın nasıl çalıştığını biliyorum. Yaşlı ve titiz bir ihtiyar kadın gibidir."

"Ödül almış bir bilim adamı." Kendine hâkim olmaya kararlıydı, Frank'la buluşması bir kâbus gibi olmuştu, bir an evvel eve, Greenwich'e gitmek için sabırsızlanıyordu. "Pazartesi günü tekrar konuşuruz, o zamana kadar sen de düşünmüş ve durumu sindirmiş olursun."

"Düşünecek bir şey yok. Bunu tartışmaya bile gerek görmüyorum. Suchard'ın raporuyla ilgilenmiyorum, bana göre saçmalıktan başka bir şey değil. Eğer istiyorsan sen ilgilenebilirsin" Gözlerini kıstı ve parmağını Peter'e doğru salladı.

"Ve bu konunun bir kere daha açılmasını istemiyorum. Buradaki araştırma ekibimize çenelerini tutmalarını söyle. Bu tür dedikodular yayılırsa FDA başvurumuzu geri çevirir." Peter gerçeküstü bir film seyrediyor gibiydi. Böyle kararlar verecekse Frank'ın çekilme zamanı gelmiş demekti. Başka çareleri yoktu. Vicotec tamamıyla hazır olmadan FDA'ya başvurmaları mümkün değildi. Frank'ın neden kabul etmek istemediğini anlayamıyordu. Frank giderek daha da sinirleniyordu, başka bir iş konusuna geçti.

"Sen yokken Amerikan Kongresi'nden tebliğ geldi," dedi. "Sonbaharda toplanacak olan Araştırma Komitesi'ne katılmamızı ve yüksek ilaç fiyatları konusunda görüşlerimizi öğrenmek istiyorlar. Hükümet ilaçlarımızı neden sokak köşelerinde bedava dağıtmadığımızı merak ediyor. Buna zaten kliniklerde ve üçüncü dünya ülkelerinde yapıyoruz. Bu bir endüstri dalı, vakıf değil. Vicotec'i de piyasaya ucuz çıkaracağımı sanma. Buna asla izin vermem!" Peter'in tüyleri diken diken oldu. Tek amaç ilacın geniş kitlelere girmesini sağlamaktı; kırsal bölgedeki insanlara kolaylıkla ulaşacak, evlerde rahatlıkla uygulanabilecek ya da daha önemlisi annesi ile ablası gibi doktora gidecek parası olmayanların rahatlıkla sağlayabilecekleri bir ilaç olacaktı. Eğer Wilson-Donovan ilacı lüks ilaçlar kategorisinde fiyatlandıracaksa, amaçlarından sapmış olacaklardı. Peter birden telaşlandı.

"Fiyat konusu oldukça önemli," dedi Peter, sakindi.

"Kongre de öyle" diye Frank adeta kükredi. "Bizi çağırmalarının sebebi sadece bu değil, başka konular da var, ama biz ilaç fiyatları konusunda tavrımızı kesin bir şekilde ortaya koymak zorundayız, yoksa Vicotec piyasaya çıktığı zaman sözlerimizi ağzımıza tıkarlar."

"Bana kalırsa fazla göze çarpmasak iyi olur," dedi Peter, kalbi sıkışıyordu. Duyduklarından hiç memnun değildi. Sadece kârdan konuşuyorlardı. Mucize bir ilaç geliştirmeye çalışıyorlardı ama Frank sadece bundan nasıl faydalanacağını düşünüyordu.

"Kabul ettiğimizi bildirdik. Kongre'ye sen gidiyorsun. FDA oturumlarına katılacağın için nasıl olsa Eylül'de Washington'da olacaksın."

"Belki olmam," dedi Peter, sinirliydi ve sonuna kadar savaşmaya kararlıydı. Çok yorgundu. "Seni Greenwich'e götürmemi ister misin?" diye sordu kibarca, konuyu değiştirmeye çalışıyordu. Frank'ın inadına hâlâ hayret ediyor ve anlamsız buluyordu.

"Akşam yemeğini şehirde yiyeceğim. Hafta sonunda görüşürüz." Katie ile birlikte bir şeyler ayarladıklarından emindi, eve gidince öğrenecekti. Binadan ayrıldığında Frank'ın mantıksız tutumu hâlâ kafasını kurcalıyordu. Belki de bunuyordu. Yoksa aklı başında hiç kimse FDA'ya başvurup, tehlike arz eden bir ürünün piyasaya erken sürülmesi için talepte bulunmazdı. Peter bunun kanunla, hukukla bir ilgisi olmadığını, tamamen ahlaki bir sorumluluk olduğunu düşünüyordu. Vicotec bu haliyle piyasaya çıkarılsa ve birinin ölümüne sebep olsa ilaç değil tek başına Frank sorumlu olacaktı.

Frank'la yaptığı görüşmenin etkisini üzerinden atması tam bir saat sürdü. Eve vardığında Katie ile çocuklar mutfaktaydılar. Katie barbeküyü hazırlamaya çalışıyordu, Mike yardım edeceğine söz verdiği halde kız arkadaşıyla telefonda konuşuyordu, Paul da başka işi olduğunu söyleyerek kaytarıyordu. Peter karısının haline acıdı, ceketini çıkarıp önüne mutfak önlüğünü bağladı. Avrupa saatiyle Peter için saat sabahın ikisiydi, ama bir haftadır evden uzak olduğu için kendini suçlu hissediyodu.

Önlüğü bağladıktan sonra Katie'yi öpmek istedi ama onun soğuk tutumu karşısında şaşırdı, yoksa Paris'te bir şeyler yaptığından mı şüpheleniyordu. Kadınların altıncı hisleri Peter'i hep şaşırtırdı. On sekiz yıl onu bir kere bile aldatmamıştı, böyle bir şey ilk defa başına geldiği için anlamış olmasından korkuyordu. Çocuklar işleri olduğunu söyleyerek bir anda ortadan kayboldular, Katie yemek boyunca soğuktu. Ancak çocuklar gittikten sonra Peter'le konuştu ve söyledikleri Peter'in içine işledi.

"Babam bu akşam ona çok kaba davrandığını söyledi," dedi, kocasını bir kaşık suda boğacakmış gibi bakıyordu. "Buna hiç hakkın yok. Bir haftadır yoktun, Vicotec için getireceğin haberleri heyacanla bekledi ama sen her şeyi berbat ettin." Katie'nin kızmasının sebebi başka bir kadın değil, babasıydı. Her zamanki gibi ne olduğunu tam anlamadan onu savunuyordu.

"Berbat eden ben değilim Katie, Suchard." Kendini tükenmiş hissediyordu. İkisi ile birden savaşamayacaktı. Bir haftadır neredeyse hiç uyumamıştı, tartışacak hali yoktu, ayrıca işi hakındaki kararlarını karısına karşı savunmak onu fazlasıyla sinirlendirecekti. "Fransa'daki laboratuvar ciddi sorunlar olduğunu ortaya çıkardı, Vicotec'in yapımında en küçük bir çok hata bir insanın ölümüne sebep olabilir. Bunu değiştirmek zorundayız." Sıradan bir konu gibi son derece sakin bir şekilde yaptığı açıklamaları Katie şaşkınlıkla dinliyordu.

"Babam komiteye sunmayı reddettiğini söylüyor." Sesi mutfakta çınlıyordu.

"Tabii. Ne sanıyorsun yani, kusurlu bir ilacı FDA'ya götürüp, piyasaya erken çıkarabilmek için izin alacağımı ve hiç gözümü kırpmadan masum insanlara satacağımı mı? Tuhaf olma. Babanın neden böyle bir tepki verdiğini hâlâ anlamış değilim. Raporları okuduğu zaman aklının başına geleceğini umuyorum."

"Babam senin çocuk gibi davrandığını söylüyor, raporlar saçmaymış, korkulacak bir şey yokmuş." Son derece acımasızdı, Peter'in çenesi kasıldı. Katie ile bu konuyu daha fazla tartışmayacaktı.

"Bunları konuşmak için doğru zaman olduğunu sanmıyorum. Babanın kızdığını biliyorum ama ben de çok kızmıştım. Ben de aynı onun gibi duyduklarımdan hiç memnun olmadım. Ama bunları kabul etmemekle sorunu çözümleyemeyiz."

"Onu aptal yerine koyuyorsun," dedi Katie, çok sinirlenmişti ama bu sefer Peter cevabı yapıştırdı.

"Kendisi öyle davrandı, sen de sanki onun annesiymişsin gibi davranıyorsun Katie. Bu sadece babanla benim sorunum değil. Bu şirket için de son derece ciddi bir sorun, hayati önemi olan bir karar. Bu senin verebileceğin bir karar değil, hatta bu konudaki fikirlerin de hiç önemli değil, onun için bu işe karışmasan iyi olur kanısındayım." Frank'ın hemen arkasından telefon edip bütün olanları Katie'ye anlattığını anlayınca çok sinirlenmişti. Birden Olivia'nın söylediklerini hatırladı. Çok haklıydı. Hayatını Katie ile babası yönetiyordu. Bunu daha önce fark edemediği için kendisine kızıyordu.

"Babam Araştırma Komitesi'ne de çıkmak istemediğini söyledi." Bunu kırgın bir ifadeyle söylemişti, Peter iç çekti, kendini çaresiz hissediyordu.

"Böyle bir şey söylemedim. Şu sıralar fazla göze batmamamız gerektiğini düşündüğümü söyledim, ama Kongre konusunda bir şey söylemedim. Bu konuda fazla bilgim yok zaten." Ama Katie biliyordu. Frank ona her şeyi anlatmıştı. Her zaman olduğu gibi yine Peter'den çok fazla şey biliyordu.

"Çok garip davranıyorsun," dedi Katie. Peter karısına yardım etmek için tabakları bulaşık makinesine yerleştiriyordu. Ama çok yorgundu ve saat farkından ve uzun uçak yolculuğundan dolayı önünü bile görmekte zorlanıyordu.

"Sen bu işe karışma, Katie. Bırak Wilson-Donovan'ı baban yönetsin. O nasıl yapacağını çok iyi biliyor." Her şeyi kızına anlatmak zorunda değildi. Peter'in kan beynine sıçramıştı artık.

"Ben de aynı şeyi sana söylemeye çalışıyordum," dedi Katie, zafer kazanmış gibi bir hali vardı. Peter'i gördüğüne memnun olmamıştı bile. Sadece ona karşı babasını nasıl savunacağını düşünüyordu. Peter'in ne kadar yorgun olduğunu, Vicotec imalinde karşılaştıkları sorunun onu ne kadar üzdüğü onu ilgilendirmiyordu. O sadece babasını düşünüyordu. O güne kadar Peter bunu hiç bu kadar net fark etmemişti ve Katie'nin gözlerindeki ifade onu kırıyordu. "Bırak da kararları babam versin. FDA'ya başvurulsun diyorsa, başvurulsun. Senin Kongre'ye çıkman onu memnun edecekse, bunu yapmaman için bir sebep var mı?" Onu dinlerken Peter'in içinden bağırmak geliyordu.

"Konumuz Kongre değil, Katie. Biz, ölümcül tehlikesi olan bir ilaçla FDA'ya başvurmanın, gerek şirket olarak bizim, gerekse bundan haberi olmadan kullanan hastalar açısından intihar olacağını konuşuyoruz. Mesela sen tehlikeli olduğunu bile bile uyuşturucu ilaç kullanır mısın? Kullanmazsın tabii. Peki piyasaya çıkarmak için FDA'ya başvuruda bulunur musun? Tabii ki başvurmazsın. Bu tür ürünlerdeki ölüm riskini insan bile bile görmezden gelemez. Bu çılgınlıktır Katie. İlacı hemen piyasaya sürersek bütün ülkeyi karşımıza almış oluruz."

"Babam haklı, sen gerçekten bir korkaksın."

"İnanmıyorum," dedi Peter. "Sana gerçekten böyle mi söyledi?" Cevap olarak Katie başını salladı. "Sanırım baban fazlasıyla heyecanlandı, senin bu işe karışmanı istemiyorum. İki haftadır yoktum ve baban yüzünden seninle tartışmak istemiyorum."

"O halde ona eziyet etme. Bugünkü davranışın onu çok sinirlendirmiş. Çok kaba ve saygısız davranmışsın, sana hiç yakıştıramadım."

"Fikrini öğrenmek istersem kendim sorarım Katie. Fakat o zamana kadar sanırım babanla ben bu işi kendimiz halledebiliriz. O yetişkin bir insan, senin korumana ihtiyacı yok."

"Belki vardır. Yaşı neredeyse senin iki katın, ona saygılı davranmazsan ve bu kadar üzerine gidersen vakitsiz ölümüne sebep olacaksın." Kocasını haşlarken gözleri doluyordu, Peter oturdu ve ağır ağır kravatını çıkardı. Duyduklarına inanamıyordu.

"Yeter Allah aşkına, susar mısın? Söylediklerin çok tuhaf. O yetişkin bir insan. Kendi sorunlarını kendisi halledebilir, onun yüzünden kavga etmemiz için bir sebep yok. Bu kadar üzerime gelirsen asıl ben vaktinden evvel öleceğim. Laboratuvar testlerini merak ettiğim için günlerdir gözüme uyku girmedi." Ve tabii bir de Olivia, onunla konuşarak geçirdiği üç gece ve bir de La Faviére'ye yaptığı araba yolculuğu vardı. Bunların hiçbirini söylemedi ve artık o kadar gerçekdışı geliyordu ki, kendisi bile inanamıyordu. Katie nükleer bir bomba gibi patlayarak onu gerçeğe döndürmüştü.

"Ona neden bu kadar acımasız davrandığını anlamıyorum," dedi burnunu silerken. Peter sadece bakıyor, ikisinin de deli olduğunu düşünüyordu. Bu sadece üzerinde çalıştıkları bir üründü. Birkaç sorun çıkmıştı. Ama kişisel bir konu değildi. FDA'ya başvuruda bulunmayı reddetmesi Frank'a karşı gelmiş olmak için değildi ve Frank'la olan sürtüşmesinin Katie ile bir ilgisi yoktu. Bunlar delirmiş miydi? Her zaman böyle mi olmuştu? Yoksa birden her şey eskisinden kötü mü olmaya başlamıştı? Çok yorgundu, bunları düşünecek hali yoktu. Bir Katie'nin ağlaması eksikti, ayağa kalktı ve gidip karısına sarıldı.

"Ona acımasız davranmıyorum Katie, inan bana. Kötü bir gün geçirmiş olmalı. Ben de öyle. Haydi yatalım artık, lütfen... Yorgunluktan ölmek üzereyim." Yoksa Olivia'dan uzak olmak mı böyle hissetmesine neden oluyordu? O an bunları düşünecek hali yoktu.

Katie de ister istemez Peter'le birlikte yatmaya gitti, hâlâ babasına haksızlık ettiği konusunda yakınmalarını sürdürüyordu. Nedense Peter hiç yanıt vermedi, beş dakika sonra uyumuştu bile, rüyasında kumsalda koşan bir kız gördü. Gülüyor ve Peter'e el sallıyordu. Olivia olduğunu zannederek Peter de kıza doğru koştu, ama kız Olivia değildi, Katie'ydi ve Peter'e kızmıştı. Sürekli bağırıyordu, Peter sesini çıkarmadan dinliyordu ve Olivia uzaklarda gözden kayboldu.

Ertesi sabah uyandığında yine kendini kurşun gibi hissetti. Kahredici bir umutsuzluk kaya gibi üzerine çökmüştü. Sebebini hatırlayamdı, neden böyle hissettiğini bilemedi, etrafına bakındı, tanıdık bir odada olduğunu gördü, o zaman hatırladı. Başka bir oda daha hatırladı, başka bir gün, başka bir kadın. Bunların iki gün önce olduğuna inanamıyordu. Üzerinden bir ömür geçmiş gibi geliyordu. Yattığı yerde onu düşünüken Katie geldi, öğleden sonra babasıyla golf oynamaya gideceklerini söyledi.

Olivia gitmiş, düşler bitmişti. Artık gerçek dünyasına dönmek zorundaydı. Her zaman sürdüğü yaşama döndü ama nedense birden her şey çok farklı göründü.

Dokuzuncu Bölüm

Birkaç gün içinde olay yatıştı, Katie'nin morali düzeldi, artık babasını küçük bir çocuk gibi korumaktan vazgeçmişti. Yine sık sık Frank'la beraber oluyorlardı, Peter'in dönüşünü takip eden bir iki gün içinde baba kızın neşeleri yerine geldi. Peter oğullarının yanında olmasından çok mutlu oluyordu, ama çocuklar giderek anne ve babalarıyla daha az birlikte olmaya başlamışlardı. Mike ehliyet almıştı, Paul'u da alıp arabayla gezmeye çıkıyorlardı, bu aslında Peter'le Katie'nin yüklerini hafifletiyordu, ama çocukları neredeyse hiç göremiyorlardı. Patrick bile artık onlarla beraber olmuyordu. Komşu evlerden birinin kızına âşık olmuştu ve uyanık olduğu her dakikayı onun evinde geçiriyordu.

"Bu sene neler oluyor? Cüzamlı mıyız biz?" diye bir gün Peter kahvaltıda Katie'ye yakındı. "Çocukları artık göremiyoruz. Her dakika dışarıdalar. Yaz tatilinde bizimle birlikte olacaklarını sanıyordum, oysa onlar bütün günlerini arkadaşları ile dışarıda geçiriyorlar." Onlar olmadığı zaman gerçekten mutsuz oluyordu. Zamanını çocuklarla geçirmekten hoşlanıyordu, onlar evde olmadıkları zaman da üzülüyordu. Artık Katie'de bulamadığı dostluğu ve mutluluğu onlarda buluyordu.

"Yazın Vineyard'da onları bol bol görürsün," dedi Katie. Çocukların sürekli gidip gelmelerine, hareketli yaşamlarına Peter'den daha alışkındı. Aslında Peter kadar onlarla beraber olmaktan hoşlanmıyordu. Çocukların küçüklüğünden beri Peter hep çok iyi bir baba olmuştu.

"Yoksa onlardan randevu mu almam gerekiyor? Ağustos'a daha beş hafta var. Onları özlüyorum. Vineyard'da ancak bir ay kalabileceğim." Şaka yapıyordu, Katie gülmeye başladı.

"Artık büyüdüler."

"Yani artık bana ihtiyaç kalmadı mı?" Gerçekten şaşırmıştı. Çocuklar henüz on dört, on altı ve on sekiz yaşındaydılar ve anne ve babalarına ihtiyaçları kalmamıştı.

"Öyle sayılır. Sen de hafta sonları babamla golf oynarsın" İşin komik tarafı, Katie'nin babasına, çocukların onlara ayırdığından daha fazla zaman ayırmasıydı. Fakat Peter, çocukların davranışının, Katie'nin davranışından çok daha normal olduğunu söylemek istemedi.

Peter'le Frank'ın arası hâlâ gergindi. O hafta Frank, Vicotec için çok yüklü bir araştırma bütçesi imzaladı. Araştırma ekibi iki katına çıkartılacak, geceli gündüzlü çalışılacaktı, fakat Peter sırf onu memnun etmek için fiyatlar konusunu tartışmak üzere Araştırma Komitesi'ne katılmayı kabul ettiği halde, o hala FDA'ya başvurusunu iptal etmeyi düşünmüyordu.

Peter, Komite'ye katılmayı istemiyordu ama bunu tartışma konusu yapmaktan kaçınmıyordu. Hem Peter'in katılması firmanın prestiji açısından da iyi olacaktı. Aslında kendilerinin ve diğer firmaların uyguladıkları yüksek fiyat politikasını savunmak hoşuna gitmiyordu. Fakat Frank işi kâr amacıyla yaptıklarını söylüyordu. İnsanların tedavisi için çalışıyorlardı ama para kazanmak da gerekliydi. Ama Peter'in Vicotec için farklı düşünceleri vardı, Frank'ı makul oranda bir kâr koymaya razı etmek istiyordu. Nasıl olsa başlangıçta rakipleri olmayacaktı. Fakat Frank henüz bunu tartışmak istemiyordu. Tek istediği Peter'in ilacı Eylül ayında FDA'ya yetiştireceğine söz vermesiydi. Bu onda artık bir saplantı haline gelmişti. Tek arzusu, ne pahasına olursa olsun, Vicotec'i elinden geldiği kadar çabuk piyasaya sürmekti. Bir tarih yazmak ve birkaç milyon kazanmak istiyordu.

Frank yeterince zamanları olduğu konusunda ısrar ediyordu ve şansları yardım ederse Eylül'den önce "düğümlerin çözüleceğine" inanıyordu. Peter artık onunla tartışmaktan vazgeçmişti, gerekirse başvurularını daha sonra geri çekebileceklerini biliyordu. Suchard'a göre o zamana kadar hazır olmaları için az da olsa ihtimal vardı ama şüpheliydi. Peter, Frank'ın boşa hayal kurduğunu düşünüyordu.

"Suchard'ı buraya çağırsak nasıl olur? İşleri hızlandırabilir." Fakat Frank, Peter'in önerisini kabul etmedi. Peter, Paul-Louis'e telefon etti, fakat Dr. Suchard'ın izinli olduğunu söylediler. Peter hem şaşırmış, hem de kötü zamanlamasına sinirlenmişti. Ama Paris'te hiç kimse tatilini nerede geçirdiğini bilmiyordu ve Peter'in onu bulması olanaksızdı.

Haziran sonlarında işler yatışmış gibiydi ve Vineyard'a gitme zamanı gelmişti. Peter Dört Temmuz Bayramı'nı onlarla geçirecek, sonra da her zamanki gidip gelmeleri başlayacaktı. Hafta içinde şirketin misafirhanesinde kalacak böylece ofiste uzun uzun çalışma fırsatı olacaktı. Hafta sonlarında Martha's Vineyard'a gidecekti. Pazartesiden cumaya kadar araştırma ekipleriyle yakından ilgilenebilecek, gerekirse yardım edebilecekti. Şehirde kalmak hoşuna gidiyordu. Katie ve çocuklar olmadığı zaman Greenwich'de kendini yalnız hissediyordu. Onun için nehirde kalıyor ve daha çok çalışma fırsatı oluyordu.

Ama Haziran sonunda kafasını kurcalayan sadece işi değildi. İki hafta önce, Anderson Thatcher'in başkanlığa adaylığını koyduğunu okumuştu. İlk önce mahalli seçimlere katılacak, kazanırsa Kasım ayında genel seçimlere girecekti. Thatcher'in ilk basın toplantısında Olivia'nın yanında olduğunu görmüştü. Birbirlerini aramayacaklarına söz verdikleri için telefon edip soramıyordu. Onu birden Anderson Thatcher'in yanında görünce oldukça bozulmuştu, bunun ne anlama geldiğini çıkaramıyordu, çünkü ayrıldıkları gün Olivia'nın planları tamamen başkaydı. Birbirlerini aramamaya karar vermişlerdi, onun için ne kadar zor olursa olsun, Peter bu karara uymak zorundaydı. Politik arenada Andy'nin yanında olduğuna göre, Olivia onu bırakmaktan vazgeçmişti. Bunun nasıl olduğunu merak ediyordu, belki de fikrini değiştirmesine Andy neden olmuştu. Andy'nin ona neler yaptığını ve ilişkilerinin ne düzeyde olduğunu bildiği için, Olivia'nın bunu isteyerek kabul ettiğini sanmıyordu. Büyük bir olasılıkla görev gereği böyle davranıyor olmalıydı. Onu gerçekten sevdiğine inanmak istemiyordu.

Fransa'da geçirdikleri kısa beraberlikten sonra kendi yaşamlarına dönmeleri çok zordu. 'Acaba o da benim gibi değişti mi?' diye merak ediyordu. İlk başlarda umutsuzca karşı koymaya çalışmış, hiçbir şey değişmedi diye kendini kandırmıştı. Fakat eskiden onu rahatsız etmeyen şeyler artık büyük bir sorun olarak karşısına çıkıyordu. Birden Katie'nin yaptığı her şey, söylediği her kelimenin babasıyla bağlantısı olduğunu fark etmeye başlamıştı. İşi de zor geliyordu. Vicotec araştırmaları henüz bir umut vermemişti. Frank hiç bu kadar mantıksız olmamıştı. Çocuklarının bile ona ihtiyaçları kalmamıştı. Fakat en kötüsü, artık yaşantısında neşe, heyecan, gizem ve macera kalmamıştı. Fransa'da Olivia ile paylaştığı şeylerin hiçbiri yoktu. En acısı da konuşabileceği, dertleşebileceği hiç kimse yoktu. Yıllardır Katie ile birbirlerinden ne kadar uzaklaştıklarını, onun başka işlerle ne kadar meşgul olduğunu, zamanının çoğunu kendi işleri ve arkadaşları ile geçirdiğini fark etmemişti. Onun yaşantısında artık Peter'in yeri kalmamıştı, onun hayatındaki tek önemli erkek babasıydı.

Vicotec'in yarattığı hayal kırıklığı, aşırı yorgunluk ve bıkkınlık yüzünden çok duygusal, mantıksız davranıyor olabileceğini düşündü, ama olmadığını biliyordu. Dört Temmuz Bayramı'nda onlarla Vineyard'a gittiğinde her şey onu sıkmıştı. Arkadaşlarının arasında neşesizdi, Katie ayrı tellerden çalıyorlardı, orada bile çocukları sık göremiyordu. Sanki hiç farkında olmadan her şey değişmiş, Katie ile olan yaşamı son bulmuştu. İçinde bulunduğu karmaşa inanılır gibi değildi. Yoksa Olivia ile Paris'te geçirdiği birkaç günü haklı çıkarmak için Katie'yi kendisi mi zora koşuyordu? Yıkılmış bir evlilikte bir kaçamak yapmış olması affedilebilirdi, ama yaşayan bir evlilikte bunu kabullenmek zordu.

Gazetelerde Olivia'nın fotoğraflarını aradı, Dört Temmuz'da televizyonda Andy'yi gördü. Cape Cod'da bir ralliye katılmıştı, arka planda yat limanına bağlanmış muhteşem yelkenlisi görünüyordu. Olivia'nın da yakınlarda bir yerde olduğunu tahmin etti ama bir türlü görüntüye girmiyordu.

"Ne o, gündüz vakti televizyon mu seyrediyorsun?" Katie onu yatak odalarında bulmuştu, düzgün vücudunun güzelliğini fark etmemek mümkün değildi. Açık mavi bir mayo giymişti, Peter'in Paris'ten getirdiği, ucundan altın bir kalp sallanan zincir bileğindeydi. Sarı saçlarına ve güzel yüzüne rağmen Peter'i Olivia kadar etkilemiyordu. Bunları düşününce kendini suçlu hissetti, Katie yüzündeki endişeli ifadeyi görünce şaşırdı. "Bir şey mi var?" Peter bir süredir değişmişti, çabuk öfkeleniyordu. Son Avrupa seyahatinden sonra böyle olmuştu.

"Bir şey yok. Haberleri izliyordum." Başını çevirdi ve dalgın dalgın televizyonun uzaktan kumandasına uzandı.

"Neden bizimle yüzmeye gelmiyorsun?" Katie burada mutluydu. Sakin bir yerdi, evin idaresi kolaydı. Çocukların ve arkadaşlarının arasında olmaktan hoşlanıyordu. Burayı ikisi de eskiden beri çok seviyorlardı. Ama o yaz biraz farklı olmuştu. Vicotec araştırmaları yüzünden Peter'in üzerinde çok fazla baskı vardı, Katie'nin tek dileği işlerin yoluna girmesi ve Peter'le babasının istedikleri şekilde sonuçlanmasıydı. Şimdilik Peter mutsuz ve mesafeliydi.

Peter ancak iki hafta sonra laboratuvarda olanları öğrenebildi, telefonu kapattıktan sonra gözleri boşluğa dikili öylece kaldı. Duyduklarına inanamıyordu, Katie'nin babasıyla konuşmak için arabaya atlayıp Marha's Vineyard'a gitti.

"Onu sen mi kovdun? Bunu nasıl yaparsın?" Frank Donovan kötü haber getiren habercisi kovmuştu. Paul-Louis'in onlara ne kadar iyilik yaptığını hâlâ anlayamıyordu.

"Aptalın teki. İhtiyar bir kocakarı gibi sinirli, hayal görüyor. Artık onu tutmanın bir anlamı kalmamıştı." On sekiz yıldır ilk defa Peter, kayınpederinin çıldırdığını düşünüyordu.

"Fransa'nın en iyi bilim adamlarından biri o Frank, ve kırk dokuz yaşında. Ne yapmak istiyorsun? Onu buradaki araştırmaların başına getirebilirdik."

"Araştırmalar çok iyi gidiyor. Daha dün konuştum. İşçi Bayramı'ndan önce hazır olacaklarını söylediler. Vicotec ile ilgili hiçbir sorun, hiçbir tehlike kalmayacak." Peter ona inanmıyordu.

"Bunu ispat edebilir misin? Emin olabilir misin? Paul-Louis bir yıldan az sürmeyeceğini söylemişti."

"Benim fikrim bu. O ne söylediğini bilmiyordu." Peter, Frank'ın yaptıklarından korkmaya başlamıştı, şirket kayıtlarından Paul-Louis'in evini buldu, New York'a döner dönmez ne kadar üzüldüğünü söylemek ve Vicotec hakkında konuşmak için telefon etti.

"Birinin ölümüne sebep olacaksınız," dedi Paul -Louis aksanlı İngilizcesiyle. Ama Peter aradığı için memnun olmuştu, ona her zaman saygı duyardı. İlk önce işten çıkarılması fikrinin Peter'den geldiğini söylemişlerdi, ama sonra bu emrin doğrudan doğruya yönetim kurulu başkanından geldiğini öğrenmişti. "İşi şansa bırakamazsın," diye üsteledi Paul-Louis. "Bütün testleri yeniden yapmanız gerek, eleman sayısını artırıp yirmi dört saat çalıştırsanız bile en az bir yıl sürer. Ona engel olmalısın."

"Olacağım. Söz veriyorum. Bizim için yaptıklarını unutmayacağım. Olanlar için de özür dilerim."

"Önemli değil." Fransız kalenderce gülümsedi ve omuzunu silkti. Fransa'da büyük fabrikaları olan bir Alman ilaç firmasından teklif almıştı. Kararını vermeden önce iyice düşünüp taşınmak istiyordu Onun için İngiltere'ye gitmişti. "Anlıyorum. Sana şans dilerim. Vicotec çok iyi bir ürün olabilir."

Bir süre daha çene çaldılar, Paul-Louis arayacağına söz verdi, ertesi hafta Peter araştırma sonuçlarını daha yakından inceledi. Paul-Louis haklıysa, Vicotec için gönül rahatlığıyla "yeşil ışık" yakabilmeleri için daha çok çalışmaları gerekiyordu.

Temmuz sonunda gelişmeler iyiye gitmeye başladı. Peter, tatilini geçirmek için Martha's Vineyard'a giderken içi rahattı. Araştırma departmanında çalışanlar her akşam günlük test raporlarını fakslayacaklarına söz verdiler. Yine de rahat edemedi. Sanki faks makinesine, ofisine ve Vicotec'e göbeğinden bağlı gibiydi.

Katie onunla fazla ilgilenmiyordu, ama yine de "Bu yıl hiç neşen yok," diye yakınıyordu. Arkadaşlarıyla buluşuyor, bahçeyle uğraşıyor, vaktinin büyük bir kısmını babasının evini tamir ettirmekle geçiriyordu, şimdi de onun mutfağını yenilemeyi düşünüyordu. Babasının arkadaşlarını ağırlıyor, yemek davetleri düzenliyordu. Peter'le birlikte bu davetlere katılıyorlardı. Peter yakınıyordu. Hiç ortada olmadığını söylüyordu, ne zaman Katie'yi görse babasıyla buluşmak için koşturuyordu.

"Ne oluyor sana? Eskiden babamı kıskanmazdın. İkiniz de beni kendi tarafınıza çekmeye çalışıyorsunuz," dedi, kızmış görünüyordu. Peter eskiden babasıyla yaptığı şeylere karışmazdı, ama son zamanlarda sürekli yakınıyordu. Babası da farklı değildi, Vicotec yüzünden hâlâ Peter'e kızgındı.

O yıl iki adamın arasında belirgin bir gerginlik vardı, Ağustos ortalarında Peter işlerini bahane ederek şehre dönmeye karar verdi. Dönmesi gerekiyordu. Ne olduğunu bilmiyordu, belki de sorun kendisindeydi, fakat çocuklarla bile kaç kere tartışmıştı, Katie'nin artık çekilmez olduğunu düşünüyordu ve Frank'ın evine yemeğe gitmekten bıkmıştı. Havalar da kötü gidiyordu, fırtınalı bir hafta geçirmişlerdi ve Bermuda adalarından gelmekte olan bir kasırganın tehdidi altındaydılar. Üçüncü gün, herkesi sinemaya gönderdi, panjurları kapattı ve terastaki mobilyaları bağladı. Sonra akşam yemeğini alıp televizyonun karşısına geçti, futbol maçı seyretmeye başladı. Devre arasında Angus Kasırgası ile ilgili haberleri almak için kanal değiştirdi. Ekranda büyük bir yelkenli, arkasından Senatör Andy Thatcher'in bir fotoğrafını görünce şaşırdı. Haber başlayalı çok olmuştu, "Olay dün gece geç saatlerde meydana geldi. Cesetler henüz bulunamadı. Senatör henüz açıklama yapacak durumda değil."

"Aman Tanrım," diye bağırdı Peter, yerinden kalkmış, sandviçini arkasındaki masaya bırakmıştı. Ona ne olduğunu öğrenmesi gerekiyordu. Yaşıyor muydu, yoksa ölmüş müydü, onun cesedini mi arıyorlardı? Televizyona bakarken neredeyse ağlamak üzereydi, çılgın gibi kanalları karıştırmaya başladı.

"Selam baba. Maç kaç kaç?" diye sordu Mike. Peter döndüklerini duymamıştı, başını kaldırdığında yüzü hortlak gibi bembeyazdı.

"Gol yok... Bilmiyorum... Boş ver..." Mike odadan çıkınca tekrar televizyona döndü, ama ilk anda aradığını bulamadı. Sonra İkinci Kanal'da haberi yakaladı, bu sefer başına yetişmişti. Andy'nin otuz üç metrelik yelkenlisiyle Gloucester yakınlarında fırtınaya yakalanmışlardı. Teknenin büyük ve dengeli olduğu söyleniyordu fakat fırtınada kayalara çarpmışlardı ve on dakika içinde batmışlardı. Yaklaşık on iki kişiydiler. Teknenin rotası bilgisayarla programlanmıştı ve Thatcher sadece bir tayfanın ve arkadaşlarının yardımıyla tek başına kullanıyordu. Şimdiki durumda yolculardan birkaç tanesi kayıptı, Senatör kurtulmuştu. Teknede karısı, Boston Temsilciler Meclisi Üyesi kayınbiraderi Edwin Douglas vardı. Maalesef Edwin Douglas'ın karısı ve iki çocuğu denize düşmüştü. Karısının cesedi sabaha karşı bulunmuştu fakat çocuklar bulunamamıştı. Sonra spiker bir nefeste Senatörün karısı, Olivia Thatcher'in de boğulma tehlikesi atlattığını söyledi. Coast Guard yakınlarında bulunmuştu ve Addison Gilbert Hastanesi'ne kaldırılmıştı, fakat durumu ciddiyetini koruyordu. Baygın bulunmuştu, can yeleği sayesinde saatlerce su üzerinde kalabilmişti.

"Aman Tanrım... Aman Tanrım... " Olivia. Okyanustan ne kadar korkuyordu. Çılgın gibi onun yanına gitmek istiyordu. Ama ne diyecekti? Haberlerde onun için neler söyleyeceklerdi? Adı bilinmeyen bir işadamı hastaneye Mrs. Thatcher'i görmeye geldi ve geri çevrildi. Kendisine deli gömleği giydirilip aklı başına gelmesi için karısının yanına gönderildi... Ona nasıl ulaşacağını bilmiyordu. İkincisi de sorun yaratmadan onu nasıl görebileceğini bilmiyordu. Tekrar oturdu ve televizyona bakmaya başladı, Olivia'nın durumu kritik olduğu sürece ona ulaşması mümkün değildi. Başka bir kanal Olivia'nın henüz ayılmadığını söyledi, derin komada olduğu söyleniyordu, aynı Paris'te olduğu gibi, ekrana peş peşe çeşitli felaketlerde çekilmiş fotoğrafları geliyordu. Gazeteciler ailesinin Boston'daki evlerinin önünde kamp kurmuşlardı. Bir an kardeşini gösterdiler, üzüntüden perişan bir halde hastaneden çıkıyordu, karısını ve çocuklarını kazada kaybetmişti, üzüntüsü kelimelerle anlatılacak gibi değildi Ona bakarken Peter'in yanaklarından yaşlar süzülmeye başladı.

"Baba, bir şey mi oldu?" Mike geri gelmişti, babasının halini görünce meraklandı.

"Hayır, ben... İyiyim... Bir tanıdığım kaza geçirmiş. Korkunç bir kaza. Dün akşam Cape Cod'da fırtına çıkmış ve Senatör Thatcher'in teknesi batmış. Birçok insan kayıp, birçoğu da yaralanmış." Ve o hâlâ komadaydı. Neden bunlar onun başına gelmişti? Ya ölürse ne yapacaktı? Bunu düşünmek bile istemiyordu.

"Onları tanıyor musun?" Katie oturma odasından mutfağa geçerken konuşmalarını duymuştu. "Kazayı bu sabah gazete okumuştum."

"Paris'te görmüştüm," daha fazla konuşmaktan korkuyordu, sanki Katie sesinden anlayacakmış gibi geliyordu, daha kötüsü ağladığını görmesinden korkuyordu.

"Karısının çok tuhaf olduğunu söylüyorlar, duyduğuma göre Senatör başkanlık seçimlerine adaylığını koymuş," dedi Katie mutfağa girerken, Peter cevap vermedi. Elinden geldiği kadar sessizce yukarı kata çıktı ve yatak odasındaki telefondan hastaneyi aradı.

Addison Gilbert'teki hemşirelerden fazla bir bilgi alamadı. Ailenin yakın bir dostu olduğunu söylemişti, ama televizyonda duyduklarından fazla bir şey söylemediler. Yoğun bakımdaydı ve kurtarıldığından beri henüz kendine gelmemişti. Peki bu ne kadar sürecekti? Beyni zarar görmüş olabilir miydi, ya ölürse, ya onu bir daha göremezse? Onun yanında olmak istiyordu. Yatağına uzandı ve düşünmeye başladı.

Katie bir şey aramak için yukarı çıktığında Peter'i yatağa uzanmış görünce şaşırdı. "İyi misin?" diye sordu. Son günlerde çok garip davranıyordu, hatta yaz başından beri böyleydi. Babası da aynı durumdaydı. Vicotec ikisini de çok üzmüştü, Katie böyle bir projeye başladıkları için pişmandı. Çektiklerine değmiyordu doğrusu. Peter'e baktığında gözlerinin ıslak olduğunu fark etti. Neler olduğunu anlamıyordu. "İyi misin?" diye sorusunu yineledi, merak etmişti. Elini alnına koydu. Ateşi yoktu.

"İyiyim." Peter yine kendini suçlu hissetti, fakat Olivia'ya o kadar üzülmüştü ki, doğru dürüst düşünemiyordu. Onu bir daha hiç göremeyecek olsa bile, onun güzel yüzünden yoksun bir dünya düşünemiyordu, kahverengi kadifeye benzettiği gözlerini aklından çıkaramıyordu. Yanına gidip gözlerini açmak ve onu öpmek istiyordu. Yanında kalmak istiyordu. Andy'yi tekrar televizyonda gördüğünde, Olivia'nın yanında olmadığı için içinden onu tartaklamak geldi. Fırtınanın aniden başladığını, çok korkunç olduğunu ve çocukları kurtaramadıklarını anlatıyordu. Bir sürü yaşam yitirilmiş ve karısı hâlâ tehlikeyi atlatamamıştı ama Senatör açık açık söylememekle birlikte, ne kadar kahraman olduğunu ima etmeye çalışıyordu.

Peter o geceyi suskun geçirdi. Beklenen fırtına onları etkilemeden geçmişti, hastaneyi tekrar aradı. Değişen bir şey yoktu. Peter ve hastanede bekleyen Douglas'lar için o hafta sonu bir kâbus gibi geçti. Pazar akşamı geç saatlerde, Katie yattıktan sonra, tekrar telefon etti.

O gün dördüncü arayışıydı, hemşire günlerdir beklediği haberi verdiğinde dizlerinin bağı çözüldü.

"Kendine geldi," dedi hemşire, Peter'in boğazına bir şeyler düğümlendi. "İyileşecek."

Telefonu kapattıktan sonra elleriyle yüzünü kapadı ve ağladı. Nasıl olsa yalnızdı, kendini tutmasına gerek yoktu. İki gündür başka hiçbir şey düşünemez olmuştu. Bir mesaj bile bırakamamıştı ama bütün iyi dileklerini dualarıyla ona yollamıştı. Hatta pazar sabahı kendiliğinden kiliseye giderek Katie'yi bile şaşırtmıştı.

"Ona ne oldu bilmiyorum," dedi Katie o akşam babasıyla telefonda konuşurken. "Yemin ederim hepsi o Vicotec saçmalığından kaynaklanıyor. Vicotec'den nefret ediyorum. Peter'i hasta, beni de deli ediyor."

"Atlatacak, merak etme," dedi babası. "Piyasaya çıktıktan sonra eskisi gibi mutlu olacağız." Fakat Katie artık bundan emin olamıyordu. Vicotec yüzünden yapılan savaşlar üzücü olmuştu.

Ertesi sabah Peter tekrar hastaneyi aradı, fakat Olivia ile konuşmasına izin vermediler. Her seferinde sahte isimler vermişti, bu sefer de Boston'dan kuzeni olduğunu söyledi. Şifreli mesajlarını bile ulaştıramıyordu, kimin engellediğini de bilmiyordu. Neyse ki yaşıyordu, iyileşiyordu. Kocası basın toplantısında çok şanslı olduklarını, karısının birkaç güne kadar evine döneceğini söyledi. Sonra da West Coast'a hareket etti. Olivia tehlikeyi atlattığı için kampanya turlarına başlamıştı.

Andy, Edwin'in karısının ve çocuklarının cenaze töreninde bulunmak için döndü. Televizyonun naklen verdiği cenaze törenini seyrederken Peter büyülenmiş gibiydi, Olivia'nın orada olmadığını görünce rahatladı. Böyle bir şeye katlanamayacağını bilecek kadar iyi tanıyordu onu. Kendi oğlunu hatırlayacaktı. Fakat annesi, babası ve Edwin oradaydılar, üzüntüleri açıkça belli oluyordu, ve tabii Andy yanlarındaydı, Olivia'nın kardeşinin koluna girmişti. Politikacılar vardı, bütün gazete ve televizyon muhabirleri olayı uzaktan izliyorlardı.

Olivia cenaze törenini yoğun bakım servisindeki yatağında televizyondan izledi ve delicesine ağladı. Hemşireler seyretmemesi gerektiğini söylemişlerdi ama ısrar etmişti. Ölenler onun akrabalarıydı, yanlarında olamıyordu, fakat merasimden sonra Andy'nin gazetecilere ne kadar cesur ve nasıl bir kahraman olduğunu anlattığını görünce içinden onu öldürmek geldi.

Törenden sonra Olivia'ya telefon edip, Edwin'in ne durumda olduğunu söylemek gereğini bile duymadı. Olivia evi aradığında telefona babası çıktı, konuşması sarhoş gibiydi ve annesine uyku ilacı verdiklerini söyledi. Hepsi çok kötü durumdaydılar, Olivia onların yerine kendisi ölmediği için üzülüyordu. Çocuklar çok küçüktüler ve kimse bilmiyordu ama Edwin'in karısı hamileydi. Olivia yaşaması için bir sebep kalmadığını düşünüyordu. Bomboş bir yaşam sürüyordu, bencil bir adamın kuklası olmuştu. Sonra Peter'i ve paylaştıkları saatleri düşündü, onu görmeyi ne kadar çok istiyordu. Diğer bütün insanlar gibi Olivia da sevmişti, ama onu geçmişe gömmüştü ve onu şimdilik yaşamına ve geleceğine sokmasına imkân yoktu.

Televizyon kapatıldıktan sonra yatağına yattı, yaşamın ne kadar acımasız olduğunu düşünerek ağladı. İki minik yeğeni ile anneleri, kendi çocuğu... Andy'nin kardeşi, hepsi ölmüşlerdi. Neden hep iyi insanların seçildiğini bir türlü anlamıyordu.

"Nasılsınız Mrs. Thatcher?" diye sordu hemşire ağladığını görünce. Ne kadar mutsuz olduğu belli oluyordu Hemşire ona üzülüyordu. Birden aklına bir şey geldi. "Hastaneye yattığınızdan beri sizi saat başı birisi arıyor. Bir adam. Eski bir arkadaşınız olduğunu söylüyor, gülümsedi, "Bu sabah da kuzeniniz olduğunu söyledi. Ama aynı adam olduğundan eminim. İsmini bırakmıyor ama sesinden sizi çok merak ettiği belli oluyor." Olivia, bir an bile tereddüt etmeden arayanın

Peter olduğunu anladı. Başka kim isim vermeden arayabilirdi? O olmalıydı, yaşlı gözlerle hemşireye baktı.

"Gelecek sefer aradığında onunla konuşabilir miyim?" Dayak yemiş bir çocuk gibiydi. Her tarafı çürük içindeydi. Korkunç bir olay yaşamıştı, bir daha asla okyanusun yakınına bile gidemeyeceğini biliyordu.

"Bir daha ararsa sizi görüştürmeye çalışırım," dedi hemşire. Fakat ertesi sabah erkenden Peter aradığında Olivia uyuyordu. Ondan sonra da başka bir hemşire nöbeti devir aldı.

O günden sonra Olivia yattığı yerde hep Peter'i düşündü, nasıl olduğunu, Vicotec'in son durumunu ve FDA onayını merak ediyordu. Onunla nasıl haberleşeceğini bilmiyordu, Paris'ten ayrılırken birbirlerini aramayacaklarına söz vermişlerdi. Ama şimdi bu sözü tutmak zor geliyordu. Özellikle burada, hastanede yatarken. Hayatında nefret ettiği çok şey vardı, bütün bunları yeniden düşünmesi gerekiyordu. Andy'nin yanında olacağına söz vermişti ama şimdi bu sözünü yerine getirmek çok fazla özveriye mal oluyordu. Birden hayatın ne kadar kısa ve beklenmedik sürprizlerle dolu olduğunu ve ne kadar değerli olduğunu düşündü. Gelecek beş yıl süresince ruhunu satmıştı, şimdi bu süre ona sonsuza kadarmış gibi geliyordu. Andy'nin seçimleri kazanamaması için dua etmekten başka yapabileceği bir şey yoktu. Dayanamayacağını biliyordu. Bir başkanın karısının ortadan kaybolması kolay değildi. Gelecek beş yıl boyunca bütün bunlara katlanıp, kaderine razı olmaktan başka bir çaresi yoktu.

Yoğun bakımda beş gün daha kaldı, ciğerlerindeki su tamamen temizleninice başka bir odaya aldılar. Andy, Virginia'dan onu görmeye geldi. Fakat gelir gelmez hastane gazetecilerin istilasına uğradı, Televizyon kameramanları her tarafı sarmıştı, hatta bir tanesi Olivia'nın odasına sızmayı başardı. Olivia hemen çarşafların altına gizlendi, hemşire adamı dışarı çıkardı, fakat köpekbalıklarının kana üşüştüğü gibi, Andy'nin her gittiği yere gazeteciler üşüşüyordu, Onlar için Olivia, yutulması kolay küçücük bir balıktı.

Bu arada Andy'nin çok parlak bir fikri vardı. Ertesi gün hastanede Olivia için bir basın toplantısı düzenlemişti. Kuaför ve makyajcı da ayarlanmıştı. Her şeyi düşünmüştü, Olivia gazetecilerle, odasının önünde tekerlekli sandalyede konuşacaktı. Bunları anlatırken, Olivia'nın kalbi yerinden çıkacakmış gibi çarpmaya başladı, midesi kasılıyordu.

"Böyle bir şey yapmak istemiyorum." Alex öldüğü zaman basının nasıl sürekli peşinden kovaladığını hatırlıyordu. Şimdi de yeğenlerinin ve yengesinin boğulduğunu görüp görmediğini, onlar öldüğü halde kendisi yaşadığı için neler hissettiğini soracaklardı, onlara nasıl anlatacaktı? Bunları düşünürken bile boğulacakmış gibi oluyordu, korkuyla başını salladı. "Yapamam, Andy... Kusura bakma... " diyerek arkasını döndü, Peter'in tekrar arayıp aramadığını merak ediyordu. Yoğun bakımdan çıktığından beri o hemşireyi görmemişti, başkası da aradığını söylememişti. 'Günlerdir arayan ve adını söylemeyen adam aradı mı?' diye sormaya da cesaret edemiyordu. Dikkatleri üzerine çekecek herhangi bir şey yapmaktan çekiniyordu.

"Bak Olivia, basınla konuşmak zorundasın, yoksa bir şeyler sakladığımızı düşünecekler. Dört gün komada kaldın. Bütün ülke beyninin zarar gördüğünü, ya da onun gibi şeyler düşünsün istemezsin, değil mi?" Olivia onu dinlemiyor, sabah kardeşi ile yaptığı telefon konuşmasını düşünüyordu. Kardeşi perişan durumdaydı, Alex'in ölümünde de aynı şeyleri yaşadığı için Olivia onu çok iyi anlıyordu. Ama o bütün ailesini kaybetmişti, ve bu durumda Andy tekerlekli sandalyeye oturup basın toplantısı yapmasını isteyebiliyordu.

"Ne düşünecekleri umurumda bile değil, basın toplantısı yapmayacağım," dedi.

"Yapmak zorundasın," diye yanıtladı kocası, "Anlaşmamız var."

"Midemi bulandırıyorsun," diye arkasını döndü Olivia. Ertesi gün gazeteciler geldiğinde görüşmeyi kabul etmedi. Kuaförü ve makyajcıyı odasına sokmadı, tekerlekli sandalyeye de oturmadı. Basın mensupları kendileriyle oyun oynandığını düşündüler ve Andy lobide, tek başına bir basın toplantısı yapmak zorunda kaldı. Olivia'nın, kurtulan birkaç kişi arasında olduğu için suçluluk duygusuna kapıldığını ve bu yüzden ruhsal bir çöküntü yaşadığını anlattı. Kendisinin de aynı sıkıntıyı çektiğini söyledi. Fakat Anderson Thatcher'in tek sıkınısı, neye mal olursa olsun, Beyaz Saray'a ulaşmak için duyduğu önüne geçilmez arzuydu. Eline geçen bu fırsatı kaçırmaya hiç niyeti yoktu, ertesi gün üç tane gazeteciyi Olivia'nın odasına kendisi getirdi. Onları birdenbire karşısında görünce Olivia, hem korktu, hem de şaşırdı. Ağlamaya başladı, hemşire ve hastabakıcılar gazetecileri zorla dışarı çıkardılar. Ama odadan çıkmadan önce yarım düzine kadar fotoğraf çekmeyi başarmışlardı, sonra koridorda toplandılar ve Andy ile sohbet ettiler. Gazeteciler gittikten sonra odaya döndüğünde, Olivia yataktan fırlayıp şiddetle Andy'yi yumruklamaya başladı.

"Bunu bana nasıl yapabildin? Edwin'in bütün ailesini yeni kaybettik, daha hastaneden çıkmadım bile." Tecavüze uğramış gibi hissediyor, kendini kaybetmiş bir şekilde Andy'nin göğsünü yumruklarken hıçkıra hıçkıra ağlıyordu. Fakat Andy, onun hayatta olduğunu, iyileştiğini ve kendine geldiğini ispat etmek durumundaydı, çünkü o saklanmaya çalıştıkça gazeteciler şüphelenmeye başlamışlardı. Olivia'nın korumaya çalıştığı haysiyeti onu hiç ilgilendirmiyordu. O sadece politik yaşamını korumaya çalışıyordu.

O gece Peter haberlerde Olivia'nın fotoğraflarını görünce içi sızladı. Ne kadar korkmuştu ve ne kadar zayıftı, ağlıyordu. Gözlerindeki umutsuz ifade Peter'in kalbini parça parça etti. Üzerinde hastanenin verdiği gecelik, kollarında serumlar vardı, spiker zatürree geçirdiğini söylüyordu. Acınacak bir hali vardı, herkesin ilgisini ve merhametini çekeceği kesindi, zaten kocası da bunu istiyordu. Televizyonu kapattıktan sonra Peter hep onu düşündü.

Doktorlar hafta sonunda hastaneden çıkabileceğini söyledikleri zaman Olivia eve dönmeyeceğini söyleyince Andy çok şaşırdı. Bu konuyu annesiyle konuşmuştu bile. Ailesinin yanına gitmek istiyordu. Ona ihtiyaçları vardı. Boston'a, Douglas'ların evine gitmeye kararlıydı.

"Bu çok tuhaf olur Olivia," diye yakındı Andy o gece Olivia haberi telefonda söylediği zaman, "Çocuk değilsin, senin yerin benim yanım ve sen Virginia'ya aitsin."

"Neden?" diye sordu Olivia, "Her sabah odama gazetecileri getirmen için mi? Ailem çok kötü bir olay yaşadı, onların yanında olmak istiyorum." Kazadan dolayı Andy'yi suçlamıyordu. Fırtınanın çıkması onun suçu değildi, ama başından beri takındığı saygısız, acımasız, hatta terbiyesiz tutumundan dolayı onu asla affetmeyecekti. Olayı istismar etmiş, yararlanmaya çalışmıştı. Addison Gilbert Hastanesi'nden ayrılırken lobiye gazetecileri toplayarak aynı şeyi tekrar yaptı. Hastaneden o gün çıkacağını bilen tek kişi Andy'ydi, gazetecilere haber veren ondan başkası olamazdı. Annesiyle babasının evine de geldiler ama bu sefer onları babası göğüsledi.

"Yalnız kalmak istiyoruz," diye açıkladı. Konuşan vali olduğu için insanlar dinlemek zorunda kaldılar. Birkaç soruya yanıt verdi ve ne karısının, ne kızının ve ne de oğlunun basın mensuplarını eğlendirecek durumda olduklarını söyledi. "Anlayış göstereceğinizden eminim," dedi kibarca ve sadece tek bir fotoğraf çekilmesine izin verdi. Mrs. Thatcher'in gelişi konusunda yapılacak bir açıklama olmadığını, sadece annesi ve onlarla kalan kardeşi ile beraber olmak istediğini söyledi. Edwin Douglas henüz evinde yalnız kalacak güçte değildi, olayın etkisinden sıyrılamamıştı.

"Kazadan sonra Thatcher'lerin araları mı açıldı?" diye soran bir gazeteciye vali hayretle baktı. Bu daha önce hiç aklına gelmemişti, o gece, bir şeyler bilip bilmediğini merak ederek, o da aynı soruyu karısına sordu.

"Zannetmiyorum," dedi Janet Douglas. "Olivia bir şey söylemedi." Ama ikisi de Olivia'nın bazı şeyleri kendisine sakladığını biliyorlardı. Son yıllarda çok kötü olaylar yaşamıştı ve düşüncelerini kendisine saklamaktan hoşlanırdı.

Fakat aynı soru Andy'ye sorulunca hemen şikâyete başladı. Eve dönmediği takdirde kısa zamanda dedikoduların başlayacağını söyledi.

"Canım ne zaman buradan ayrılmak isterse eve o o zaman geleceğim," dedi Olivia.

"Bu ne zaman olacak peki?" İki haftaya kadar California'ya gidecekti, Olivia'nın da birlikte gitmesini istiyordu.

Aslında Olivia da birkaç güne kadar Virginia'ya dönmeyi düşünüyordu, ama Andy'nin ısrarları karşısında daha fazla kalmak geliyordu içinden. Nihayet gelişinden bir hafta sora annesi onu sorgulamaya başladı.

Bir gün annesinin odasında otururlarken, "Neler oluyor?" diye sordu kibarca. Annesi sürekli migrenden yakınıyordu, yine ağrısı vardı, başında buz torbasıyla yatıyordu. "Andy ile aranız iyi mi?"

"Bu 'iyi' denmekle neyi kastettiğine bağlı," dedi Olivia. "Eskisinden kötü bir şey yok. Gazetecilerin üzerime gelmesine razı olmadığım ve televizyona çıkıp kazanın nasıl olduğunu anlatmak istemediğim için kızıyor. Hiç merak etme anne, birkaç güne kadar yine bir basın toplantısı ayarlar."

"Politika erkekleri tuhaf yapıyor," dedi annesi. Bunun

ne demek olduğunu ve nelere mal olduğunu ondan daha iyi kimse bilemezdi. En son geçirdiği göğüs ameliyatı bile televizyona konu olmuştu. Şemalar gösterilmiş, doktoruyla söyleşi yapılmıştı. O, valinin karısıydı ve bütün bunları kabullenmek zorunda olduğunu biliyordu. Hayatı boyunca kamuoyunun gözleri üzerinde olmuştu, tabii bu ondan pek çok şey alıp götürmüştü. Kızından da bazı şeyleri götürmeye başladığını görebiliyordu. Sonunda seçimler kaybedilse bile, kazanmak için ödenen bedel çok pahalıydı.

Olivia sessizce annesine bakarken, 'Gerçeği söylesem ne der acaba?' diye düşünüyordu. Günlerdir düşünüyordu. Artık ne yapması gerektiğine karar vermişti. "Andy'den ayrılacağım anne. Yapamayacağım. Haziranda ondan ayrılmak istedim, ama başkanlığı o kadar çok istiyordu ki, onunla kampanyaya katılmaya ve kazanırsa beş yıl birlikte olmaya razı oldum." Mutsuz bir hali vardı. Yaptığı kabalığı sözlerle anlatmak çok zor geliyordu. "Bunun karşılığında bana her yıl için bir milyon ödeyecekti. İşin komik tarafı bu beni hiç ilgilendirmiyor. Bana para teklif ettiği zaman oyun gibi geldi. Bu teklifi onun iyiliği için kabul ettim, ne de olsa bir zamanlar onu seviyordum. Ama başından beri onu yeterince sevmediğimi anladım. Bunu yapamayacağımdan artık gerçekten eminim." Böyle bir fedakârlık için, kimseye, hatta Andy'ye bile borçlu değildi.

"Yapma o zaman." Janet Douglas ciddiydi. "Yılda bir milyon dolar için buna değmez. On milyon için de değmez. Hiçbir meblağ insan hayatını mahvetmeye değmez. Kendini bunu yapmaya hazır hissediyorsan hiç durma. Ben de yıllar önce aynı şeyi yapmalıydım, politika evliliğimi yıktı, istediğim şeyleri yapmama engel oldu, ailemize acı verdi ve yaşamı hepimize zehir etti. Olivia, eğer bunu gerçekten istiyorsan ve henüz yapabilecek durumdaysan hiç durma. Lütfen tatlım." Sevgiyle kızının elini sıkarken gözleri doldu. "Sana yalvarıyorum. Baban ne söylerse söylesin, ben bütün gücümle arkandayım." Sonra daha ciddileşti. Olivia hem politikayı, hem de evliliğini terk ediyordu. "Peki ya Andy? O ne diyecek?"

"Evliliğimiz çoktan bitti, anne."

Janet başını salladı. Hiç şaşırmamıştı. "Ben de öyle tahmin ediyordum. Ama emin değildim." Sonra gülümsedi. "Baban geçen gün ona yalan söylediğimi sanacak. Bana aranızın iyi olup olmadığını sordu, ben de iyi dedim. Ama o zaman henüz bilmiyordum."

"Teşekkür ederim, anne." Olivia annesine sarıldı. "Seni seviyorum." Annesi ona en büyük hediyeyi, hayır duasını vermişti.

"Ben de seni seviyorum, hayatım," dedi kızına sarılarak. "Ne yapman gerekiyorsa onu yap ve babanın ne diyeceğini sakın aklına takma. Bir şey olmaz. O ve Andy bir süre bağırıp çağırırlar, fakat sonra atlatırlar. Andy daha genç. Tekrar evlenip her şeye yeniden başlayabilir. Onun Washington'dan kurtulması imkânsız. Sen istemediğin takdirde, Olivia, seni geri dönmeye zorlamasına izin verme." Kızının oralardan uzaklaşmasını, özgürlüğüne kavuşmasını istiyordu.

"Geri dönmek istemiyorum, anne. Asla dönmeyeceğim. Onu yılar önce terk etmem gerekirdi... Belki de Alex doğmadan önce, hiç değilse öldükten sonra."

"Daha çok gençsin, kendine yeni bir hayat kurabilirsin," dedi annesi. O bunu yapamamıştı. Kendi hayatını, mesleğini, arkadaşlarını, hayallerini feda etmişti. Bütün enerjisini kocasının politik kariyeri için harcamıştı, ama kızının öyle olmasını istemiyordu. "Ne yapmayı düşünüyorsun?"

"Yazmak istiyorum." Mahcup mahcup gülümsedi, annesi de güldü.

"Tam bir kısırdöngü değil mi? Yap o zaman, kimsenin sana engel olmasına izin verme."

Öğleden sonra oturup sohbet ettiler, sonra birlikte mutfağa geçip yemek hazırladılar. Bir ara Olivia ona Peter'den bahsetmek istedi, sonra vazgeçti. Fransa'ya gideceğini, çok sevdiği küçük bir balıkçı köyüne yerleşeceğini söyledi. Yazmak ve saklanmak için çok uygun bir yerdi, ama annesi ömür boyu saklanamayacağı konusunda onu uyardı.

"Ömür boyu saklanman mümkün değil."

"Neden olmasın?" Olivia mahzun mahzun gülümsedi. Kaçmaktan başka yapabileceği bir şey yoktu, ama bu sefer gerçekten kaçıyordu. İnsanlarla ve basınla karşılaşmak istemiyordu.

O gece kardeşi de akşam yemeğine kaldı. Çok üzgündü, ağzını bıçak açmıyordu, fakat Olivia onu bir iki kere güldürmeyi başardı. Washington'daki olayları her gün telefon ve fakslarla takip ediyordu. Bu kadar büyük acıya rağmen, onun hâlâ bu işlerle uğraşmasına Olivia inanamıyordu. Edwin babasına çok benziyordu. O da aynı babası ve kocası gibi kendini politikaya adamıştı. O gece geç vakit Olivia Andy'ye telefon etti ve aldığı önemli kararlarını söyledi.

"Geri dönmeyeceğim."

"Yine başlama." Bu sefer Andy sinirli görünüyordu. "Anlaşmamızı unuttun galiba?"

"O anlaşmada beni seninle kalmaya bağlayan bir madde yok. Sadece eğer kalırsam bana her yıl için bir milyon dolar ödeyeceğin yazıyor. Böylelikle oldukça yüklü bir miktar kazancın oluyor."

"Bunu yapamazsın," dedi Andy. Daha da sinirlenmişti. Olivia en çok arzu ettiği şeyi engellemeye çalışıyordu.

"Yaparım. Ve yapıyorum. Yarın sabah Avrupa'ya hareket ediyorum."

Aslında gitmiyordu, daha birkaç gün kalacaktı, ama Andy'nin her şeyin bittiğini anlamasını istiyordu. Ertesi gün de Boston'da kaldı ve annesinin tahmin ettiği gibi babası durumu öğrendiği zaman kıyameti kopardı. Fakat Olivia otuz dört yaşındaydı, ne yapacağını biliyordu.

Koskoca bir kadındı artık. Ve hiçbir şeyin onu kararından caydıramayacağını biliyordu.

"Neleri feda ettiğinin farkında mısın?" diye babası bağırdı odanın ucundan, Andy minnetle ona bakıyordu. Sanki Olivia'yı linç etmek istiyorlardı.

"Evet," dedi Olivia, sakindi ve doğrudan doğruya babasının gözlerinin içine bakıyordu, "Kalp kırmalar ve yalanlar. Bütün bunları çok uzun zamandır yaşıyorum ve artık bunlar olmadan da yaşayabileceğimi düşünüyorum. Ha, istismar edilmeyi söylemeyi unuttum."

"Ukalalık etme," dedi babası, sinirlenmişti. Kurt bir politikacıydı ve Andy kadar kibirli değildi. "Güzel bir yaşam ve büyük bir fırsat, bunu sen de biliyorsun."

"Senin için öyle olabilir." Olivia, saklamaya gerek duymadığı bir kederle babasına bakıyordu. "Ama diğerlerimiz için kampanya boyunca bozulan vaatler, yalnızlık ve hüsran olabilir. Ben gerçek bir yaşam istiyorum, gerçek bir adamla ya da yalnız, hiç fark etmez. Buna artık aldırmıyorum bile. Elimden geldiği kadar politikadan uzaklaşmak istiyorum ve bir daha bu konuda tek bir kelime bile duymak istemiyorum." Yan gözle bakınca annesinin gülümsediğini gördü.

"Aptallık ediyorsun," diye köpürdü babası, fakat o gece geç vakit Andy giderken, zehirli bir yılan gibi, Olivia'ya bütün bu yaptıklarını ödeteceğini söyledi. Yalan söylemiyordu. Ve Olivia üç gün sonra, Fransa'ya hareket edeceği gün, Boston gazetelerinde hakkında yazılanları kimin uydurduğunu çok iyi biliyordu. Son geçirdiği elim kazada ailesinin üç ferdini kaybettikten sonra Olivia'nın ruhsal çöküntüye girdiği ve sinir krizi geçirdiği için hastaneye yatırıldığı yazıyordu. Kocasının onun için endişe ettiği yazıyor, açık açık bahsedilmemekle birlikte, Olivia'nın geçirdiği sinir krizi yüzünden aralarının açıldığı ima ediliyordu. En kötü zamanda başına böylesine dertler geldiği için makale, kamuoyunun merhametini Andy'ye çekiyordu. Andy işini biliyordu. Olivia aklını kaçırdığına göre Andy'nin onu bırakması normal karşılanacaktı. Andy birinci raundu kazanmıştı... Yoksa ikinci raunt muydu?.. Belki de onuncu rauntu. Andy onu nakavt mı etmişti, yoksa onun bakmadığı bir anda Olivia kaçıp hayatını kurtarmış mıydı? Artık bundan emin olamıyordu.

Peter de gazetelerde yazılan hikâyeyi okuduğu zaman bunun Andy tarafından hazırlanan bir düzmece olduğundan şüphelendi. Olivia'yı çok az tanıyordu ama bu hikâyenin ona göre olmadığını biliyordu. Fakat bu sefer kontrol etme olanağı yoktu, gazetede hangi hastaneye yatırıldığı yazmıyordu. Gerçeği öğrenmesi mümkün değildi ve bu onu çıldırtıyordu.

Andy'ye ayrılmak istediğini söyledikten birkaç gün sonra, bir perşembe günü Olivia'yı havaalanına annesi götürdü. Ağustos sonlarıydı, Peter ve ailesi hâlâ Vineyard'daydı. Janet Douglas kızını uçağa bindirdi ve uçak havalanana kadar bekledi. Onun güvende olduğundan ve gerçekten gittiğinden emin olmak istiyordu. Annesine göre Olivia ölümden de beter olan kaderinden kaçmıştı, uçağın Paris'e doğru uçuşunu seyrederken içi rahattı.

"Allah yardımcın olsun Olivia," diye mırıldandı arkasından, uzun süre Amerika'ya dönmemesi için dua ediyordu. Burada onu acılar, kötü anılar, onu incitecek bencil ve değersiz adamlar bekliyordu. Fransa'ya gittiği için annesi mutluydu. Uçak gözden kaybolurken Janet korumalarına işaret etti, hafifçe iç çekerek havaalanından uzaklaştı. Olivia kurtulmuştu artık.

Onuncu Bölüm

Ağustosun sonlarına doğru Vicotec araştırması ile ilgili gelen fakslar sıklaştıkça, Peter ile kayınpederinin arasındaki gerginlik artmaya başladı. İşçi Bayramı'ndan sonraki hafta sonunda artık açıkça belli oluyordu, çocuklar bile anlamaya başlamışlardı.

"Babamla büyükbabamın arasında ne var?" diye sordu Paul bir gün, Katie oğlunu kaşlarını çatarak yanıtladı.

"Baban zorluk çıkarıyor." Oğlu bile bu gerginlikten dolayı Peter'i suçladığının farkındaydı.

"Kavga mı ettiler?" Artık bunları anlayacak kadar büyümüştü, annesi onunla genellikle açık ve dürüst konuşurdu. Arada sırada babasıyla büyükbabasının sürtüştüklerini anlattı ama "kavga" onların ailesinde pek rastlanan bir olay değildi.

"Yeni bir ürün üzerinde çalışıyorlar," diye açıkladı annesi, ama iş bu kadar basit değildi, Katie de bunun farkındaydı. Defalarca Peter'e babasının üzerine fazla gitmemesini rica etmişti. Babası bütün bir yaz boyunca bu işle uğraşmıştı ve bu yaşında onun için pek doğru değildi."

Aslında Katie bile, babasının her zamankinden daha iyi göründüğünün farkındaydı. Yetmiş yaşında olmasına rağmen her gün bir saat tenis oynuyor, her sabah bir mil yüzüyordu.

"Anlıyorum," dedi Paul, annesinin açıklaması onun tatmin etmişti. "Anladığım kadarıyla fazla önemli değil." Vicotec'le ilgili milyonlarca dolarlık sorunu, on altı yaşın verdiği umursamazlıkla, bir anda kafasından silip attı.

O akşam hep birlikte yaza veda patisine davetliydiler. Bütün arkadaşları orada olacaklardı ve iki gün içinde artık şehre döneceklerdi. Patrick ile Paul okullarına dönecekler, Mike ise Princeton'a gidecekti. Pazartesi günü hep birlikte Greenwich'e dönüyorlardu.

Katie'nin çok işi vardı, hem kendi evlerini, hem de babasının evini kapatacaktı. Yatak odasında elbiseleri kaldırırken Peter de yatağın üzerine uzanıp onu seyretmeye başladı. Yaz onun açısından hiç iyi geçmemişti. Vicotec'i neredeyse kaybedecek duruma gelmiş, kısacık bir beraberlikten sonra Olivia'dan ayrılmak zorunda kalmıştı, bütün bunlar Ağustos ayı boyunca onu yeterince üzmüştü. Vicotec için duyduğu endişe keyfini kaçırmaya yetiyordu, Frank'ın sürekli baskıları ve Katie'nin hiç üzerine vazife olmadığı halde el altından işlere karışması da tuz biber ekiyordu. Peter'le kayınpederinin arasında geçenlerle Katie fazlasıyla ilgileniyordu ve her vesile ile babasını korumaya çalışıyordu. Ve Peter'in Paris'te yaşadığı beş günün hiçbir şeyi değiştirmediğini söylemek mümkün değildi. Böyle olmasını Peter istememişti. Geri gelip işlere kaldığı yerden başlamaya kararlıydı, ama öyle olmadı. Bu pencereyi açıp karşısındaki manzarayı görmek ve tekrar eve kapanmak gibi bir şeydi. Sürekli aynı yerde durup, karşısındaki boş duvara bakmak ve orada gördüğü kısacık güzellikleri düşünmek gibiydi. Olivia ile gördüğü manzara unutulur gibi değildi, böyle olmasını hiç istemediği halde, bütün yaşamını sonsuza kadar değiştirdiğini biliyordu. Hayatını değiştirmeye ve hiçbir yere gitmeye niyeti yoktu. Kazadan sonra hastaneye telefon edip, yoğun bakım ünitesindeki hemşireden sağlık raporlarını almak dışında onunla bir daha hiç bağlantı kurmamıştı. Ama yine de onu unutamıyordu. Geçirdiği kaza Peter'i fazlasıyla üzmüşü ve onun böyle bir cezayı hak ettiğine inanmıyordu. Neden kendisi değil de o? Neden Olivia cezalandırılmıştı?

"Kötü bir yaz olduğu için üzülüyorum," dedi Peter. Yatağın üzerine oturmuştu, Katie bir deste süveteri naftalin dolu bir kutuya yerleştirmeye çalışıyordu.

"O kadar da kötü değildi," dedi. Katie, merdivenin tepesine çıkmıştı, omuzunun üzerinden dönüp Peter'e baktı.

"Benim için kötüydü." Peter bütün yaz mutsuz olmuştu. "Kafam çok doluydu," diye basit bir şekilde açıkladı, Katie gülümsedi ve Peter'e bakan gözleri birden ciddileşti. Babasını düşünüyordu.

"Babam için de öyle. Onun için de pek kolay olmadı." Katie, Vicotec'i düşünüyordu. Peter ise Paris'te tanıdığı olağanüstü kadını. Olivia'yı tanıdıktan sonra Katie dönmek pek kolay olmamıştı. Katie son derece başına buyruk ve soğuktu, her şeyini Peter'den ayrı yapıyordu. Arada sırada arkadaşlarıyla buluşmak ve babasıyla tenis oynamanın dışında yıllardır birlikte yaptıkları bir şey kalmamıştı. Ama Peter daha fazlasını istiyordu. Kırk dört yaşına gelmişti ve macera yaşamak istiyordu. Ona yaklaşmak, rahatlamak, dostluk, ve heyecan istiyordu. Ona sokulmak, teninin tenine değdiğini hissetmek istiyordu. Onun kendisini arzu etmesini istiyordu. Ama Katie'yi yirmi dört yıldır tanıyordu ve aralarında artık aşk kalmamıştı. Anlayış ve saygı vardı, pek çok uyuşan zevkleri vardı, ama Katie yanında yattığı zaman heyecanlanmıyordu. Heyecanlandığı zaman da Katie'nin ya bir yere telefon etmesi gerekiyor, ya toplantısı ya da babasıyla randevusu oluyordu. Artık sevişmek, baş başa kalmak, gülüşmek ve konuşmak için hiç zamanları yoktu, Peter bunları özlüyordu. Olivia bütün bu özlediklerini ona vermişti. Gerçekte onunla yaşadıklarını Katie ile hiç yaşamamıştı. Olivia ile yaptığı her şey onu sarhoş etmişti, nefesi kesilmişti. Katie ile olan yaşamı hep bir mezuniyet çayına gider gibi olmuştu, oysa Olivia ile bir masal prensesi ile baloya gider gibi hissetmişti kendisini. Aptalca bir kıyaslama yapmıştı, kendi kendine gülmeye başladı, o sırada Katie ise ona bakıyordu.

"Neye gülüyorsun? Babam için de çok zor olduğunu söylüyordum." Ama Peter söylediği tek bir kelimeyi bile duymamıştı. Hâlâ Olivia Thatcher'i düşünüyordu.

"Bizimki gibi bir işin başında olmanın bedeli bu," dedi Peter. "Yükü ağır, sorumluluğu fazladır, kimse kolay olduğunu söylemedi." Babasını dinlemekten bıkmıştı artık. "Ama ben bunu düşünmüyordum. Birlikte bir yere gitmeye ne dersin? Biraz dinlenmeye ihtiyacımız var." Marta's Vineyard'da eskiden olduğu gibi dinlenemiyorlardı artık. "İtalya veya başka nereyi istersen. Karayibler olabilir, Hawaii olabilir." Belki değişiklik iyi gelebilir, heyecanlı olabilirdi, belki seyahat hayatlarına biraz hareket kazandırabilirdi.

"Şimdi mi? Neden? Eylül geldi, yapılacak binlerce işim var, senin de öyle. Çocukları okula hazırlayacağım, gelecek hafta sonu Mike'ı Princeton'a götürmemiz gerekiyor." Peter'e sanki deliymiş gibi bakıyordu, ama Peter kararlıydı. Bunca yıl sonra, beraberliklerini kurtarmak için elinden geleni yapacaktı.

"O halde çocukları okula yerleşirdikten sonra gideriz. Ben de bugün demedim zaten, belki önümüzdeki haftalarda olabilir. Ne dersin?" Katie merdivenden inerken umutla baktı, ona daha fazla şeyler hissetmek istiyordu. Ama ne yazık ki hissedemiyordu. Belki Karayibler'e yapacakları bir seyahat pek çok şeyi değiştirebilirdi.

"Eylülde FDA'ya gideceksin. Bunun için hazırlanman gerekmez mi?"

Babası ne düşünürse düşünsün, FDA'ya gitmeye niyeti olmadığını ve babasının da gitmesine izin vermeyeceğini söylemek istemedi. Bütün sorunları çözülmeden Vicotec'i piyasaya çıkarıp kendilerini tehlikeye atmak istemiyordu. "Bırak da bunu ben düşüneyim," dedi Peter, "Sen bana ne zaman gidebileceğimizi söyle yeter, programı ben yaparım." Peter'in programında sadece fiyat konusunu konuşacağı Araştırma Komitesi vardı. Ama gerekirse erteleyebileceğini biliyordu. Bu bir ölüm kalım meselesi değil sadece saygınlık ve itibar konusuydu. Peter için evlilikleri çok daha önemliydi.

"Bu hafta çok fazla toplantım var," diye Katie mırıldandı ve kazaklarla dolu bir başka çekmece açtı. Peter onu seyrederken gerçekten ne demek istediğini düşünüyordu.

"Yani gitmek istemiyor musun?" Eğer gerçek buysa, bilmek istiyordu. Belki onun da canını sıkan bazı şeyler vardı, Peter'in kafasında birden şimşekler çaktı. Yoksa onun da bir ilişkisi mi vardı? Başka birisine mi âşıktı? Peter'den kaçıyor muydu? Daha önce hiç aklına getirmemişti, ama şimdi birden düşününce kendini aptal gibi hissetti, Katie de onun gibi kolayca birine kapılabilirdi. Hâlâ çok çekiciydi ve henüz genç sayılırdı, pek çok erkeği cezbedecek kadar güzeldi. Peter bunu ona nasıl soracağını bilmiyordu. Her zaman soğuk ve mesafeliydi. Bir ilişkisi olup olmadığını sormak mümkün değildi. Gözlerini kısıp Katie'ye baktı, kazakların üzerine naftalin serpiyordu. "Benimle seyahat etmek istememenin belirli bir sebebi var mı?" Elinden geldiği kadar doğal konuşmaya gayret etmişti, sonunda Katie başını kaldırdı ve Peter'i çok sinirlendiren cevabını verdi.

"Şimdi gitmek babama haksızlık olur. Zaten Vicotec onu yeterince sinirlendiriyor. Kafasında bir sürü sorun var. Bu durumda onu ofiste tek başına bırakıp, gidip plajlarda keyif yapmak biraz bencilce bir davranış olur." Peter sinirlendiğini belli etmemeye çalıştı. Frank'ı taşımaktan bıkmıştı artık. On sekiz yıldır aynı şeyi yapıyordu.

"Belki şu sıra bencil olmamız gerekiyordur," diye ısrar etti. "Bazen sen de on sekiz yıldır evli olmamıza rağmen, kendimiz ve evliliğimiz için fazla bir şey yapamadığımızı düşünmüyor musun?" Katie'yi şüphelendirmeden bir şeyler söylemeye çalışıyordu.

"Sen ne demek istiyorsun? Yani benden bıktığın için beni bir yerlerde bir plaja götürüp biraz yenilir, yutulur hale mi getirmek istiyorsun?" Döndü ve bir an Peter'in yüzüne baktı, Peter ne cevap vereceğini bilmiyordu. Söylemeye cesaret edemiyordu ama Katie gerçeğe oldukça yaklaşmıştı.

"Babandan, çocuklardan, telesekreterden, senin toplantılarından, hatta Vicotec'den bile uzaklaşmak iyi gelir diye düşünmüştüm. Burada bile faks makinesi peşimi bırakmıyor, sanki ofisimi buraya, kumların üzerine taşımışım gibi. Seninle baş başa bir yere gitmek, kimse bizi rahatsız etmeden sohbet etmek, birbirimizi ilk gördüğümüz anda neler düşündüğümüzü ve ilk evlilik günlerimizi konuşmak istedim."

Katie gülümsedi, nihayet onu anlamaya başlamıştı. "Sanırım orta yaş krizine giriyorsun. Bana öyle geliyor ki, sen FDA Toplantısı yaklaştığı için sinirleniyorsun ve kaçmak istiyorsun ve bunun için de beni kullanıyorsun. Unut bunları genç adam. Düzelirsin. Birkaç güne kalmaz hepsi geçer ve hepimiz seninle gurur duyarız." Katie bunları gülümseyerek söylüyordu, Peter'in yüreği daraldı. Katie, ne arzularını ne de FDA'ya başvurmak istemediğini anlamak istemiyordu. Peter sadece fiyat konusunda Araştırma Komitesi'ne katılacaktı.

"Bunun FDA ile bir ilgisi olduğunu sanmıyorum," dedi, sakin olmaya çalışıyordu ve bu konuyu açmak istemiyordu.

Zaten babasıyla yeterince tartışıyorlardı. "Ben bizden bahsediyorum, Katie, FDA onayından değil." Fakat o sırada çocuklar konuşmalarını kestiler. Mike arabanın anahtarını istiyordu, Patrick de iki arkadaşı ile birlikte gelmiş, aç olduklarını söylüyor, pizza olup olmadığını soruyordu.

Katie, "Ben de şimdi alışverişe gidecektim" diye seslenerek ortadan kayboldu. Odadan çıkmadan önce durdu ve omuzunun üzerinden kocasına baktı. "Hiç merak etme, her şey yoluna girecek," dedi ve çıktı. Peter uzun süre yatağın üzerinde oturdu, içi bomboştu. Hiç değilse denemişti.

Ama bir yere varamamıştı, az da olsa teselli buluyordu. Katie, Peter'in ne söylemek istediğini bile anlamamıştı, tüm dikkati sadece babasına ve FDA onayına odaklanmıştı.

Partide Frank da bunlardan bahsetti. Bozuk plak gibi durmadan aynı şeyleri tekrarlıyordu. Peter konuyu değiştirmek için elinden geleni yaptı. Frank sürekli "mantıklı" olmasını ve "kafasına takmamasını" söyleyip duruyordu. Araştırma ekiplerinin Vicotec piyasaya çıkmadan önce bütün virüsleri bulacaklarından emindi, FDA'dan erken onay için yaptıkları başvuruyu geri çekerlerse, saygınlıklarını yitireceklerini düşünüyordu. Frank, bunun, ilaçlarının tehlikeli olduğunu bütün ilaç sanayiine ilan etmek için kırmızı bayrak sallamak olacağını düşünüyordu.

"Böyle bir fikri kafalardan silmek yıllarımızı alır. Bir kere konuşmaya başladılar mı, gerisini bilirsin. Böyle bir şey Vicotec'i hayat boyu lekeyeleyebilir."

"Bunu göze almak zorundayız, Frank," dedi Peter, elinde içki bardağı vardı. Artık bunu çok iyi biliyordu, ikisinin de karşıt fikirleri vardı ve ikisi de ödün vermiyorlardı.

Peter hemen Frank'ın yanından uzaklaştı ve az sonra onun Katie ile konuşmakta olduğunu gördü. Ne konuştuklarını tahmin etmek güç değildi, onları böyle görmek iyice keyfini açırdı. Katie'nin babasıyla, Peter'in teklif ettiği seyahati konuşmadığı belli oluyordu. Peter bu küçük planın hiçbir zaman gerçekleşmeyeceğini de biliyordu. O gece seyahat hakkında başka bir şey konuşmadı. Ondan sonraki iki gün de evi toparlamak ve kapatmakla uğraştılar. Evi kışın kullanmıyorlardı, gelecek yaza kadar kapalı kalacaktı.

Dönüşte arabada çocuklar sürekli okullarından bahsettiler. Paul, Andover'deki arkadaşlarını özlemişti, Patrick sonbaharda Choate ve Groton'a gitmek istiyordu. Mike ise durmadan Princeton'dan bahsediyordu. Büyükbabası da orada okumuştu ve Mike hayatı boyunca onun okul anılarını ve kulüp toplantılarını dinlemişti.

"Keşke sen de orada okusaydın, baba. Çok iyi bir yer." Chicago Üniversitesi gece okulundan alınmış bir diplomanın Princeton'la kıyaslanması ona göre mümkün değildi.

"Çok iyi olduğundan ben de eminim, oğlum, ama oraya gitmiş olsaydım, annenizle tanışamayacaktım," dedi. Michigan Üniversitesi'nde ilk karşılaştıkları günü hatırlamıştı.

"Bu da bir fikir," dedi Mike gülerek. İlk fırsatta o da büyükbabasının kulübüne katılacaktı. Bunun için bir yıl beklemesi gerekiyordu, bu arada o da cemiyetten birkaç kişi ile konuşacaktı. Her şeyi planlamış, her şeyi yoluna koymuştu. New York'a kadar yol boyunca hep bunları anlattı ve nedense Peter kendini dışlanmış ve yalnız hissettti. Çok tuhaftı, on sekiz yıl önce Peter de onlardan biriydi, ama şimdi kendini yabancı hissediyordu, oğulları bile onu öyle görüyorlardı.

Arabadakiler susunca Peter'in düşünceleri Olivia'ya kaydı. İlk gece Montmartre'de, sonra da La Faviére'de kumsalda yürürken yaptıkları konuşmaları hatırladı. Söyleyecek ve düşünecek o kadar çok şey vardı ki. Dalgın dalgın Olivia'yı düşünürken karşıdan gelen bir arabayı son dakikada fark etti, direksiyonu kırdı ve çarpşmayı zar zor önledi. Arabadaki herkes bağırıyordu.

"Baba, ne yapıyorsun Allah aşkına!" Mike olanlara inanamıyordu.

"Özür dilerim," dedi Peter ve daha dikkatli sürmeye çalıştı, ama Olivia ona kimsenin vermediği şeyleri vermişti. Elde ettiği her şeyin, Donovan'ların değil, kendi gücüyle olduğunu söylemişti. Ama buna inanmak çok zordu, hele Peter hiç inanamıyordu. O hâlâ sahip olduğu her şeyi Katie ve babasına borçlu olduğunu düşünüyordu.

Düşünceleri tekrar Olivia'ya kaydı. Nerede olduğunu merak ediyordu, acaba hastaneye yattığı haberi doğru muydu? Anlatılanlar Peter'e masal gibi gelmişti. Sanki daha önce gazetede okuduğu, boşanma, aşk macerası ya da estetik ameliyatı gibi haberler kamuoyundan gizlemek için yapılan şişirme haberlere benziyordu, ama Olivia için bu saydıklarından iki tanesi geçerli olamazdı. Andy'nin başkanlık konusundaki tüm azmine rağmen, Olivia onu bırakmış olabilirdi. O zaman da Andy, Olivia'nın çıldırdığı haberini yaymış olabilirdi.

İki gün sonra ofisine girdiğinde masasının üzerinde duran kartı görünce düşündüklerinin doğru olduğunu anladı. Kartı öğlen yemeğinden döndüğü zaman masasının üzerinde bulmuştu. Üzerinde küçük bir balıkçı teknesi resmi ve La Faviére damgası vardı.

Küçük, dikkatli bir el yazısıyla ve neredeyse şifreli yazılmıştı. "Yine buradayım. Sonunda yazmaya başladım. Yapamayacağımı anladım. Umarım her şey yolundadır. Ne kadar cesur olduğunu unutma. Hepsi senin başarın. Hepsini *sen* yaptın. Bu cesaret ister, benim yaptığım gibi kaçmakla olmaz. Ama ben mutluyum. Kendine dikkat et. Sevgiler." Altını sadece "O" diye imzalamıştı. Ama Peter satırların arasında neler gizli olduğunu anlamıştı. Olivia'nın onu sevdiğini söyleyen kısık sesi hâlâ kulaklarındaydı. Olivia hâlâ onu, o da hâlâ Olivia'yı seviyordu. Her zaman da sevecekti. O, kalbinde ve anılarında sonsuza kadar yaşayacaktı.

Kartı tekrar tekrar okudu ve düşündü. Olivia sandığından daha güçlüydü. Onun yaptıkları gerçekten cesaret işiydi. Ona hayrandı. Sevmediği yaşamdan kaçıp kurtulduğu için onun adına seviniyordu. Orada mutlu ve huzurlu olacağını biliyordu. Ve yazdığı şey ne olursa olsun harika olacağından emindi. Duygularından korkmuyordu, hissettiği gibi yaşamak istiyor, düşüncelerini söylemekten çekinmiyordu. İçi dışı birdi, Peter'le olan beraberliklerinde de öyle davranmıştı. Hiçbir şeyi saklamaz, kimseyi kandırmazdı. Kendisine neye mal olursa olsun, gerçeklerle yaşamayı seven bir kadındı. Olivia artık özgürdü, Peter onu kıskanıyordu, kimsenin görmemiş olmasına dua ederek kartı sakladı.

Ertesi gün Vicotec'in test sonuçları geldi, umduğundan iyiydi, ama ilacın erken piyasaya verilebilmesi açısından yetersizdi. Peter bunu zaten biliyordu. Artık raporları okumakta uzmanlaşmıştı, bunun ne anlama geldiğini çok iyi anlayabiliyordu, Katie'nin babası da biliyordu. İşe enine boyuna görüşmek için ikisi cuma günü bir toplantı yapmaya karar vermişleridi, öğleden sonra ikide, Frank'ın ofisinin yanındaki konferans salonunda buluştular. Frank'ın yüz ifadesi son derece sertti, Peter'in söyleyeceklerini tahmin ediyor gibiydi. Çene çalmayla vakit kaybetmediler, sadece bir iki cümle ile Mike'dan bahsettiler. Peter ile Katie hafta sonunda onu Princeton'a götüreceklerdi, Frank bundan son derece gurur duyuyordu. Fakat konu kapanıverince ikisi de ciddileştiler.

"İkimiz de neden burada olduğumuzu biliyoruz, değil mi?" dedi Frank, Peter'in gözlerinin içine bakıyordu. "Ve ben senin benimle aynı fikirde olmadığını da biliyorum," diye ekledi. Her an sıçramaya hazır bir kobra yılanı gibi bütün vücudu gerilmişti. Peter bir an kendisini küçük bir ava benzetti, kendini ve şirketin prestijini korumak için hazırlandı, Frank bunu sezinliyordu ve gerekirse rütbesinden yararlanmaya hazırdı. "Sanırım benim kararlarıma güvenmek zorunda olduğunu biliyorsun. Bu tür olayları daha önce de yaşadım. Yaklaşık elli yıldır bu işin içindeyim, onun için şimdi ne yaptığımı bildiğimi söylediğim zaman bana inanmak zorundasın. Şimdi FDA'ya başvurmanın tam zamanı. İlacı resmen piyasaya sürünceye kadar hazır oluruz. Hazır olacağımızdan emin olmasam böyle bir tehlikeyi göze almazdım."

"Peki ya yanılıyorsan? Ya birini öldürürsek? Bir kişi bile... Bir adam, bir kadın veya bir çocuk... Ne yaparız? Ne söyleyebiliriz? Vicdanımız nasıl rahat eder? Piyasaya erken çıkarma başvurusu yaparak bütün bunları nasıl göze alabiliriz?" Peter vicdanının sesiyle konuşuyordu ama Frank onun felaket habercisi olduğunu düşünüyor, "Paris'teki o aptal" gibi korkak davranmakla suçluyordu. "Suchard bunların hepsini bilir. Onu bize doğruyu söylesin diye işe almıştık. Verdiği haber kötü bile olsa onu dinlemek zorundayız. Artık bizimle bir ilişkisi kalmadı ama biz farkında olmadan bir sorunu ortaya çıkardı ve artık bunu göz ardı edemeyiz. Bunu sen de biliyorsun."

"İki ayda ek araştırmalar için harcanan on milyon dolara ben 'göz ardı etmek' diyemem Peter. Ve hiçbir şey elde etmedik. Artık bunu anla, Suchard sadece bizim aramızı bozdu ve bizi boşu boşuna akıntıya kürek çektirdi. Ortada hiçbir şey yok. Biz milyonda bir ihtimalle 'belki ters tepki verebilecek ya da beklenmedik bir sonuç doğurabilecek' bir maddeden bahsediyoruz ve işler ters giderse, bir sorunla karşılaşırsak diye telaşlanıyoruz. Şimdi Tanrı aşkına söyle, bu sana mantıklı geliyor mu? İçki ile birlikte iki tane aspirin alırsın miden bozulur. Burada kabahat nerede?"

"İçki ile alınan iki asprin insanı öldürmez. Ama dikkatli olmazsak Vicotec öldürebilir."

"Ama biz dikkat ediyoruz. Bütün mesele bu. Bütün ilaçların riskleri, yan etkileri, zarar beklentileri vardır. Eğer bunu kabul edemiyorsak o halde kepenkleri indirip köşe başında pamuk helvası satmaya başlayalım. Tanrı aşkına, Peter, boşu boşuna çenemi yorma ve mantıklı ol. Bu konuda senin fikirlerine önem vermediğimi anlamanı istiyorum. Mecbur kalırsam FDA'ya kendim gideceğim, ama nedenini bilmeni istiyorum. Bir kere Vicotec'in güvenli olduğuna inanıyorum, bunun için hayatım üzerine bahse girebilirim." Sözlerini bitiridiği zaman sesini iyice yükseltmişti, Peter'e bağırıyordu. Yüzü kızarmıştı, iyice tahrik olmuştu, sesi giderek yükseliyordu, birden titremeye başladı. Frank'ın durumu iyi görünmüyordu, terlemeye başlamıştı, yüzü kül gibi olmuştu, bir an duraladı ve bir yudum su içti.

"İyi misin?" diye sordu Peter. "Bütün bunlar için hayatını tehlikeye atmana değmez. Gerçekten öyle. Bunu klinik bir olay olarak düşünmeli ve sakin olmlıyız. Bu sadece bir ürün, Frank, hepsi bu. Onu herkesten çok ben istiyorum, ama sonunda olabilir de, olmayabilir de, belki de sadece umduğumuzdan biraz daha uzun zaman alır. Vicotec'in piyasaya çıkmasını benim kadar kimse isteyemez. Ama, emin olamadığımız küçücük bir unsur bile olsa, göze alamayız. Şu an bir yerde hata yaptık. Bunu hepimiz biliyoruz. Sinyallerini gördük. Bunu buluncaya kadar ilacı kimsenin kullanmasına izin veremeyiz. İş bu kadar basit." Peter kısa ve açık konuştu, onun sakinliği Frank'ı iyice çileden çıkardı.

"Hayır, Peter, hayır... Bu kadar basit değil!" diye payladı, damadının çıldırtıcı sakinliği karşısında iyice sinrlenmeye başlamıştı. "Dört yılda kırk yedi milyon dolara öyle 'basit' diyemezsin. Daha ne kadar para dökeceğimizi sanıyorsun? Ne kadar para kaldığını biliyor musun?" Kabalaşmaya başlamıştı ama Peter'in oltaya gelmeye niyeti yoktu.

"Ürünü düzeltecek kadar para olduğunu sanıyorum, ya da imha ederiz. Bu ihtimal her an söz konusu olabilir."

"Sen öyle zannet!" Frank yerinden fırlamış bağırıyordu. "Elli milyon doları pencereden atacağımı sanıyorsun. Deli misin sen? Kimin parasını sokağa atıyorsun? Senin mi? Bir kere daha düşün, bu para benim, Katie'nin ve şirketin, bir kelime daha söylersen sana göstereceğim. Seni kızım için satın almasaydım bugün burada olamazdın." Bu kelimeler Peter'in yüzüne bir şamar gibi indi, soluğu kesildi, birden on sekiz yıl önce Katie ile evlenmek istediğini söylediği zaman babasının söylediklerini hatırladı. "İçgüveyisinden başka bir şey olamazsın evlat yapma sakın." Ama babasını dinlememişti ve neler olduğu meydandaydı. On sekiz yıl önce bunları söylemişti.

Bu arada Peter ayağa kalktı, Frank Donovan birkaç yaş daha genç olmuş olsa ya da bu kadar kendini kaybetmemiş olsa Peter onu döverdi. "Bütün bunları dinlemek istemiyorum," dedi Peter, bütün vücudu titriyor, Frank'a vurmamak için kendini zor tutuyordu, ama Frank'ın susmaya niyeti yoktu. Peter'i kolundan yakaladı ve bağırmaya devam etti.

"Sana söylediklerimi dinleyeceksin ve burada ben ne söylersem onu yapmak zorundasın. Bana öyle üstten bakmaktan vazgeç seni orospu çocuğu. Katie kiminle istese evlenebilirdi ama o seni istedi, başkalarının yanında utanmasın diye seni bugünkü durumuna ben getirdim. *Ama sen bir hiçsin, anlıyor musun, bir hiç!* Bütün projeyi başlatan sensin, bize milyonlara mal oldun, bir sürü söz verdin, hayaller kurdun, ve o boktan Fransızın gördüğünü zannettiği küçücük bir problem çıktı diye bizi sırtımızdan bıçaklayıp, kuyruğunu bacaklarının arasına sıkıştırarak FDA'ya kadar gitmeye kalkıyorsun. Sana bir şey söyleyeyim, bunu yapmana izin vermektense seni öldürmeyi tercih ederim!" Bunları söyler söylemez göğsünü tutttu ve çılgınca öksürmeye başladı. Yüzü iyice kızarmış, hatta neredeyse morarmıştı, nefes alamıyordu. Peter'i iki kolundan yakaladı, düşmek üzere olduğunu anlayınca tüm ağırlığı ile üzerine yığıldı, Peter yaşlı adamı kaldıramıyordu, birlikte yere doğru çöktüler. Peter bir an için ne olduğunu anlayamadı, sonra toparlandı. Hemen Frank'ı yere yatırdı ve elinden geldiği kadar çabuk olmaya çalışarak 911'e telefon edip bütün ayrıntıları ile durumu anlattı. O sırada Frank kusmaya başlamıştı ve öksürüyordu, Peter telefonu kapar kapamaz koştu başını yana çevirdi. Zorlukla da olsa hâlâ nefes alabiliyordu, bilincini yitirmemişti, ama Peter hâlâ yaşlı adamın söylediklerinin etkisi altında sersemlemiş durumdaydı. Frank'ın bu kadar zehir saçabileceğini beklemiyordu, o kadar ki Peter'i neredeyse öldürmüştü. Orada çömelmiş Frank'ı tutarken, ölürse Katie ne söyler diye düşünüyordu. Babasının ölümünden Peter'i sorumlu tutacaktı, Vicotec yüzünden ona meydan okuduğu için Peter'i suçlayacaktı. Ama Frank'ın son anda söylediklerini, Peter'in yüzüne vurduğu ve asla affedilmeyecek sözleri hiçbir zaman bilemeyecekti. İlkyardım ekibi geldiğinde, Peter, durum ne olursa olsun, bütün bunları unutamayacağını ve Frank'ı affedemeyeceğini çok iyi biliyordu. Bunlar kavga anında farkında olmadan söylenen hakaretler değildi, bunlar günün birinde ona karşı kullanılmak üzere yıllarca biriktirilmiş, çok derin ve çirkin silahlardı. Peter zehirli bir hançere vurulmuştu, bunları asla unutamayacaktı.

İlkyardım ekibi Frank'a ilk müdahaleyi yaparken, Peter geriye çekilip seyretti. Üstü başı kusmuk içinde kalmıştı, Frank'ın sekreteri kapı girişinde durmuş ağlıyordu. Holde birkaç kişi toplanmıştı, ilkyardım ekibinden biri Peter'e baktı ve umutsuzca başını salladı. Kayınpederi artık nefes almıyordu. Ekipteki diğer iki adam defibrillatörü çıkardılar,

Frank'ın gömleğinin önünü açtıkları sırada yarım düzine itfaiyeci yardıma geldi. Toplantı yapar gibiydiler, hepsi etrafına çömeldi ve yarım saat kadar uğraştılar, bu arada Peter onları seyrediyor ve hâlâ Katie'ye ne söyleyeceğini düşünüyordu. Tam umudunu kesmek üzereyken ilkyardım ekibinden biri itfaiyecilere sedye getirmelerini söyledi. Frank'ın kalbi yeniden atmaya başlamıştı, düzensizdi, ama adaptöre bağlanması gerekmiyordu, nefes alabiliyordu. Frank'a hemen oksijen maskesi takıldı, donuk gözlerle Peter'e baktı, bir şey söylemedi, yanından geçirirlerken Peter eline dokundu. Frank ambulansa taşınırken Peter sekretere doktoruna haber vermesini söyledi. Frank ölümle burun buruna gelmişti, New York Hastanesi'nde kalp doktorlarından oluşan bir ekip hazır durumda onu bekliyordu.

"Hastanede buluşuruz," dedi Peter ilkyardım ekibine ve koşarak tuvalete gitti. Ceketini ve pantolonunu nasıl temizleyeceğini bilmiyordu. Dolapta her zaman temiz bir gömlek hazır bulundururdu, ama geri kalan tarafı pislik içindeydi. Ayakkabıları bile pislenmişti. Ama Peter Frank'ın sözleriyle üzerine attığı balçıktan daha fazla rahatsız oluyordu. Sözleri o kadar ağır, o kadar kötüydü kü, neredeyse Peter'i öldürecekti.

Beş dakika sonra tuvaletten çıktığında, pantolonunu elinden geldiği kadar temizlemiş, temiz bir gömlek, bir süveter ve temiz ayakkabılar giymişti. Katie'ye telefon etmek için ofisine gitti. Neyseki evde yakaladı, tam alışverişe çıkmak üzereydi. Telefonu açıldığında Peter'in nefesi kesilir gibi oldu. Ne söyleyeceğini bilemiyordu.

"Katie... Şey... Seni evde bulduğuma sevindim." Katie neden son günlerde çok tuhaf davrandığını ve neden çok sinirli oluğunu sormak istedi. Haftalar önce hiç durmadan televizyon seyretmeye başlamıştı, sonra hiç seyretmez olmuştu. Birkaç gün CNN'i sürekli izlemiş, Katie ile tatile çıkma konusunda ısrar etmişti.

"Bir şey mi oldu?" Saatine baktı. Mike ertesi sabah Princeton'a hareket edecekti, hâlâ yapılacak pek çok işi vardı. Odasına halı ve yatak örtüsü alınacaktı. Ama kocasının telefondaki ses tonunu beğenmemişti.

"Evet... Var... Katie merak etme önemli bir şey yok, fakat baban hastalandı." Bunları duyunca Katie neredeyse nefes alamaz oldu. "Ofiste bir kalp krizi geçirdi." Ölümle burun buruna geldiğini ya da birkaç dakika kalbinin durduğunu söyleyemedi. Bunu sonra nasıl olsa doktorlar anlatacaktı. "Onu şimdi New York Hastanesi'ne kaldırdılar, ben de oraya gidiyorum. Sen de mümkün olduğu kadar çabuk oraya gelmelisin."

"Durumu nasıl?" Sesi o kadar kötü geliyordu ki, sanki dünya başına yıkılmıştı, bir an için Peter, 'Frank'ın yerinde ben olsam aynı şeyleri hisseder miydi?' diye düşünmekten kendini alamadı. Yoksa Frank haklı mıydı? Peter, Katie oynasın diye satın alınmış bir oyuncak mıydı?

"İyileşeceğini tahmin ediyorum. İlk önce biraz korktuk ama 911'den gelen ekip harikaydı. Hemen ilkyardım ekibini ve itfaiyeyi çağırdık," Ve dışarısı hâlâ polis doluydu, insanları sakinleştirmeye çalışıyorlardı, bütün her şeyi görmemiş olmakla birlikte Frank'ın sekreterinin ifadesini alıyorlardı. Konuşmak için Peter'i bekliyorlardı. Peter karısının ağlamaya başladığını duydu. "Sakin ol, tatlım. Durumu iyi. Görmek istersin diye sana haber verdim." Birden Katie'nin araba kullanacak durumda olmadığını düşündü. Greenwich yolunda kaza yapmasını göze alamazdı. "Mike orada mı?" Katie hıçkırarak evde olmadığını söyledi. Evde olsa annesini hastaneye götürebilirdi. Paul henüz ehliyet almamıştı ve Greenwich yoluna çıkması tehlikeliydi. "Komşulardan birine seni hastaneye götürmesini rica edemez misin?"

"Arabayı kendim kullanabilirim," dedi Katie, hâlâ ağlıyordu. "Ne oldu? Dün hiçbir şeyi yoktu. Sağlığı her zaman yerindeydi." Öyleydi ama başka şeyler vardı.

"Yetmiş yaşında Katie, üzerine çok fazla yük alıyor."

Birden Katie ağlamayı kesti, son derece ciddi ve sert bir tonla sordu. "Yoksa yine onay için tartışıyor muydunuz?" Bugün toplantı yapacaklarını biliyordu.

"Konuşuyorduk." Ama sadece o kadar değildi tabi. Frank içindekileri boşaltıyordu ve Katie'ye bunları anlatmak istemedi. Babasının söylediklerinden o kadar incinmişti ki, hele bütün olanlardan sonra tekrarlamak istemiyordu. Frank ölecek olursa, aralarında geçenleri Katie'nin bilmesini istemiyordu.

"Kalp krizi geçirdiğine göre konuşmaktan daha ileri gitmiş olmalısınız," dedi Peter'i suçluyordu. Ama Peter'in telefonda kaybedecek vakti yoktu.

"Hastaneye gitmelisin. Bunları daha sonra konuşuruz. Yoğun bakıma alacaklar," dedi, Katie tekrar ağlamaya başladı. Peter onun bu halde araba kullanmasını hiç istemiyordu. "Şimdi kapatmak zorundayım, dışarıda beni bekliyorlar. Değişen bir şey olursa seni arabadan ararım, telefonu açık tut."

"Tabii," dedi Katie burnunu silerek. "Onu kızdıracak bir şey söyleme sakın."

Yirmi dakika sonra New York Hastanesi'ne vardığında Frank kimseyi duyacak halde değildi. Peter ilk önce polisle konuşmuş, ilkyardım ekibinin bıraktığı formları imzalamış, ondan sonrada East River'a doğru yoğun trafiğe kaptırmıştı. Hastaneye vardığında Frank'a yüksek dozda sakinleştirici verilmişti. Yoğun bakıma alınmıştı, yüzü yavaş yavaş kırmızıdan griye dönmeye başlamıştı. Saçları karmakarışıktı, çenesinde kurumuş kusmuk vardı, çıplak göğsü çeşitli tel ve cihazlarla kaplıydı. Yarım düzine kadar makineye bağlanmıştı, son derece hasta ve bir saat önceki halinden çok yaşlı görünüyordu. Doktor açıkça Frank'ın henüz hayati tehlikeyi atlatamadığını söyledi. Büyük bir kalp krizi geçirmişti, her an bir yenisini geçirme ihtimali vardı. Önlerindeki yirmi dört saat çok önemliydi. Frank'a bakınca zaten bütün bunlar anlaşılıyordu. İki saat önce, Peter onunla buluşmaya gittiği zaman ne kadar genç ve dinç göründüğüne inanmak mümkün değildi.

Peter aşağıya indi, lobide Katie'yi bekledi, yukarı çıkmadan önce onu uyarmak istiyordu. Üzerinde blucin ve bir tişört vardı, saçları darmadağınıktı, kocası ile asansörde yukarı çıkarken gözlerinden ne kadar korktuğu belli oluyordu.

"Durumu nasıl?" diye sordu. Geldiğinden beri bu beşinci soruşuydu. Çılgın gibiydi, Peter onu hiç böyle görmemişti.

"Göreceksin şimdi. Sakin ol. Olduğundan kötü görünüyor aslında." Frank'ı bağladıkları makineler korkutucuydu, hastadan çok üzerinde deney yapılan bir cesete benziyordu. Katie yoğun bakım ünitesine girdiği zaman gördükleri karşısında şaşırdı. Babasını o halde görür görmez ağlamaya başladı, yanına gidip elini avuçlarının içine aldı, hıçkırıklarını tutmaya çalışıyordu. Frank yavaş yavaş gözlerini açtı, kızını tanımıştı, sonra yine ilaçların etkisiyle derin uykuya daldı. Doktorlar birkaç gün tam anlamıyla dinlenmesini istiyorlardı, ancak böylece tehlikeyi atlatabileceğini umuyorlardı.

"Aman Tanrım," dedi Katie, Peter'in kolunda dışarı çıkarken neredeyse bayılmak üzereydi. Peter hemen onu bir sandalyeye oturttu, hemşire bir bardak su getirdi. "İnanamıyorum," diyordu. Yarım saat boyunca durmadan ağladı, Peter de yanında oturdu. Sonunda doktor yanlarına gelip durumu çıkladı. Frank'ın kurtulma şansı yüzde elliydi.

Bu sözler Katie'nin yeniden ağlamaya başlamasına neden oldu, bütün bir öğleden sonra boyunca yoğun bakım ünitesinin önünde bir sandalyede oturup ağladı. Beş dakikada bir, eğer hemşireler izin verirlerse, içeri girip babasına bakıyordu. Frank kendini bilmeden yatıyordu. Akşama doğru Peter dışarı çıkıp bir şeyler yemeği teklif etti, ama Katie istemedi. Bir yere bile kıpırdamamakta kararlıydı, gerekirse bekleme odasında biraz kestirebilirdi.

"Katie, bir şeyler yemelisin." Peter son derece nazikti. "Yoksa sen de hastalanacaksın. Frank daha birkaç saat uyuyacak. Sen de eve gidip uyumalısın. Gerekirse telefon edip çağırabilirler."

"Boşuna nefes tüketme," dedi Katie inatçı bir çocuktan farksızdı. "Onun yanında kalacağım. Bu gece burada uyurum, gerekirse tehlikeyi atlatıncaya kadar burada kalırım." Aslında Peter de böyle olacağını aşağı yukarı tahmin etmişti.

"Ben eve gidip çocuklara bakayım," dedi, Katie başını salladı. Holdeki sandalyede oturuken çocukları aklına bile gelmiyordu. "Ben gidip onlarla ilgileneyim, gece tekrar gelirim," dedi. Peter konuşurken Katie sadece başını sallıyordu. "Ben gidersem, burada yalnız kalabilir misin? Katie yüzüne bakmadı bile. Gözlerini pencereden dışarıdaki bir noktaya dikmişti, perişan görünüyordu. Babasının olmadığı bir dünya düşünemiyordu. Hayatının ilk yirmi yılında babası dünyadaki tek varlığı olmuştu. İkinci yirmi yılında ise hayatındaki en önemli insan olan Peter, Katie'nin tek aşkının Frank olduğunu düşünüyordu, her türlü sevgiyi onda buluyordu, bir saplantı halindeydi adeta, Peter söylemek istemiyordu ama Katie babasını çocuklarından bile çok seviyordu. "İyileşecek, merak etme," dedi yumuşak bir tonla, kapıdan çıkarken ağlıyor ve umutsuzca başını sallıyordu. Peter onun için yapabileceği fazla bir şey olmadığını biliyordu. O sadece babasını istiyordu.

Cuma trafiğinde elinden geldiği kadar hızlı araba kullanarak eve geldi, neyseki çocuklar evdeydiler, mümkün olduğu kadar heyecanlandırmadan büyükbabalarının kalp krizi geçirdiğini söyledi, üçü de telaşlandılar. Onları yatıştırmaya çalıştı, Mike olayın nasıl olduğunu sorunca sadece o sırada toplantı halinde olduklarını söyledi. Mike gidip büyükbabasını görmek istiyordu, Peter biraz beklemenin daha iyi olacağını düşünüyordu. Büyükbaba tehlikeyi atlattığı zaman büyük torunu Princeton'dan gelip onu ziyaret edebilirdi.

"Yarın ne yapacağız baba?" diye sordu Mike. Ertesi gün Katie ile birlikte onu Princeton'a götüreceklerdi, ve Peter'in bildiği kadarıyla halı ve yatak örtüsü dışında her şeyi hazırdı. O gün Katie eksikleri tamamlayamamıştı, ama Mike bir süre bu şekilde idare edebilirdi.

"Seni sabah ben götürürüm. Sanırım annen büyükbabanın yanından ayrılmak istemeyecektir."

Peter çocukları yemeğe götürdü, saat dokuzda eve dönerken arabadan Katie'ye telefon etti. Frank'ın durumunda bir değişiklik yoktu hatta Katie birkaç saat öncesinden daha kötü göründüğünü söyledi fakat hemşire bunun normal olduğunu söylemişti.

Saat on civarında Peter hastaneye gitti, gece yarısına kadar Katie ile kaldı, sonra Greenwich'e döndü. Ertesi sabah Mike'ın çantaları, bavulları, spor malzemeleri arabaya yüklendi, Peter saat sekizde oğlunu okula götürdü. Mike üç kişilik bir odada kalacaktı, öğlene kadar Peter bütün işlemleri bitirmişti. Mike'ı kucakladı, iyi şanslar diledi ve Katie ile babasını görmek için New York'a doğru yollandı. Saat iki olmadan hastaneye varmıştı, gördükleri karşısında hayretler içinde kldı. Frank, yorgun ve zayıf görünmesine rağmen yatakta oturuyordu. Yüzü hâlâ solgundu, saçı taranmış, temiz pijama giydirilimişti, Katie bebek gibi ağzına bir şeyler yediriyordu. Müthiş bir gelişme kaydetmişti.

"Çok iyi, çok iyi," diye mırıldandı odasına girerken. "Gördüğüm kadarıyla köşeyi dönmüşsün," dedi, Frank gülümsedi. Peter biraz çekingen duruyordu. Frank'ın söyediklerini ve söyleyiş tarzını henüz unutmamıştı. O yüzden iyileşmesini istemiyordu. "Bu güzel pijamayı nereden buldun?

Bir gün önce kendi kusmuğu içinde, ofiste yerde yatan adama hiç benzemiyordu, Katie ise mutlulukla gülümsüyordu. Onun bu tür kötü anıları yoktu, kimse onun üzerine yürümemişti ve satın alındığını söylememişti.

"Bergdorf'tan getirttim," dedi Katie, mutlu görünüyordu. "Babam böyle düzelmeye devam ederse, hemşire yarın özel odaya alınabileceğini söyledi." Katie son derece yorgundu ama bir an bile sendelemiyordu. Gerekirse bütün enerjisini ve son damlasına kadar bütün kanını babasını vermeye hazırdı.

"Bu çok iyi haber," dedi Peter ve Mike'ı Pinceton'a nasıl yerleştirdiğini anlattı. Frank çok mutlu görünüyordu, az sonra bir parça uyuması için Katie onu usulca yatırdı, ve Peter'le koridora çıktılar. Fakat az önce babasının ağzına yemek yedirirkenki mutlu hali kalmamıştı. Peter hemen bir şeyler olduğunu anladı.

"Babam bana dün olanları anlattı," dedi, suçlayan bakışlarını Peter'e dikmişti. Koridorda dolaşıyorlardı.

"Bu ne demek oluyor?" Peter artık bıkmıştı, onunla oyun oynayacak hali yoktu. Kayınpederinin nasıl Peter'e bağırdığını, nasıl ağır konuştuğunu itiraf ettiğini sanmıyordu. Ne kadar suçlu olsa bile Peter onun özür dilemeyeceğini, hatasını kabul etmeyeceğini biliyordu.

"Ne demek olduğunu sen biliyorsun," dedi Katie. Durdu ve gözlerini Peter'in gözlerine dikti. "Onay konusunda son derece acımasız davrandığını ve onu kızdırdığını söyledi."

Ne söyledi?" Peter kulaklarına inanamıyordu.

"Senin daha önce kimse ile böyle konuştuğunu görmediğini, onu dinlemek bile istemediğini söyledi. Bütün bunları kaldıramadığını ve... Ve sonra da..." Konuşmasına devam edemeyerek ağlamaya başladı, gözlerinden Peter'i suçladığı belli oluyordu. "Babamı neredeyse öldürecektin. Bu kadar güçlü ve sağlıklı olmasaydı başaracaktın." Başını çevirdi, Peter'in yüzüne bakmak istemiyordu. Fakat Peter onun söylediklerini rahatça duyabilidi. "Seni affedebileceğimi sanmıyorum."

"O halde iki ayrı kişi olduk demektir. Kriz geçirmeden hemen önce bana neler söylediğini ona sorsan çok iyi edersin. Hatırladığım kadarıyla yıllar önce beni parasıyla satın aldığını ve eğer FDA'ya başvurmazsam öldüreceğini söylüyordu." Mavi gözleri karısının yüzünde dolaştı, gözlerindeki bu ifadeyi Katie daha önce hiç görmemişti, hızla arkasını döndü ve asansöre doğru yürüdü. Katie arkasından bakıyordu, peşinden gitmedi, Peter bunu zaten beklemiyordu. Artık onun sadakatiyle ilgili bir soru da kalmamıştı kafasında.

On Birinci Bölüm

Frank kalp krizinden sonra şaşılacak derecede çabuk iyileşti, iki hafta sonra hastaneden taburcu ettiler. Katie babasının evinde kalmaya başladı. Bu Peter'in de işine geliyordu, ikisinin de düşünmek ve birbirlerine olan duygularını tartmak için zamana ihtiyaçları vardı. Katie hastanede söyledikleri için Peter'den özür dilemedi, Peter de konuyu bir daha hiç açmadı. Ama unutmamıştı. Ve tabii Frank da bir daha Peter'i "satın aldığını" söylemedi. Peter onun söylediklerini hatırladığından bile şüphe ediyordu.

Peter düzenli olarak hastaneye kayınpederini ziyarete gitti, bunu hem nezaketen hem de Katie'yi görmek için yapıyordu, fakat kayınpederi ile ilişkileri belirgin bir şekilde soğuktu. Katie de Peter'le aralarındaki mesafeyi koruyordu. Babasıyla o kadar meşguldü ki, Patrick'e bile zaman ayıramıyordu. Onunla Peter ilgileniyordu, her akşam ona yemek hazırlıyordu, neyse ki çocuk hiç sorun çıkarmıyordu. Büyük çocuklar okullarına dönmüşlerdi, Mike'dan birkaç kere haber almışlardı. Princeton'a bayılıyordu.

Kalp krizinden tam iki hafta sonra Frank tekrar FDA konusunu açtı. Her şeye rağmen ikisi de hâlâ FDA'nın gündeminde olduklarını biliyorlardı. Toplantıya sadece birkaç gün kalmıştı. Eğer FDA'dan erken onay istemeyeceklerse, başvurularını geri çekmek zorundaydılar.

"Evet" dedi Frank, Katie'nin kabarttığı yastıklara dayanarak. Tıraş olmuş ve temizlenmişti, berberi gelip saç tıraşını daha yeni yapmıştı. Üzerindeki pijama ve pahalı yatak takımlarının içinde, ölümden dönmüş bir hali yoktu. Dergilerdeki reklam fotoğraflarını andırıyordu. Peter elinden geldiği kadar onu sinirlendirmemeye çalışıyordu. "Bugünlerde ne durumdayız? Araştırmalar nasıl gidiyor?" İkisi de neden bahsedildiğini biliyorlardı.

"Bu konuyu konuşmasak iyi olur." Katie yemek hazırlamak için aşağı inmişti, Peter bir tartışma başlatıp iki Donovan'ı karşısına almak istemiyordu. Zaten doktorlar, Vicotec konusunun Frank'ın yanında açılmasına izin vermiyorlardı.

"Konuşmamız gerek," diye Frank ısrar etti. "Komitenin toplanmasına çok az br zaman kaldı. Bunu unutmuş değilim." Peter de kendisine söylediklerini unutmamıştı. Fakat Frank bunu bir daha hiç açmamıştı. Vazifesine düşkün bir adamdı. Katie'nin inadını ve azmini kimden aldığını anlamak zor değildi. "Dün ofise telefon ettim. Araştırma departmanından aldığım bilgiye göre test sonuçları temiz çıkmış."

"Bir tanesi hariç," dedi Peter.

"Laboratuvar farelerine uygulanan önemsiz bir test. Bu konuyu biliyorum. Gereksiz buluyorum çünkü o testler insanlara uygulanamaz."

"Doğru," dedi Peter, bir yandan da Katie'nin gelip onları konuşurken yakalamaması için dua ediyordu, "Ama teknik olarak, FDA kurallarına göre, saf dışı olmuş sayılıyoruz." Dahası, Fransa'daki testler henüz tamamlanmamıştı ve onlar çok önemliydi. "Suchard'ın malzemesini kontrol etmemiz gerekiyor. Esas hata orada. Gerisinde zaten fazla sorun yoktu. Fakat Suchard'ın başlattığı testleri bitirmemiz şart."

"Bunu FDA'ya bildirmek zorunda değiliz, testleri Vicotec'i klinik kullanıma başlamadan önce bitirebiliriz. Teknik olarak, FDA'nın istediği bütün şartları yerine getirmiş bulunuyoruz. Bizden daha fazlasını istemeyecekler. Senin açından yeterince tatminkâr değil mi?" dedi.

"Suchard bir sorunla karşılaşmamış olsa tatminkâr olurdu, durumu FDA'dan saklarsak yalan söylemiş olacağız."

"Sana söz veriyorum," Frank onun söylediklerini duymamış gibi davranıyordu, "Eğer bundan sonraki testlerde bir şey... Herhangi bir şey... En küçük bir sorun çıkacak olursa, ilacı geri çekeceğim. Ben deli değilim. Hakkımda yüz milyon dolarlık bir mahkeme açılmasını istemem. Ben kimseyi öldürmek istemiyorum. Ama bizim ölmemizi de istemiyorum. Gereken her şeyi yaptık. Şimdi artık işimize bakalım. İnsanlar üzerinde erken deneme için onay alsak bile, araştırmaları sonuna kadar götüreceğime söz verirsem FDA Toplantısı'na katılır mısın? Peter bunun sana ne zararı olur?.. Lütfen..." Fakat yanlıştı, Peter bunu çok iyi biliyordu. Zamansız ve tehlikeliydi. Erken deneme için onay alırlarsa, hemen insan üzerinde ugulamaya başlayabileceklerdi, onun için Peter kayınpederine güvenmiyordu. Klinik deneylerde az sayıda insana, küçük dozlarda Vicotec uygulaması Peter'i ilgilendiriyordu. Bir tek kişinin bile sorumluluğunu üzerine almak istemiyordu. Bir kere Vicotec kullanımının zararları konusunda uyarılmışlardı, buna rağmen Peter bile bile itaatsizlik yapmak istemiyordu. Başka şirketler böyle yaptıkları zaman o korkuyu yaşamışlardı, hatta paketlenmiş ve kamyonlara yüklenmiş, FDA'nın onayını alır almaz dağıtılmayı bekleyen ilaçlar hakkında söylentiler de duyulmuştu. Vicotec'in bütün sorunları çözülmeden, kayınpederinin böyle bir şey yapmasından korkuyordu. Eğer Frank mantıklı olmazsa, yolsuzluk imkânları sonsuzdu. Yolsuzluk yüzünden pek çok kişinin hayatı tehlikeye gireblirdi. Peter buna izin vermeyecekti.

"FDA'ya gidemem," dedi Peter yavaşça. "Bunu biliyorsun."

"Bunu intikam için yapıyorsun... Söylediklerim yüzünden... Tanrı aşkına onları ciddi söylemediğimi sen de biliyorsun." Demek hatırlıyordu. Sadece onu üzmek için mi söylemişti yoksa gerçek düşüncesi miydi? Peter bunu asla öğrenemeyecekti ve asla unutamayacaktı. Ama kinci değildi.

"Onunla hiç ilgisi yok. Tamamıyla ahlaki bir mesele."

"Saçmalık. Peki senin istediğin ne? Rüşvet mi? Garanti mi? Testler bittiğinde hâlâ sorun varsa devam etmeyeceğime söz verdim. Başka ne istiyorsun?"

"Zaman. Bu sadece bir zaman meselesi," dedi Peter, yorulmuştu. İki haftadır Donovon'lar onu çok yoruyorlardı.

"Bu para meselesi. Ve de gurur. Ve de ün meselesi. Bu komiteden çekilirsek bize kaça mal olacağını hesaplayabiliyor musun? Diğer ürünlerimize de zararı dokunabilir." İkisi de bir diğerinin söylediğini kabul etmeye niyetli görünmüyordu, bu makara böyle dönüp duracaktı. Katie elinde Frank'ın yemeği ile içeri girdiğinde suratları asıktı. Yasak konuda tartıştıkları belli oluyordu.

"İş konuşmuyorsunuz değil mi?" İkisine de soruyordu, ikisi de başlarını salladılar, fakat Peter suçlu görünüyordu. Az sonra Katie onu köşeye sıkıştırdı. "Ona borçlu olduğunu düşünüyorum," dedi. Babasının mutfağındaydılar.

"Neden borçlu olayım?"

"Yaptıkların yüzünden." Ona göre Peter babasını neredeyse ölümün eşiğine getirmiş, onu kızdırıp kalp krizi geçirmesine sebep olmuştu ve kim ne söylerse söylesin, bu fikrini değiştirmesi mümkün değildi. "Ona borçlusun, onun için komiteye katılmak zorundasın. Kimseye zarar verilmeyecek. Bu artık babam için bir gurur meselesi. Erken denemeler için kafasını uzattı bir kere, şimdi artık geri çekilmek istemiyor, hazır olmadığını itiraf etmek istemiyor. Eğer tehlikeli ise Vicotec'i insanlarda kullanmayacak. Onu biliyorsun. O aptal değil, aklını da yitirmedi. Ama hasta, yaşlı ve bütün memleketin önünde mahcup olmak istemiyor. Senin için biraz değeri olsa bunu ondan esirgemezdin," dedi, Peter'i suçlayarak. "Çok fazla bir şey istemiş sayılmaz, tabii senin için hâlâ değeri varsa. O gün çok sinirlendiği için sana çok ağır sözler söylediğini anlattı. Ama ciddi olmadığından eminim. Mesele, senin onu affedecek kadar büyük olup olmadığın. Yoksa hayatta en çok istediği şeyi ondan alarak bunu ona ödetmeyi mi düşünüyorsun? Nasıl olsa Araştırma Komitesi'ne gideceksin, FDA'ya da katılabiirsin. Bütün yaptıklarından sonra ona bunu borçlusun. Kendisi şu an gidebilecek durumda değil. Bunu yapabilecek tek insan sensin." Peter'in kendisini suçlu hissetmesi için elinden geleni yapıyordu ve babasının geçirdiği krizden sonuna kadar Peter'i sorumlu tutmaya kararlıydı. O da aynı babası gibi, söylediği sözler yüzünden Peter'in intikam almak istediğini düşünüyordu. Olayı iyice saptırmışlardı.

"Bunun intikamla ilgisi yok Katie. Bu tamamen farklı bir şey. Bu dürüstlük ve ahlak meselesi. Baban sadece gururunu kurtarmaktan öte bazı şeyler düşünmeli. Zamansız başvuruda bulunduğumuz ortaya çıkarsa insanlar, mesela Hükümet ne düşünecek? Bize bir daha inanırlar mı? Bütün iş hayatımızı etkileyebilir. Bu durum bütün duygularını yıktı, böyle yapmaması gerektiğini biliyor."

"Gerekirse geri çekeceğini söyledi sana. Tek yapacağın ona biraz zaman tanımak ve FDA'ya gitmek." Sanki çok basit bir şey istiyormuş gibi davranıyordu, babası gibi zorlamıyordu. Sanki Peter'den son derece basit bir iş istiyor ve neden yapmak istemediğini anlamıyor gibi davranıyordu. Olayı öyle bir yönlendirmişti ki, sanki Peter'in onu hâlâ sevdiğini kanıtlaması için bunu yapması gerekiyordu. "Senden bir parça fedakârlık istiyor, o kadar. Bunu yapamayacak kadar küçük müsün? Bir kere olsun... Ona bunu ver. Hepsi bu. Biliyorsun, ölümden döndü. Bunu hak ediyor." Jan d'Arc gibi konuşmuştu, fikrinden caymayacağını kesin bir dille ifade ediyordu, Peter yumuşamaya başlıyordu. Tüm yaşamının ortada olduğunu hissediyordu. Katie'nin söylemeye çalıştığı buydu. Artık menfaatler konuşuyordu, karşı koyarsa bedeli yüksek olacaktı. "Peter?" Katie bakışlarını Peter'e çevirmiş, birden baştan çıkarıcı bir hal almıştı, hayatında hiç böyle fettan bir kadın gibi davranmazdı, fakat doğuştan olağanüstü yetenekli ve akıllıydı, Peter'in cevap verecek hatta karşı koyacak gücü yoktu. Anlamsızca başını salladı. Ama Katie anlamıştı. İş tamamdı. Katie kazanmıştı. Peter FDA'ya katılacaktı.

On İkinci Bölüm

Washington'a gitmeden önceki gece Peter için bir kabus gibi geçti. Böyle bir şey yapmayı kabul ettiğine hâlâ inanamıyordu. Katie ona minnettardı, babası ise hemen iyileşmeye başlamış, durmadan Peter'e övgüler yağdırıyordu. Peter kendini başka bir gezegene ışınlanmış gibi hissediyordu, orada hiçbir şey gerçek değildi, yüreği kaya gibi olmuştu, beynini hissetmiyordu. Nereye sürüklendiğinin farkında değildi.

Düşündükçe Frank'ın söylediklerine hak veriyordu. Vicotec artık hazır sayılırdı, eğer teknik sorun çıkarsa, piyasaya çıkarmadan geri çekebilirlerdi. Fakat ahlaken ve kanunen yaptıkları yanlıştı, bunu hepsi biliyorlardı. Peter başka seçeneğinin olmadığını da biliyordu. Katie'ye ve babasına söz vermişti. Fakat sonra bu yükle nasıl yaşayacağını bilmiyordu, yoksa giderek ahlaki değerlerini yitirmeye mi başlamıştı? Böyle bir şeyi bir kere yaparsa, arkası gelecek miydi? Bir zamanlar sıkı sıkıya bağlı olduğu prensiplerinden sapmaya başlayacak mıydı? Bu ilginç bir felsefi konuydu, hayatının tehlikede olduğunu hissetmese, bu konu ile yakından ilgilenebilirdi. Ne uyuyabiliyor, ne de yemek yiyebiliyordu. Birkaç günde dört kilo vermişti, korkunç görünüyordu. Washington'a gitmeden bir gün önce sekreteri hasta göründüğünü söylemişti. Peter başını sallamış, sadece çok meşgul olduğunu söylemişti. Frank yoktu, bir ay daha evde kalmaya karar vermişti, Peter'in omuzlarındaki yük eskisinden daha fazlaydı. Fiyatlar konusunda Araştırma Komitesi'ne katılacak, aynı günün sabahı FDA toplantısına girecekti.

O gün akşama kadar çalışma masasında oturup son gelen araştırma raporlarını inceledi. Görünüşte rapolar olumluydu, sadece bir küçük nokta Haziran ayında Suchard'ın söyledikleri ile tamamen uyuyordu, Peter bu küçük noktanın ne anlama geldiğini çok iyi biliyordu. Araştırmacılara göre önemsiz bir sorundu, Frank'a haber vermeyi düşünmedi bile. Ne söyleyeceğini tahmin edebiliyordu. "Merak etme. Sen toplantıya git, gerisini sonra konuşuruz." Ama Peter raporları eve götürdü, gece boyunca tekrar tekrar okudu, sabaha karşı saat ikide hâlâ huzursuzluğunu yenememişti. Katie yanında uyuyordu. Artık babasının evinde kalmıyordu, Peter'le Washington'a da gidiyordu, bunun için kendine yeni bir elbise almıştı. Peter Washington'a gitmeyi kabul ettiğinden beri baba kızın da keyifleri düzelmişti. Fakat Peter bunu hâlâ bir cehennem azabı gibi gördüğünü söyleyince Katie çok fazla tepki gösterdiğini söyleyerek tersledi. Araştırma Komitesi'ne katılmanın heyecanı ile böyle hissettiğini söyledi.

Sabaha karşı dörtte Peter hâlâ Greenwich'deki evinin çalışma odasında oturuyor, son raporları düşünerek pencereden dışarı bakıyordu. Konuşabileceği, bilgili birisine ihtiyacı vardı. Almanya'daki ve İsviçre'deki ekip elemanlarını şahsen tanımıyordu, Paris'e yeni alınan Fransızla da hiç samimiyeti yoktu. Frank herhalde onu munis ve "evet efendimci" bir adam olduğu için işe almıştı, fakat anlaşılması güç bir adamdı, raporlarını ilmi bir dille yazdığı için Peter'e sanki Japonca gibi geliyordu. Sonra birden aklına bir şey geldi, masasının üzerindeki telefon defterini karıştırdı. Paris'te saat sabahın onuydu, şansı varsa onu bulabilirdi. Santral telefonu açınca aradığı kişinin ismini söyledi. Telefon iki kere çaldı ve tanıdık bir ses cevap verdi.

"*Alo!*" Paul-Louis'in sesiydi. Peter onu yeni işyerinden aramıştı.

"Selam, Paul-Louis," dedi Peter, sesi yorgundu. Saat sabahın dördüydü ve çok uzun bir gece geçirmişti. Paul-Louis'in vereceği kararda yardımcı olmasını, hiç değilse içini rahatlatmasını istiyordu. Aramasının tek sebebi buydu. "Ben Benedict Arnold."

"*Qui? Alo!* Kimsiniz? Paul-Louis şaşırmıştı, Peter gülerek cevap verdi.

"Çok eskiden vurulan bir terörist. *Salut,* Paul-Louis," dedi Peter Fransızca olarak, "Ben Peter Haskell."

"Ah... *D'accord."* Neden aradığını hemen anlamıştı. "Demek kararını verdin? Seni zorladılar mı?" Peter'in sesini duyar duymaz anlamıştı. Peter'in sesi kötüydü.

"Keşke beni zorladıklarını söyleyebilsem." Zorlamışlardı ama Peter bunu söyleyemeyecek kadar kibardı. "Pek çok sebepten kendim gönüllü oldum. Üç hafta önce Frank çok ağır bir kalp krizi geçirdi. O günden beri işler çok değişti."

"Anlıyorum." Suchard ciddileşti. "Sana nasıl yardımcı olabilirim?" Rakip bir firmada çalışıyordu, ama Peter'i gerçekten çok seviyordu. "Senin için yapabileceğim bir şey var mı?"

"Pek hakkım olduğunu sanmıyorum ama beni bağışlamanı istiyorum. En son raporları aldım, eğer doğru çözebildiysem oldukça temiz görünüyorlar. İki maddeyi değiştirdik ve herkes bunun tüm sorunları çözdüğünü düşünüyor. Fakat bir seri test sonucu var ki pek anlayabildiğimi sanmıyorum, bu konuda yardımcı olabileceğini ve beni aydınlatabileceğini düşündüm. Burada konuşabileceğim tek bir samimi dostum yok. Öğrenmek istediğim tek şey Vicotec'in birisini öldürüp öldürmeyeceği. Kısaca bu. Senin fikrini almak istiyorum, doğru yolda olup olmadığımızı öğrenmek istiyorum. Raporları birlikte gözden geçirebilecek kadar vaktin var mı?" Vakti yoktu ama Peter için yaratacaktı. Sekreterine telefon bağlamamasını söyledi ve bir dakika sonra tekrar telefondaydı.

"Raporları bana faksla." Peter söyleneni yaptı, Paul-Louis raporları okurken uzun bir sessizlik oldu. Sonraki bir saat boyunca birlikte raporların üzerinden geçtiler, Peter bütün sorulara cevap vermeye çalıştı, sonra uzun bir sessizlik daha oldu, Paul-Louis kararını veriyordu. "Anladığım kadarıyla biraz hayali. Bu aşamada ister istemez temiz bir açıklama olamaz. Çok iyi bir ürün tabii. Kanserle mücadele olanaklarımızı artıracak harika bir ilaç. Fakat değerlendirmeye alınması gereken başka maddeler var. Asıl zor olan bu maddelerin değerlendirilmesi. Hayatta hiçbir şeyden emin olamayız. Tehlikesi ve bedeli olamayan hiçbir şey yoktur. Bedelini ödemeye hazırsan mesele yok." Tam bir Fransız gibi yorumlamıştı, Peter ne demek istediğini anlıyordu.

"Sorun tehlikenin ne kadar olduğu."

"Anlıyorum." Çok iyi anlıyordu. Haziran ayında Peter Paris'e geldiği zaman kendisi de aynı şeylerden korkmuştu. "Yeni araştırma ekibi şüphesiz çok iyi. Doğru iz üzerindeler..." Sigarasını yakmak için ara verdi. Peter'in tanıdığı bütün Avrupalı bilim adamları sigara içiyorlardı.

"Ama sonuca ulaşıyor muyuz?" Peter alacağı cevaptan korkuyordu.

"Hayır... Henüz değil..." dedi Suchard. "Bu tarzda çalışmaya devam ederlerse belki çok yakında. Ama henüz sonuca ulaşamamışsınız. Benim fikrimi soracak olursan, Vicotec hâlâ tehlikeli, özellikle uzman olmayan kişilerin kullanımına verilirse." Ama ilacın amacı buydu. Uzman olmayan kişiler tarafından, gerekirse evlerde kullanılacaktı. Yani bir anlamda, kemoterapiyi evde uygulamak demekti, bunun için hastaneye veya doktora gitmeye gerek kalmayacaktı.

Haziran ayında da Paul-Louis aynen böyle söylemişti. Peter hâlâ hatırlıyordu. "Hâlâ öldürücü olabilir mi Paul-Louis?"

"Öyle sanırım." Telefonun diğer ucundaki ses özür dilercesine fakat açık konuşuyordu. "Henüz sonuca ulaşamamışsınız Peter. İşi zamana bırak. Başaracaksın."

"Peki ya FDA?"

"Toplantı ne zaman?"

Peter saatine baktı. Sabahın beşi olmuştu. "Dokuz saat sonra. Öğleden sonra ikide. İki saate kadar yola çıkacağım." Saat on birde Araştırma Komisyonu'na yetişmek için sekizde kalkan uçağa binecekti.

"Seni kıskandığımı söyleyemeyeceğim, dostum. Söyleyecek fazla bir şey yok. Dürüst olmak istiyorsan bunun çok yararlı bir ilaç olduğunu fakat henüz hazır olmadığını söyleyebilirsin. Hâlâ geliştirme safhasındasınız."

"FDA'ya bunları söylemek için gidilmez. Biz, laboratuvar testlerine dayanarak, klinik deneylere erken başlamak için izin istiyoruz. Frank, FDA onayını almak ve insanlar üzerinde deneme fazlarını bir an önce bitirip piyasaya çıkarmak istiyor."

Telefonun diğer ucundan Suchard'ın ıslığı duyuldu. "Bu korkunç bir şey. Peki, acelesi ne?"

"Ocakta emekli olacak. Ondan önce ilacı piyasaya çıkarmak istiyor. Aktif çalışma hayatına veda ederken bu onun insanlığa bir hediyesi olacak. Benim de öyle. Fakat hediye değil, şu an sadece bir bomba."

"Maalesef öyle Peter. Bunu bilmende yarar var."

"Biliyorum. Ama kimse dinlemek istemiyor. İnsanlar üzerinde kullanıma hazır olmazsa yıl sonundan önce ilacı geri çekeceğine söz veriyor. Fakat yine de Washington'a gitmemiz konusunda ısrarlı. Aslında bu çok uzun hikâye." İşin doğrusu yaşlı adamın kaprisi ve milyarlık yatırım hesaplarıydı. Ama bu olayda Frank'ın yatırım hesapları sadece kendi egosuna dayanıyordu. Yanlış bir adım tüm işini mahvedebilirdi ama anlamak istemiyordu. İşin tuhafı Peter bütün bunları açıkça görebiliyordu. Fakat hâlâ Frank akılsızca inat ediyordu. Belki de bunuyordu, ya da sahip olduğu güç aklını başından almıştı. Anlamak mümkün değildi.

Paul-Louis'e yardımı için teşekkür etti, Fransız da ona şans diledi Telefonu kapattıktan sonra Peter kendine kahve pişirmeye gitti. Hâlâ caymayı düşünüyordu ama nasıl yapacağını bilmiyordu. Önce FDA'ya gider sonra da Wilson-Donovan'dan istifa edebilirdi, fakat bu yardım etmeye çalıştığı insanları kurtarmaz, daha fazla tehlikeye sokardı. Laboratuvar raporları iyi gelmediği takdirde Frank'ın insanlar üzerinde deneyden vazgeçeceğini hiç tahmin etmiyordu. Peter'in içinden bir ses kumar oynadığını söylüyordu. İnsan yaşamı için tehlikesi düşünülmeyecek olursa, bu işte çok para vardı. Ama üzerlerine aldıkları günah çok büyüktü.

Az sonra Katie, mutfakta Peter'in dolaştığını duydu ve saatin çalmasını beklemeden kalktı. Peter mutfak masasına oturmuş, başını ellerinin arasına almış, ikinci kahvesini içiyordu. Katie onu daha önce hiç böyle görmemişti, babasının kalp krizi geçirdiği zaman bile ondan iyi görünüyodu.

"Ne düşünüyorsun?" diye sordu elini omuzuna koyarak. Katie'ye anlatması çok güçtü, anlamadığı belli oluyordu, belki de anlamak istemiyordu. "Ne olduğunu anlamadan her şey olup bitecek," dedi. Bunu Peter'in düşündüğü gibi bir vahşet olarak algılamıyor, son derece normal bir şey gibi bahsediyordu. Peter'in ahlaki değerleri, saygınlığı, prensipleri tehlikedeydi ama o bunu anlamak istemiyordu. Katie karşısına otururken Peter başını kaldırıp ona baktı, pembe geceliğinin içinde her zamanki gibi soğuk ve şıktı.

"Yanlış olduğunu bile bile yapıyorum bunu Katie. Doğru olmadığını ve hazır olmadığımızı bile bile. Senin ve baban için yapıyorum. Kendimi bir Mafya babası gibi görmeye başladım."

"İğrenç konuşuyorsun," dedi, sinirlenmişti. "Böyle bir benzetmeyi nasıl yaparsın? Bunu doğru olduğunu bildiğin ve babama borçlu olduğun için yapıyorsun."

Peter arkasına yaslandı, Katie'ye baktı, bütün bunlardan sonra gelecekte onları nelerin beklediğini merak ediyordu. Fazla bir şey beklemediğini biliyordu. Andy'ye satıldığını söylediği zaman Olivia'nın neler hissettiğini şimdi çok iyi anlıyordu. Yalan ve hile üzerine kurulmuş bir yaşam. İşin içine bir de hilekârlık giriyordu.

"Babanla sen, size ne borçlu olduğumu sanıyorsunuz?" dedi Peter, sakindi. "Baban ona çok şey borçlu olduğumu düşünüyor. Bana kalırsa adil bir alışveriş yaptık, ben şirket için çok çalıştım ve bunun için para aldım. Seninle de iyi bir evliliğimiz oldu, ya da ben öyle sandım. Fakat son zamanlarda bu "borç" meselesi işin içine karıştı. Neden size olan borcumu ödemem için FDA'ya çıkmam gerektiğini düşünüyorsunuz?"

"Çünkü," Katie hassas zeminde dikkatli yürümesi gerektiğinin farkındaydı, mayın tarlasında geziyordu. "Yirmi yıldır şirket sana çok iyi davrandı, bize milyarlar kazandıracak bir ürünü savunarak sen de böylece karşılığını vermiş olacaksın."

"Bütün her şey bunun için mi? Para için mi?" Peter kendini çok kötü hissediyordu. Bunun için mi satılmıştı? Milyarlara. Hiç değilse ucuza gitmemişti.

"Kısmen. Bu kadar cahil olmazsın, Peter. Kârı sen de paylaşıyorsun. Ne yapmak istediğimizi biliyorsun. Sonra çocukları düşün. Onlar ne olacak? Onların da hayatlarını mahvedeceksin." Soğuk, bencil ve katıydı. Babasını korumaya çalışıyordu ama tek düşündüğü paraydı.

"Çok komik. Ben de insanlığa yardım etmek istediğimizi düşünüyordum, ya da en azından hayat kurtamaya çalıştığımızı. Bütün bunları bunun için yaptım, onun için son dört yıldır çabaladım. Ama bunun için bile yalan söylemeyi aklıma bile getiremezdim. Hele şimdi 'para' için söyleyebileceğimi hiç sanmıyorum."

"Yani şimdi vaz mı geçiyorsun?" Korkmuştu. Elinden gelse FDA'ya kendisi gidecekti. Fakat şirketin elemanı değildi, babası da gidemeyecek kadar hastaydı, Peter'e mecburdular. "Ben olsam vazgeçmeden önce düşünürdüm." Ayağa kalktı. "Sanırım eğer bu durumda bizi yarı yolda bırakmaya kalkarsan, Wilson-Donovan'daki geleceğin tehlikeye girer."

"Ya evliliğimiz?" Ateşle oynadığının farkındaydı.

"Bunu sonra düşünürüz," dedi. "Ama bu olayı ihanet olarak kabul ederim." Ciddiydi, birden Peter kendini daha iyi hissetti. Katie açık ve kesin konuşmuştu, bu onun her zamanki haliydi, ama nedense Peter yeni fark ediyordu.

"Bu konudaki fikirlerini öğrendiğim iyi oldu Katie." Masanın iki tarafında duruyorlardı, birbirlerinin gözlerinin içine bakıyorlardı. Katie'nin cevap vermesine fırsat kalmadan Patrick kahvaltıya indi.

"Neden bu kadar erken kalktınız?" diye sordu uykulu uykulu.

"Bugün annenle birlikte Washington'a gidiyoruz."

"Ha, unutmuşum. Büyükbabam da geliyor mu?" Patrick esneyerek kendine bir bardak süt doldurdu.

"Hayır, doktor izin vermedi," dedi Peter ve birkaç dakika sonra Frank telefon etti. Gitmeden önce Peter'i yakalamak istemişti, Araştırma Komitesi'nde fiyatlar konusunda söylemesini istediği şeyleri hatırlatmak istiyordu. Bunları kırk kere konuşmuşlardı, fakat Frank Peter'in Komite'de ortak menfaatleri savunacağından emin olmak istiyordu.

"Hiçbir şeyden vazgeçmiyoruz, özellikle Vicotec'den. Bunu unutma," diye sertçe Peter'i uyardı. Vicotec'in fiyatı konusundaki fikirleri bile Peter'in inançlarına karşıydı. Masaya döldüğünde Katie ona bakıyordu.

"Her şey yolunda mı?" derken gülümsüyordu, Peter başını salladı. Sonra giyindiler ve yarım saat sonra havaalanına hareket ettiler.

Peter garip bir şekilde sakin görünüyordu, Katie ile pek az konuştu. Bir an için Katie'yi korkutmuştu, ama sonra Kate onun sinirli olduğu için böyle konuştuğuna karar vermişti. Bir ara vazgeçeceğinden korkmuştu ama artık emindi. Peter her zaman başladığı işi bitirirdi.

La Guardia'dan Natioal Havaalanı kısa sürdü, Peter yol boyunca evraklarını okudu. Elinde fiyatlarla ilgili birkaç dosya ve Vicotec'in son test raporları vardı. Özellikle sabahki konuşmada Suchard'ın işaret ettiği maddelerin üzerinde durdu. Vicotec onu Komite'den daha fazla korkutuyordu.

Katie babasına uçaktan telefon edip işlerin planlandığı gibi yolunda gittiğini söyledi. Washington'da onları bir limuzin karşıladı ve doğrudan doğruya Kongre Binası'na gittiler. Oraya vardıklarında Peter sakinleşmişti. Ne söyleyeceğini aşağı yukarı biliyordu ve artık korkmuyordu.

Onları iki tane Kongre üyesi karşıladı ve konferans salonuna götürüp kahve ikram ettiler. Katie hâlâ yanındaydı, fakat az sonra haber geldi ve dışarıya çıkarıldı, oturumu galeriden takip edebilecekti. Peter'e şans diledi, eline dokundu fakat öpmedi. Birkaç dakika sonra Peter'i içeri aldılar, ilk an bir parça heyecanlandı. Ne kadar iyi hazırlanmış olursa olsun, ülkeyi yöneten insanların karşısında fikirlerini söylemek zor geliyordu. Araştırma Komitesi'nde ikinci kez bulunuyordu, ama daha öncekinde konuşmayı Frank yapmıştı.

Önce yemin etmesi için kürsüye çıkarttılar. Delegeler tam karşısında yer almıştı, önlerinde mikrofonlar vardı, ismini ve şirketini söyledikten sonra sorular hemen gelmeye başladı, Kongre üyeleri ilgiyle dinliyorlardı.

Sorular belirli bazı ilaçlarla ilgiliydi, bunların olağanüstü yüksek fiyatları hakkında ne düşündüğünü sordular. Kolay anlaşılır sebepler göstermeye çalıştı, fakat sesi kendi kulağına bile kuru ve samimiyetsiz geliyordu. Gerçekte firmalar ürettikleri malları yüksek fiyatlandırarak halktan servet elde etmeye çalışıyorlardı, Kongre üyeleri de bunu biliyordu. Diğer firmalar kadar yüksek fiyat uygulamadıkları halde Wilson-Donovan da suçu paylaşıyordu.

Ondan sonra bazı sigorta konuları gündeme geldi, en sonunda da Idaho'dan bir kadın delege o gün öğleden sonra FDA'ya çıkacağını ve yeni bir ürün için insanlar üzerinde erken deneme için onay talep edeceğini bildiğini söyledi. Bu alandaki gelişmelerden bahsedip onları biraz aydınlatmasını istedi.

Peter Meclis üyelerine, teknik bilgilere kaçmadan ve bir takım sırları tehlikeye sokmadan mümkün olduğu kadar basit bilgi vermeye çalıştı, ilacın kemoterapinin niteliğini değiştireceğini, bir uzmanın yardımına gerek kalmadan bile kolaylıkla kullanılabileceğini anlattı. Anneler çocuklarına, eşler birbirlerine hatta dikkat edilecek olursa, herkesin kendi kendine uygulayabileceği bir ilaçtı. Kanser tedavisinde bir devrim yaratacaktı. Kırsal kesime ya da köylere kadar ulaşabilecek, herhangi bir insan kendi tedavisini veya ailesinin tedavisini kolaylıkla yapabilecekti.

"Peki, sizin deyiminizle "herhangi bir insan" bu ilacı satın alma gücüne sahip olabilecek mi?" Bu soru başka bir kadın delegeden geldi, Peter başını salladı.

"Öyle olacağını umut ediyoruz. Vicotec'in hedeflerinden biri bu, fiyatı mümkün olduğu kadar düşük tutmak ve ihtiyacı olan her kesime ulaştırabilmek." Bunları söylerken sakin ve güçlü görünüyordu, pek çok delege onaylarcasına başlarını sallayarak dinliyorlardı. Peter akıllı, dürüst ve etkili bir tanıktı. Kısa bir zaman sonra teşekkür ederek oturumu bitirdiler, üyeler tek tek elini sıkarak teşekkür ettiler ve öğleden sonraki FDA toplantısına sunacağı değerli ürünü için başarılar dilediler. Peter salondan memnun ayrıldı ve yaverin arkasından konferans salonuna gitti. Bir dakika sonra Katie yanına geldi.

"Neden öyle konuştun? diye fısıldadı Peter kâğıtlarını toparlarken. Tebrik etmemişti. Oysa yabancılar bile daha fazlasını yapmışlardı. Karısının bakışlarında gizli bir memnuniyetsizlik vardı. Sanki karşısındaki Frank'tı. "Sanki Vicotec'i bedava satacakmışız gibi konuştun. Oysa babam sana böyle konuşmanı söylememişti. Vicotec pahalı bir ilaç olacak. Yatırdığımız parayı geri alacağız ve hak ettiğimiz kârı sağlayacağız." Gözleri ateş saçıyordu.

"Bu konuda konuşmak istemiyorum," dedi Peter. Evrak çantasını aldı, yavere teşekkür etti ve arkasında Katie ile binayı terk etti. Katie ile konuşacak bir şeyi kalmamıştı. Nasıl olsa anlamıyordu. O sadece ilaçtan sağlayacakları kârı düşünüyor, duygularını anlamıyordu, kelimeleri duyuyor ama anlamlarını algılayamıyordu. Fakat artık Peter'i zorlamaya cesaret edemiyordu. Peter birinci engeli başarıyla aşmıştı, şimdi önünde daha büyük bir engel, FDA toplantısı vardı. Daha bir saattan fazla zamanı vardı.

Katie bir yerde öğle yemeği yemelerini teklif etti, fakat Peter başını sallayarak reddetti. Az önce Katie'nin söylediklerini düşünüyordu. Katie, Peter'in istedikleri gibi davranmadığını düşünüyordu. Becerememişti, ortak menfaatleri desteklememiş, Vicotec'in ve diğer ilaçlarının fiyatlarını yüksek tutacaklarını ve büyük kârlar sağlayacaklarını söylerek Frank'ı memnun edecek şekilde konuşmamıştı. Peter söylediklerinden memnundu, Vicotec'in fiyatını düşük tutmak için savaşmaya kararlıydı. Frank, Peter'in bu konuda ne kadar kararlı olduğunu bilmiyordu.

Sonunda limuzinde birer sandviç yediler ve karton bardaklardan kahve içtiler. Maryland, Rockville'de 5600 Fishers Lane'de, FDA binasının önünde durduklarında Peter sinirli bir şekilde Katie'ye bakıyordu. Capitol Hill'den oraya varmaları yarım saat sürmüştü, pek sevimli bir bina değildi, ama önemli kararların alındığı bir yerdi ve o gün orada olacakları düşünüyordu. Buraya ne yapmaya gelmişti? Frank ile Katie'ye ne söz vermişti? Verdiği sözleri tutmak kolay değildi, ama FDA'dan tehlikeleri saklamak, ilacın hazır olduğu ve piyasaya çıkmasında bir sakınca olmadığı hakkında söz vermek daha da zor olacaktı. Frank'ın sözünü tutmasını ve gerektiği anda ilacı piyasadan çekmesini dilemekten başka çaresi yoktu.

Toplantı odasına girerken Peter'in avuçları ter içindeydi ve toplantıya katılanları fark edemeyecek kadar sinirliydi. Katie'ye tek bir kelime söylemeden yanından ayrıldı ve yerine geçti. Aslında onu tamamen unutmuştu. Çok önemli bir görevi vardı, ideallerini ve prensiplerini kurban etmeye gidiyordu. Ama ürün başarılı olursa, birçok hayat kurtarılacak, amaçlarına ulaşacaklardı. Peter kendisini müthiş bir çıkmazda hissediyordu.

FDA'da Peter'e yemin ettirmediler ama burada doğruyu söylemek önemliydi. Çevresine bakınca sersemledi. Ama hiç değilse ne yapacağını biliyordu. Az sonra her şey bitecekti. Hayatlarını kurtarmaya çalıştığı insanlara ihanetinin fazla sürmemesi için dua etti, oysa uzun sürmesinden korkuyordu.

Danışma kurulunun kendisine yönelteceği soruları beklerken elleri titriyordu. Hayatının en kötü anıydı bu, ABD Kongresi'ne girmekten bile zordu. Buna kıyasla o çok daha kolay ve zararsız olmuştu. FDA çok daha zor, çok daha tehlikeliydi, Peter'in omuzlarına çok daha fazla yük biniyordu. Sürekli içinden bu işi bir an evvel bitirip kurtulması gerektiğini söylüyordu. Ne Katie'yi, ne Frank'ı, ne Suchard'ı hatta raporları bile düşünmemesi gerekiyordu. Kalkıp Vicotec'i konuşmalı, bildiklerini anlatmalıydı.

Sonra birden Katie'yi, onun ve babasının uğruna neler feda ettiğini düşündü. Onlara dürüstlüğünü ve cesaretini feda etmişti. Bu kadarını ne Katie'ye, ne babasına, ne de bir başkasına borçlu olabilirdi.

Oturum başkanı açılış konuşmasını yaparken Katie'yi kafasından silip dikkatini toparlamaya çalıştı. Peter'e ilaç hakkında özel ve teknik sorular ve oraya gelme sebebi sorulmaya başlayınca başı dönmeye başladı. Amerikan toplumunda kanserin pençesine düşmüş insanların hayatlarını değiştirecek bir ilacın insanlar üzerinde denenmesi için onay almaya geldiğini güçlü bir sesle, açık ve net olarak anlattı. Vicotec'in nasıl bir ilaç olduğunu ve her kademedeki kanserli hastalar tarafından nasıl kullanılacağını anlatırken salonda bir kıpırdanma ve kâğıt hışırtıları duyulmaya başladı, üyelerinin ilgisini çekmeyi başarmıştı. Sabah Kongre'de anlattıklarının aynısını anlattı. Tek fark, buradaki insanlar ilaç reklamıyla ilgilenmiyorlardı. En karmaşık detayları öğrenmek istiyorlardı. Son soru sorulurken, Peter'in gözü duvardaki saate takılınca şaşırdı, yaklaşık bir saatten beri durmadan konuşuyordu.

"Mr. Haskell, Vicotec'in insanlar üzerinde denemeye hazır olduğuna inanıyor musunuz? Nasıl bir risk aldıklarının bilincinde olan belirli bir kesim üzerinde küçük dozlarda da olsa denenmeye hazır olduğunu düşünüyor musunuz?

Tehlikeli olabilecek tüm özelliklerinin değerlendirildiğinden emin misiniz? Bu ürünün hiç çekinmeden insanlar üzerinde denenmeye hazır olduğuna yemin edebilir misiniz?"

Kelimeler Peter'in kafasının içinde çınlıyordu, vereceği cevap belliydi. Buraya bunun için gelmişti. Tek bir kelime, Vicotec'in istenilen tüm niteliklere sahip olduğunu söylemeye yeterliydi. Tek yapması gereken şey, Amerikan halkının güvenliğini temsil eden bu insanlara Vicotec'in zarar vermeyeceği konusunda yemin etmekti. Salondaki insanların yüzlerine baktı, o insanları düşündü, onların eşlerini, annelerini ve çocuklarını, Vicotec'in ulaşacağı sınırsız insanları düşündü ve yapamayacağını anladı. Bunu ne Frank, ne Katie, ne de hiç kimse için yapabilecekti. En çok kendisi için yapamayacaktı. Bir an buraya hiç gelmemesi gerektiğini düşündü. Neye mal olursa olsun, ne derlerse desinler, Donovan'lar ondan ne almış ve ne vermiş olurlarsa olsunlar, yapamayacağını biliyordu. Bu insanlara Vicotec için yalan söyleyemeyecekti. Bu onun yapabileceği bir şey değildi. Ne yaptığının farkındaydı. Bir anda tüm yaşamını, işini, karısını hatta belki de çocuklarını bile kaybedeceğini biliyordu. Şansı varsa çocuklarını kaybetmezdi. Onlar da artık büyümüşlerdi ve babalarının neyin mücadelesini verdiğini anlayabilecek yaşa gelmişlerdi. Ama kabul etmeyecek ve namus uğruna nelerin feda edilebileceğini anlayamayacak olurlarsa onları iyi yetiştirememiş demekti. Fakat maliyeti ne olursa olsun, yapacaklarının bedelini ödemeye hazırdı, Amerikan halkına karşı dürüst olacaktı.

"Hayır efendim, yemin edemem," dedi. "Henüz değil ama çok yakında söz verebilirim. Dünyanın en iyi ilacını, dünyadaki tüm kanserli hastaların umutla beklediği bir ilacı ürettiğimizden eminim. Ama henüz tehlikesiz olduğunu söyleyemem."

"O halde size Birinci Faz İnsan Denememeleri için izin verebileceğimizi beklemiyorsunuzdur, değil mi Mr. Haskell?" dedi oturum başkanı, şaşırmıştı ve komite üyelerinin arasında bir öfke yayıldı, birbirlerine Peter'in neden geldiğini sormaya başladılar. FDA toplantıları tamamlanmamış ürünlerin reklamının yapılacağı bir yer değildi. Sadece Peter'in dürüstlüğüne hayran oldular, zaten ötesini kimse düşünmüyordu. Salonda sadece bir kişinin yüzü sinirden allak bullak olmuştu. Ve olanları anlattığı zaman allak bullak olacak bir kişi de evde vardı.

"Size başka bir tarihe randevu vermemizi ister misiniz, Mr. Haskell? Şimdi boşuna zaman harcamaktansa böyle yapmamız daha uygun olur." Programları çok yüklüydü. Peter o gün birinciydi ve akşama kadar daha çok kişi vardı.

"Başka bir tarihe gün alsam iyi olur. Bize altı ay süre yeterli olur sanırım." Paul-Louis'in söylediklerine bakılırsa o bile azdı, ama Peter yetişebileceklerini tahmin ediyordu.

"Geldiğiniz için teşekkür ederiz," dediler, nihayet oturum bitmişti. Dışarı çıktığında Peter'in bacakları titriyordu, fakat sırtı dik ve başı yukardaydı, şerefini kurtarmıştı. Zaten elinde artık sadece şerefi kalmıştı. Karşıda Katie bekliyordu, ona doğru yürüdü. Katie onu affetmeyecekti. Yaklaştıkça, yanaklarından aşağı gözyaşlarının süzülmekte olduğunu gördü, öfke mi, yoksa hayal kırıklığı mı anlayamadı, belki ikisi de diye düşündü ve hiç oralı olmadı.

"Üzgünüm Katie. Bunu daha önceden planlamamıştım. Karşılarına dikilip gözümü kırpmadan yalan söylemenin nasıl olacağını tahmin edememiştim. Yapamadım."

"Senden yalan söylemeni istemedim ki." Yalan söylüyordu. "Sadece babamı aldatmamanı istedim." Üzgün görünüyordu. Her şey bitmişti. İkisi için de. Peter'in artık kendi fikirlerini hiçe sayıp Katie ile uzlaşmaya niyeti yoktu. O dakikaya kadar bu duruma geldiklerini fark etmemişti.

"Orada ne yaptığının farkındasın herhade," dedi Katie, kabalaşmıştı, yine kocasını değil, kanının son damlasına kadar babasını savunmaya hazırlanıyordu.

"Farkındayım." Ama o sabah, Greenwich'de kahvaltı masasında konuşurlarken Katie düşüncelerini açıkça söylemişti ve bir adım bile geri atmayacağı kesindi. İşin tuhafı Peter de bunu istiyordu. Özgürlük.

"Sen dürüst bir insansın," dedi Katie. Kelimeler dudaklarından övgü değil, sövgü gibi dökülüyordu. "Ama akıllı değilsin."

Peter başını salladı, Katie döndü ve yürümeye başladı, arkasına dönüp bakmadı bile. Peter onunla yürümedi. Her şey çoktan bitmişti ama ikisi de farkına varmamışlardı. Peter, Katie'nin kendisiyle evlendiğinden bile emin değildi artık, o galiba sadece babasıyla evliydi.

Rockville'deki FDA binasından çıkarken kafasında bin bir tane düşünce vardı. Katie onu tek başına bırakıp, limuzine bindiği gibi çoktan ortadan kaybolmuştu. Maryland, Washington'a yarım saatlik yoldu, ama Peter'in umurunda değildi. Hayatının en önemli günlerinden birini yaşıyordu ve sevinçten uçuyordu. Kendince bir sınava girmiş ve başarıyla geçmişti.

"Yemin eder misiniz?.." "Hayır, edemem." Bütün bunları yaptığına inanamıyordu, Katie için üzülmediğine hayret ediyordu, gerçekten üzülmüyordu. Karısını, evini ve işini kaybetmiş durumdaydı. Daha sabahleyin, uluslararası bir ilaç firmasının başkanı olarak Araştırma Komitesi'ne girmiş, öğleden sonra FDA'ya çıkmıştı, şimdi ise işsiz ve yalnızdı. Elinde sadece şerefi kalmıştı ve onu satmadığına memnundu. Başarmıştı!

Caddenin ortasında durmuş, kendi kendine gülerek gökyüzüne bakarken arkasından bir ses duydu. Tanıdık bir sesti ama yadırgadı, sanki başka bir yerden, başka bir zamandan gelen kısık bir sesti, şaşkınlıkla döndü, tam arkasında Olivia duruyordu.

"Burada ne yapıyorsun?" diye sordu, koşup ona sarılmak istiyordu ama korkuyordu. "Senin Fransa'da olduğunu sanıyordum." Bakışlarıyla Olivia'yı şarap gibi içiyordu sanki, Olivia gülüyordu. Üzerinde siyah pantolon ve siyah kazak vardı, sırtına kırmızı bir ceket almıştı. Tam bir Fransız gibi, dergiden fırlamış mankenlere benziyordu, Peter sadece onu Place de Vendôme'de takip ettiği geceyi ve beş gün içinde Paris'te olanları düşünebiliyordu. Şimdi çok daha güzeldi, ona baktıkça onu ne kadar özlemiş olduğunu fark etti.

"Burada da işler fena değil," dedi Olivia gülerek. Peter'le gurur duyuyordu ama sorusuna yanıt vermemişti. Yanına gidemese bile, ona güç vermek için gelmişti. *Herald Tribune*'de okumuştu. Neden olduğunu bilmiyordu ama oraya gitmesi gerektiğini düşünmüştü. İlk tanıdığından beri onun için Vicotec'in ne kadar önemli olduğunu ve onun uğrunda ne kadar uğraştığını biliyordu. Ve orada olmak istemişti. Kardeşi oturumun nerede olacağını öğrenmiş, Olivia'nın izlemesini sağlamıştı. Şimdi ise içgüdülerini dinlediği için mutluydu. Edwin ona Araştırma Komitesi'ni haber vermişti. O sabah Kongre'de, Edwin'in yanında sessizce oturmuştu. Olivia'nın ilaç endüstrisine duyduğu bu ani ilgiye anlam verememekle birlikte, Edwin kardeşine bu konuda hiç soru sormamıştı.

"Sen tahmin ettiğimden daha yüreklisin," dedi Olivia. Peter onu usulca kendine doğru çekti, son üç ayı onsuz nasıl yaşayabildiğine hayret ediyordu. Onu bir daha, bir dakika bile olsa bırakamayacağını biliyordu.

"Hayır, yürekli olan sensin," diye fısıldadı kulağına, gözleri sevgi doluydu. Olivia her şeyini bırakmış, dönüp arkasına bile bakmadan yürüyüp gidebilmişti. Birden Peter, kendisinin de aynı şeyi yaptığını fark etti. O da karısını, işini, her şeyini bırakmıştı. Artık ikisi de özgürdüler. İkisi de bunu hak etmişlerdi. "Bugün ne yapmayı düşünüyorsun?" diye sordu Peter gülümseyerek. Aklına binlerce şey geliyordu, Washington Anıtı... Lincoln Anıtı... Potomac'de yürüyüş... Bir yerde bir otel odası ya da sadece orada öyle durup sonsuza kadar onu seyretmek... Ya da Paris'e dönmek.

"Hiçbir işim yok," dedi Olivia. "Buraya sadece seni görmeye geldim." Onunla konuşabileceğini hiç tahmin etmemişti, sadece uzaktan görebileceğini sanmıştı. "Yarın sabah döneceğim." Annesiyle babasının bile haberleri yoktu, Edwin onlara bir şey söylemeyeceğine söz vermişti. Tek arzusu, o fark etmese bile, uzaktan da olsa bir kere Peter'i görebilmekti.

"Sana bir fincan kahve ısmarlayabilir miyim?" İkisi de Place de la Concorde'u ve Montmartre'deki ilk geceyi hatırlayarak gülmeye başladılar. Peter Olivia'nın elini tuttu, medivenleri inip birlikte özgürlüğe doğru yürüdüler.

BİTTİ